潛意識對話

你準備好開啟「幸福的大門」了嗎？

幸福學 / 劉心陽
一本開啟幸福的工具書

Thank you

感謝我的夫人在出書方面的一切精神與實質支持。

感謝簡綵優小姐愛心編排與創意編排建議。

索引

劉心陽醫師

劉心陽醫師早年於臺灣大學醫學院牙醫學系畢業後，持續在美國哈佛大學牙醫學院齒顎矯正研究所專研齒顎矯正學，取得美國齒顎矯正專家資格。同時在哈佛大學公共衛生學院取得公共衛生碩士學位。美國加州牙科執業醫師。

劉心陽醫師畢業後曾執業於美國哈佛大學附屬醫院「佛賽斯牙醫中心」，並任教於美國紐約大學牙醫學院齒顎矯正專科。1982年接受臺灣大學醫學院牙醫學系約聘返國任教。曾任三軍總醫院兼任齒顎矯正專科臨床教授。自1983年迄至今，任職哈佛牙醫診所負責人，專業於齒顎矯正臨床醫療。此外，劉心陽醫師是美國國家催眠協會認證的催眠專家。

除開醫療科學之外，劉心陽醫師跨足心靈科學與禪學兩個領域，擷取並聯結其中提昇心靈的精髓，發展出觸動豐盛美好生命的簡易方法。近年來，劉心陽醫師以直接轉化潛意識為核心，設計主持心靈教育課程。

| 引言 |

人們汲汲營營的在外在世界中尋找豐盛生命
的方舟，但卻一直不知為何無解

引言

進入本書前，請仔細的先看這一段話。

每一個人都希望生命豐盛美好，但多數人自承失敗。人們汲汲營營的在外在世界中尋找豐盛生命的方舟，但卻一直不知為何無解。原因是，人們的努力走錯了方向。本書提示豐盛美好生命的簡易祕密。

一個世紀前，物理天才愛因斯坦（Albert Einstein）發現了宇宙至美的質能方程式 $E = mc^2$。他的相對論也顛覆了牛頓（Isaac Newton）的絕對時空觀。一個世紀以來，蓬勃發展的物理學大幅擴展了人們對宇宙的視野；但相對的，人們在心靈世界的探索卻仍原地踏步，一籌莫展。在此刻，全球超過半數的人明顯感受到生命的擔憂、恐懼、痛苦與工作的高壓。

傷痛的心靈會嘗試尋找出口。但人們發現，似乎所有嘗試過的模式，像是心靈的自省、自我意志力的強化、物性的補償、上師的指引，宗教經典的啟示，或者靈異世界的探索，都似乎效果不彰。當人們發現一切救贖無效後，就把生命交給了混沌無常，並會自問：生命難道就無解了嗎？

請勿悲觀，提昇生命的答案是存在的；但這個答案不在於外在環境的索求，也不在於思想內理性邏輯的運作，它在於如何轉化你的潛意識。

轉化潛意識的方法，不是依賴書籍裡的箴言、思想下的意志力，或者祕術信仰的加持。最有效的方法是：直接在阿爾法腦波中與潛意識對話。（圖1）

（圖1）轉化潛意識的方法，不是依賴書籍裡的箴言、思想下的意志力，或者祕術信仰的加持。最有效的方法是：直接在阿爾法腦波中與潛意識對話。

「潛意識對話」是一本「轉化潛意識」的工具書；它包含「書文」與
「語音引導」兩部分。

它的書文部分，著重在深入探討痛苦與恐懼的根源，並提示轉化潛意
識的方法。「潛意識對話」的語音引導（簡稱：潛意識對話 DIY）不
著重在心靈的教誨。它提供一個居家可行的簡易模式，協助讀者與自
己的潛意識對話，並快速促成潛意識的轉化。

「潛意識對話 DIY」可促成下列不同程度的身心靈轉化：

- 預防或緩解生理疾病
- 協助身體放鬆、心靈寧靜
- 舒緩內在恐懼、擔憂、痛苦與憤怒等情緒
- 協助放下內在貪婪、嫉妒、依賴、渴望等執念
- 放下既往不再被需要的回憶
- 放下過度擔憂無常的未來
- 圓融人際關係
- 放下舊習慣、建立新習慣
- 留在當下
- 建立正向思考模式
- 提昇記憶力與思考力
- 提昇工作信心與能量
- 開啟心想事成的心靈機制
- 開啟工作的直覺力與創造力
- 開啟更高的智慧
- 提昇心靈的自由
- 開啟內在既有的愛與仁慈
- 理解生命的真相

體驗勝於研判分析。願意嘗試與你的潛意識對話嗎？
這本語音書會是好幫手。

我的心

一直渴望榮譽、地位、與被愛
一直渴望不必再增加的物質
一直內在有著憤怒、嫉妒、失望、恐懼與壓力
一直活在痛苦的回憶中
一直渴望虛幻的未來
知道它們不該屬於我
但不清楚為什麼一直莫名的掛著那些感受？
讓我對當下失焦
讓我忘記了如何再讓自己快樂

是誰觸動了這些痛苦？

你平靜自在嗎？

請找一個地方舒服的坐著
用平靜的呼吸，慢慢將心收回來
然後再靜靜的去觀想一個圖景

清晨溫暖的陽光正從屋外灑入屋內
聽見屋外的鳥兒正在歌唱
聞到窗外的花香
感受到風輕柔的吹著

在這個當下
感受生命歡喜嗎？
感受平靜自在嗎？
感受到愛嗎？
感受充滿自信嗎？
知道生命該做些什麼嗎？

暗夜

於暗夜
身陷於崇山峻嶺的黑森林中
內在感覺到孤獨與恐懼
心中呈現兩個選擇
一是原地不動，期待奇蹟的來臨
二是積極勇敢的走出去

你將如何選擇？

想找一把生命鑰匙嗎？

潛意識對話 DIY
提供一把美化生命的鑰匙
打開潛意識之門
讓你走進生命的美麗花園

讓你心識留在當下
消除壓力、痛苦與憂慮
增強喜悅、信心與勇氣
增強工作自信與動能
懂得珍愛自己
更懂得分享愛
懂得做正確的生命選擇
領受更深層的智慧

想為自己找到一把「生命鑰匙」嗎？

| 蝴蝶的蛻變 |

「脫苦得樂」只是促成美好生命的第一步
我們必須更積極的思考，面對這個難得的生命
單純只是離苦得樂就心滿意足了嗎？

幸福學 / 劉心陽
一本開啓幸福的工具書

蝴蝶的蛻變

最近，我在心靈教育課程中做了一個市調，市調中列舉出所有能想到的現代流行的生命目標。我在課堂中一一唸出，並要求學員當傾聽到心理認同的目標時，請說：「要」。

不妨看看收集的二十四項流行目標是什麼：

- 賺取財富
- 爭得成就
- 爭得權力地位
- 獲得社會尊重與認同
- 擴展知識
- 提昇智慧
- 洞察真理
- 靈屬的提昇
- 實現夢想
- 擁有美滿的家庭
- 希望下一代飛黃騰達
- 希望身體健康
- 希望長壽
- 期盼青春美麗
- 追尋讓自己快樂的東西
- 尋找性享受
- 尋找真愛
- 希望被愛
- 尋求留在人間的生命痕跡，像是著作、藝術或豐功偉業
- 爭取個人自由
- 伸張正義
- 尋找真、善、美
- 做善事、服務別人
- 篤信宗教信仰，皈依主，實行神的旨意

猜的到學員們在課堂的反應嗎？呼應「要」的聲音不是零星地彼起彼落，而是如合唱團般齊聲說「要」！

人生當然要說「要」。不管你是誰，多老、多有財勢，讓我們來設想一個場景：

如果某天你早上起來，發現完全不知道該做什麼的時候，你不會感覺到生命慌張而且無趣嗎？人們大腦裡有個東西，叫做思想，這個思想會不斷的告訴你去「要這個」或是「要那個」。

跟大家分享一個故事。我曾認識一個衣食無缺的退休企業家，他每次見到我時都一臉落寞，為什麼呢？因為他退休以後閒到不知道該做什麼。平日他會打所有可能打的電話，參加所有可能參加的聚會，甚至包括與他無關的鄰里活動。

我絕不否定在生命中要去追求些什麼東西，但值得我們提問的是：「我們要的是我們要的嗎？」

其實，這個問題沒有標準答案，不同的人會基於個人不同的屬性，去選擇自我感覺良好的生命目標。（圖2）這個現象，也因此造就了一個像是萬花筒般的五彩繽紛的社會，讓人眼花撩亂。最終，每個人手上各自一把號，各吹各的調。

多數人都相信他們所做的是對的、是必然的，否則他們不會耗費一輩子的生命如此做。對此點，我絕對沒有意見。然而，我卻必須建議你在追求目標時，不妨先停下來，思考下列三個提問，當你的答案是「否」時，你必須考慮重新檢討目標的適當性。

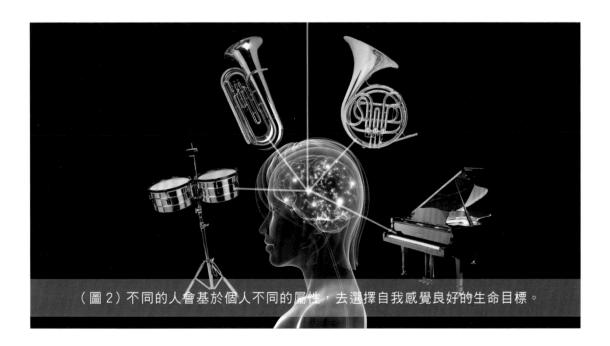

（圖2）不同的人會基於個人不同的屬性，去選擇自我感覺良好的生命目標。

三個面對目標值得思考的問題：

問題一：你曾經思考過你想要追求什麼嗎？還是只是隨波逐流，碰運氣過日子，做什麼就算什麼？

問題二：你真的在追求你心裡想要追求的嗎？還是你不過只是做個鸚鵡，在追求別人要你追求的呢？或者，你只是在跟隨社會當紅的目標呢？

問題三：當你在追求生命目標時，你能夠感受到內在充滿了開心喜悅、能量與自由嗎？

請特別留意第三個問題。

多數人追求的目標永遠是「目的導向」的，它的背後隱藏了依賴與渴望。我們不管是否能達成目標，但在追求目標時或者達成目標後，如果並沒有感受到開心喜悅、能量與自由，那這個行動又有什麼意義呢？不快樂的生命，可以用目標達成後所擁有的「財富、權勢、成就、正義或青春」補償嗎？

我曾在某個演講中問一群企業家們：「如果天使願意給你一個願望，讓你能夠回到十四歲，你們是否願意回去？但條件是，如果選擇回去，你將全然不知道是由現在回到過去」。

讀者想猜猜現場的反應嗎？願意回去的企業家竟然不到四成。

我在另一個心靈課程問學員們同樣的問題，願意回去的學員竟然誇張到連一成都不到。為什麼許多人拒絕回到十四歲？這不是矛盾嗎？既害怕死亡，不斷的祈求長壽，卻又不願意回歸年輕？（圖3）

（圖3）為什麼許多人拒絕回到十四歲？這不是矛盾嗎？
既害怕死亡，不斷的祈求長壽，卻又不願意回歸年輕？

人世到底是宇宙奇蹟下的稀罕珍寶？還是只是被強迫不得不走過的煉獄？（圖4）

近年來，每年在三、四月間，我都會去日本京都賞櫻。在京都櫻花季櫻花盛開時，一眼望去，滿山滿園都是璀璨的櫻花，它們美到極點，美到令人心中悸動。在今年櫻花之旅，夫人每每看到美麗的櫻花都會驚嘆：「好美啊！」我隨行在側估算，前前後後夫人大概講了二、三十次！櫻花有一個特色，它來的快，瞬間盛開，美到極點，但也去的快，瞬間凋零回歸塵土。

這樣的景緻，令我不禁感嘆。倘若我們跟

動物相比，也許認為生命還算滿長的，但以地球出現生命的生命史來估量，人類才出現在地球時間的一分鐘內；再拉大時空，與整個大宇宙相比，人類的生命連宇宙的一秒都沒有，是多麼地短暫！然而在如此短暫的生命中，我們會拼命的去爭、去搶、去渴望、去介意、去比較、去追求快樂的、去放棄痛苦的。

在生命中，我們多會就目標論下的渴求與依賴，為自己不斷的設定一個接著一個的目標；完成了一個目標後，立刻又規劃另外一個目標。試問，考量生命如此之短，考量人終究要離去，而離去的時候，又帶

（圖4）人世到底是宇宙奇蹟下的稀罕珍寶？還是只是被強迫不得不走過的煉獄？

不走任何所擁有的，那這種「目標導向的生命」真的有那麼大的意義嗎？（圖5）

如果我們站在生命的平台看自己的生命，會像是霧中看花，什麼都看不清楚；但如果我們能夠暫時離開生命平台，站在更高位置來看待人生，人生跟櫻花有什麼不同？它來的快，去的也快，它來的時候，不知道為什麼來？它去的時候，也不知道為什麼去？

但我在猜想，櫻花不會介意它為什麼來，也不介意它為什麼走，更不介意是否能夠活的長長久久；因為它來了就來了，它走了就走了，一切是如此的自然。它唯一關心的，就是在它短暫的生命中，能否擁有一個非凡美麗的生命經驗？

人生何嘗不也是如此。

生命不只是消極的脫苦，或只是想過安逸的生活；既然來到人間，與其追求終究必須拋棄的一切，不如學習櫻花，做心中真正歡喜的，去自在的享受生命，讓這短暫的生命變得既非凡，又美麗。這就像湯姆克魯斯（Tom Cruise）在「最後的武士」電影中，與日本武士渡邊謙一在櫻花園看著滿園櫻花時，渡邊謙一對湯姆克魯斯說：「人生就應如櫻花般，美麗而自由的來去。」

我們不像猩猩、猴子只會安適眼前的生活，我們都會祈求未來生命更豐盛美好。不管我們將為自己的生命做什麼，但如果想要生命值回票價，首要的就不再只是去渴

（圖5）考量生命如此之短，考量人終究要離去，而離去的時候，又帶不走任何所擁有的，那這種「目標導向的生命」真的有那麼大的意義嗎？

望帶不走的目標，而是讓流過自己的分秒時光感受平靜喜悅。在平靜中，生命的真相會自動的升起。

現在，我們能否放下目標論，接受另一個哲思：「生命首先追求的，不是成功或目標，而是平靜喜悅的心靈素質。」。

不是我們要的生命目標沒有價值，而是當生命感受到壓力、擔憂、恐懼或痛苦時，達成目標的成就感會像是美饌變成餿水，變得沒有意義。此外，痛苦的心靈仍能夠讓我們擁有充滿自由與智慧的能量，去成就我們想成就的嗎？

談人生就得談喜悅。不管擁有多少的財富、權勢、地位與享受，沒有喜悅就沒資格奢言成功的人生。況且，如果想要擁有成功的人生，平靜喜悅的心靈是促成的必備元素。

但當然，「脫苦得樂」只是促成美好生命的第一步。我們必須更積極的思考，面對這個難得的生命，單純只是離苦得樂就心滿意足了嗎？脫苦絕對不是人生的目標，我們該做什麼才不辜負來人間一次呢？

更積極的心態是：「既然來到人間，就該讓這一世燦爛美麗，就要勇敢智慧的去做我們心中真正歡喜的，去創造符合我們生命最大藍圖下的積極目標。」（圖6）

（圖 6）既然來到人間，就該讓這一世燦爛美麗，就要勇敢智慧的去做
我們心中真正歡喜的，去創造符合我們生命最大藍圖下的積極目標。

這些省思與期望是這本有聲書的積極目的。

讓我們分享一下促成美好生命的順序，我稱這個順序為「美好生命三部曲」：

第一部曲：消解內在的壓力、擔憂、恐懼與痛苦

促成美好生命的第一步，不是學習如何讓事業飛黃騰達，而是解決心靈內在各種負面情緒，包括痛苦、壓力、恐懼、擔憂、嫉妒、憤怒與關係不和諧等等。

沒有寧靜的心靈，就沒有成功的人生。

第二部曲：成就自我期許的最大生命藍圖

當內在平和安適後，為了不虛此生，我們應該為自己找尋並成就心中真正期盼的生命目標。

第三部曲：提昇心靈素質，瞭解生命的真相與生死的意義

當心靈平靜喜悅後，當創造了自己歡喜的生命目標後，下一個值得去探討的是：提昇心靈素質，瞭解生命的真相與生死的意義。

在面對生命的努力過程中，請遵循這個「美好生命三部曲」的順序；跳階容易事倍功半，或者甚至於無效。

當你能如實依序完成「美好生命三部曲」時，在心靈提昇的路徑上，你內在的能量與智慧不獨照亮你自己，帶出生命的療癒與和諧，促成內在完整平和，並讓你的內在自動充滿了大愛與仁慈；而你將擴散這些美質能量給周邊所有相關的人、事與萬物。當你有一天成功如願的達成上述目標時，你將會徹底的獲得生命的自由、輝煌與歡喜。

這本語音書將與讀者分享一個簡易提昇心靈的方法。

希望讀者能夠藉由這個方法，為自己的生命創造一個類似蝴蝶蛻變的心靈提昇與轉化，（圖 7）然後讓這個心靈變動所帶給你的能力與智慧，去創造你心中想要的人生。

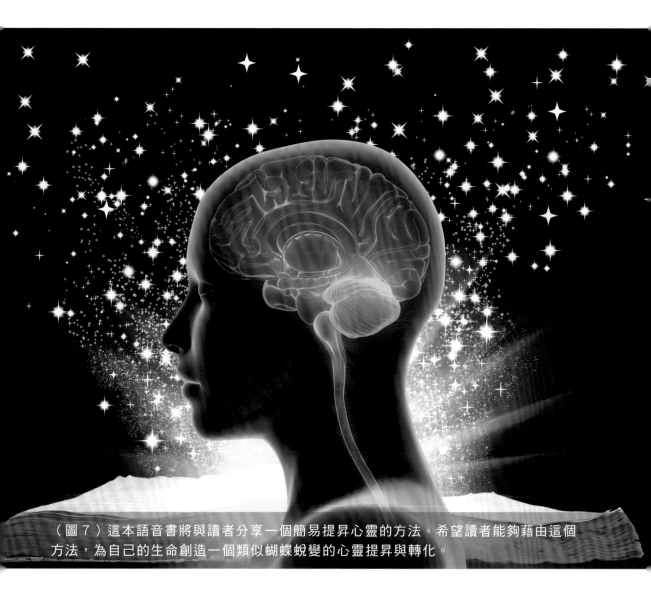

（圖7）這本語音書將與讀者分享一個簡易提昇心靈的方法。希望讀者能夠藉由這個方法，為自己的生命創造一個類似蝴蝶蛻變的心靈提昇與轉化。

生命好壞全在一念之間，在此刻，
你的內在潛意識已經枕戈待旦 ...

你準備好「開啓幸福」了嗎？

| 天使的訊息 |

天使會利用某些隱喻或者是象徵
在關鍵時刻對我們傳遞生命訊息

| 得到 | 分享 | 創造 |

天使的訊息

我曾不只一次聽人說過，天使會利用某些隱喻或是象徵，在關鍵時刻對我們傳遞生命訊息。（圖 8）這個訊息，也許是清晨花園中不斷鳴啼的黃鶯歌聲，也許是迂迴地來自於夢境，也許只是飄落在窗檯上的一片白鴿羽毛。

許多年來，我曾想透過一本有聲書與人們分享豐盛生命的哲學觀與方法，但天性疏懶，遲遲未化作行動。也許不耐煩的天使早已再三對我捎送過某種訊息，但愚魯的我卻從來就沒有感受過。

直到六年前的某夜，天使的訊息終究來了。

六年前的某個夜晚，我與愛妻看午夜場電影；在電影散場後剛踏出戲院門口時，突然莫名地昏倒在地上。當醒來時，發現自己躺在地上，看到愛妻握著我的手，並用

（圖 8 ）我曾不只一次聽人說過，天使會利用某些隱喻或者是象徵，在關鍵時刻對我們傳遞生命訊息。

著驚恐的眼光看著我;環觀四周,約略看到幾十雙腿與鞋子。當時我錯以為心臟病發作,自覺生命垂危。對這類瀕死現象我在醫院裡看多了,頗能習以為常,但卻沒想過會輪到我。

奇妙的時刻開始了。

當時我並沒有驚惶,反而以一個第三者角色平靜的觀看整個過程。我心中意外的不但一無所懼,反而呈現著一種既往未曾經歷過的清明覺知,一種言語無法描述的深層了知。這種「啊!原來就是如此」的覺知,令我深深的感動與歡喜。在當下我自問:佛家涅槃(註)時的寂靜是如此嗎?(圖9)

當我在享受與感嘆死亡前的自然與美妙時,腦海瀰漫著一個滿足的念頭:「生命至此,了無遺憾」。但此時,第二個自責冷酷離去的念頭接連浮現,我深深的感覺愧對妻子對我的摯愛與不捨。

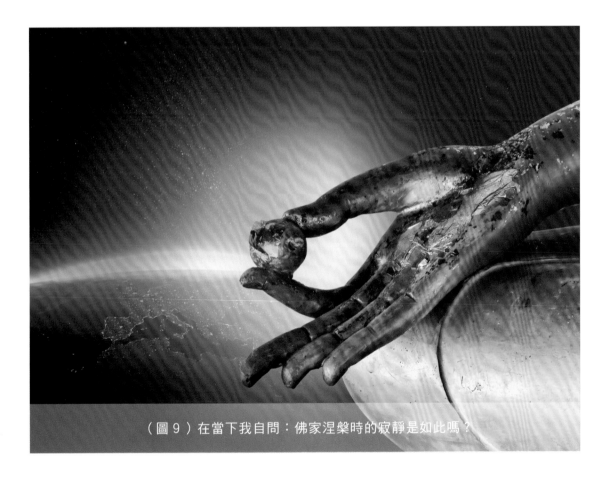

(圖9)在當下我自問:佛家涅槃時的寂靜是如此嗎?

心中對妻子的歉疚尚未結束時，瞬間耳邊又出現了一個明顯的責怪聲音：「很好嗎？很開心了嗎？一輩子又做了些什麼呢？你還能擁有另一個機會嗎？」我不清楚這個天外訊息從何而來，但訊息中一堆的苛責令我心驚內疚。

我開始自省。

我既往的生命雖非全然利己，但絕對談不上發揚利他哲學。我的隨機人生觀，促使我僅願意自顧自身，並沒有刻意的在人間送出愛與奉獻。在強烈自責下我開始回觀自己，我的心中並非無愛，但率性、疏懶的個性，杜絕我去經驗生命的愛與更大的創造。

當時我在心中默禱：「如果我仍能活著，我會善用存留的生命，去認真積極的完成一本豐盛生命的書。」這本有聲書「潛意識對話」，就是在呼應內在允諾下所完成的。

（註）涅槃

涅槃（梵文：निर्वाण Nirvāna）在佛教教義中表徵圓寂、寂滅、解脫、自在或不生不滅等義。佛教認為涅槃是看穿滅盡世間一切，而全然寂靜了知的圓滿狀態。所以涅槃中永遠沒有生命中的種種煩惱與痛苦，也不再經歷下一世的六道輪迴。

介紹「潛意識對話」這本書

豐盛美好生命的最佳路徑是轉化潛意識

介紹「潛意識對話」這本書

生命的三門功課

一個從未犯錯的人是因為他不曾嘗試新鮮事物。

阿爾伯特・愛因斯坦（Albert Einstein）

> 每一個人面對生命有三門功課：
>
> 第一門功課是：學習如何離苦得樂
> 第二門功課是：如何成功的達成生命目標
> 第三門功課是：覺知生命的真相

面對這三門功課，多數的心靈教育課程會有兩種不同的教育模式。

第一種心靈教育模式

第一種教育模式，著重在從「理性面」或者「思考邏輯面」，去教育或者說服學員如何去面對各式各樣的生命問題。

課程會教育學員：
- 放下焦慮悲傷，保持平靜喜悅
- 停止憤怒，因為憤怒一無是處
- 不要介意別人的批評，要轉化批評為觸動成長的箴言
- 不要怨恨別人，要用愛與仁慈去善待周邊的人
- 不要嫉妒別人，要學習祝福別人
- 對工作要有自信，告訴自己說：「我可以」
- 對工作要有熱忱，做的永遠比預期的多
- 不要做二手鸚鵡，要建立自由的創造心

這一切教育內容都很好，都是幫助離苦得樂與達成生命目標的心靈雞湯，但這類理性教育在心靈轉化的效果上經常不盡理想。許多人接受課程後，開始時感覺效果不錯，自認為已經改變了，但經過了一段時間後，他們發現慢慢的又故態復萌。他們也許會積極的再度參加其它心靈課程改善自己，然而重複經歷失敗後就放棄了。

讓我們反思，這些學員失敗的原因是什麼？其實不盡然是課程師資不好或者內容欠佳，而是「教者有心，聽者無意」，這個「意」指的是「潛意識」。

這些課程所設計的內容，的確能夠觸動學員在意識表層的理性面或邏輯面的認同，但實際來說：由理性所能控管生命的行動，連總生命行動的20%都沒有。生命中其它80%的行動，根本不是經由思想下的理性控制，而是由意識深層的潛意識所掌控。生命中所感受到的負面的情緒、生活習慣、習慣與行為，絕大多數由潛意識所掌控。

這個現象也解讀了為什麼以理性為基礎的教育模式，對心靈提升的效果不彰。它比較像是「舊酒裝新瓶」的治標模式，以為

是換了新瓶的新酒,但仍是舊酒;或者,它像是嘗試修補一個漏風漏雨的破舊房子,不管如何費力的修補,仍然還是破舊房子。

第二種心靈教育模式

第二種教育模式著重在「直接轉化潛意識」。它的設計特色是利用特定的方法跳過理性或思考,直接聚焦在處理潛意識內的錯誤信念。(圖10)

由於它直接針對潛意識的轉化,所以效果是治本的。它等同把老酒從舊瓶中倒掉,重新換成新酒;把老房子乾脆拆掉,重建新房子;或者,將電腦內的老舊軟體換掉,重新植入新程式。

在對比上,後者教育模式觸動心靈提升的效果較為深廣,而且快速,因為它直接轉化創造80%生命內容的潛意識。由於效果治本,我稱這個轉變為「心靈的蝴蝶蛻變」。

請瞭解:美化生命的敲門磚是「轉化內在潛意識」。

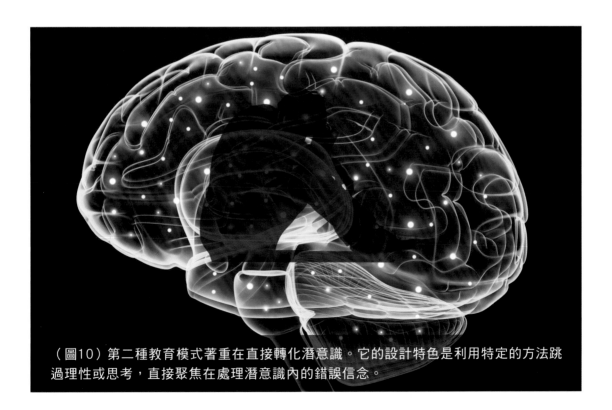

(圖10)第二種教育模式著重在直接轉化潛意識。它的設計特色是利用特定的方法跳過理性或思考,直接聚焦在處理潛意識內的錯誤信念。

｜「潛意識對話 DIY」的
身心靈效應 ｜

它提供一個居家可行的簡易模式
幫助讀者可「Do it yourself」
自行與自己的潛意識對話
並快速的促成潛意識的轉化

得到　分享　創造

「潛意識對話 DIY」的身心靈效應

「潛意識對話 DIY」是豐盛美妙生命的工具

近年來，在我耳邊，一直有一個溫馨的指引，鼓勵我去尋找一個美化生命的普世方法。在這個叮嚀下，我扮演一個技師的角色，在充滿汽車零件的拼裝場中，結合一些被驗證良好的零件，將它們組裝出一部能夠進化心靈與豐盛生命的金龜車。這部車就是「潛意識對話」。

「潛意識對話」是一本觸動潛意識轉化的工具書；它包含「書文」與「語音引導」兩部分。

「潛意識對話」書文內容，源自於歷史智者的生命智慧、科學資訊、個人的直觀與實驗。它著重在深入探討痛苦與恐懼的根源，與探究如何有效轉化潛意識。這個轉化可促使人們遠離恐懼與痛苦，享受平靜喜悅的心靈，與創造自由豐盛的生命。

「潛意識對話」的語音引導簡稱為「潛意識對話 DIY」。它綜合心理諮商經驗、深層放鬆技巧、靜心與潛意識轉化指令所編排而成。它提供一個居家可行的簡易模式，幫助讀者可「Do it yourself」，自己與自己的潛意識對話，並快速的促成潛意識的轉化。

它的語音引導能夠引導讀者進入深層放鬆與心靈平靜，並同時將腦波轉入頻率較慢的阿爾法腦波（Alpha Brain Wave）。當讀者在平靜放鬆的阿爾法腦波時，「潛意識對話 DIY」會對潛意識提示指令，去轉化潛意識內在的資源與機制。轉化後的潛意識可引導讀者創造更豐盛美好的生命。（圖11）

（圖11）當讀者在平靜放鬆的阿爾法腦波時，「潛意識對話 DIY」會對潛意識提示指令，去轉化潛意識內在的資源與機制。轉化後的潛意識可引導讀者創造更豐盛美好的生命。

「潛意識對話 DIY」除了能夠協助讀者轉化潛意識外，它的深層放鬆語音引導，是協助現代人消解疲勞，舒緩焦慮與助眠的有效工具。

這本有聲書的語音引導簡單易行。

使用「潛意識對話 DIY」時，請選擇一個安靜的室內，寧靜仔細的聆聽，並跟隨有聲書的放鬆語音。讀者可自行透過書中語音，將自己導入深層放鬆後，去轉化內在潛意識。

如果讀者按步就班依循書內的規劃，耐心經驗有聲書三個月，相信許多生命議題能夠得到部分或整體解決。當讀者感受到心靈的良性變動時，你將認同「心靈的蛻變」是存在可行的，你也堅信它將發生在你的身上。

為自己買一張進入心靈花園的門票

在持續練習中，你將會查覺到一天比一天更能平靜喜悅，更有智慧與能力去面對生命，擁有更多的愛與仁慈去圓融生命關係，並且開放了自由的創造力，去為你創造獨一無二的美好生命。

當你意識到心靈蛻變已發生後，這種變動的經驗與信心，等於為你買了一張進入「心靈祕密花園」的門票。（圖12）你會歡喜的進入這個美妙的心靈花園，它裡面充滿了許多你未曾經驗過的生命訊息、資源、能量、智慧與生命的真相。

在未來的生命中，你將會在心靈花園中持續的享受心靈的蛻變，只要您有信心、耐心與努力，這一切都將會發生。

（圖12）當你意識到心靈蛻變已發生後，這種變動的經驗與信心，等於為你買了一張進入「心靈祕密花園」的門票。

我們不妨思考，到底什麼樣的生命觀更能促成美好的生命？是安適穩定的固守屋內？還是積極勇敢的走入未知的叢林？（圖13）

我猜想神農氏、比爾‧蓋茲（Bill Gates）或史蒂夫‧賈伯斯（Steve Jobs）願意選擇後者。他們有一個共通的心靈特質，那就是：滿足他們生命的元素不是「享受」或「我是誰」，而是去經驗、去感受、去體驗非凡的生命。

這本書希望能引領您在人生路途上，積極智慧地多走一步。

（圖13）到底什麼樣的生命觀更能促成美好的生命？是安適穩定的固守屋內？
還是積極勇敢的走入未知的叢林？

「潛意識對話 DIY」的身心靈效應

✎ 「潛意識對話 DIY」的生理改善效應

「潛意識對話 DIY」中的放鬆口條，能夠將讀者帶入「類似或超越靜心的身體放鬆與心靈寂靜」。這種深層品質的身心靈轉變，能夠有效的預防或緩解生理疾病。此外，它也能夠幫助人們增強免疫系統，平衡自主神經，並活化生理組織與新陳代謝；例如像是高血壓、消化問題、某些皮膚病、關節炎、風濕症、狼瘡、氣喘病、失眠與疼痛等等。

請留意，面對各類生理疾病，「潛意識對話 DIY」可提供醫療科學外的輔助，但不可被視為掌握所有生理病症的萬能藥。

✎ 「潛意識對話 DIY」的心靈效應

經由「潛意識對話 DIY」協助，讀者可促成下列不同深度的心靈轉化與提升：

- 協助身體放鬆、心靈寧靜、留在當下
- 舒緩內在恐懼、擔憂、痛苦與憤怒等情緒
- 協助放下內在貪糜、嫉妒、依賴、渴望等執念
- 圓融人際關係
- 放下舊習慣、建立新習慣
- 建立正向思考模式
- 提昇記憶力與思考力
- 提昇工作信心與能量
- 放下既往不再被需要的回憶
- 放下過度擔憂無常的未來
- 開啟心想事成的心靈機制
- 開啟工作的直覺力與創造力
- 開啟更高的智慧
- 提昇心靈的自由
- 開啟內在既有的愛與仁慈
- 理解生命的真相

我對「潛意識對話DIY」語音引導的哲思

想像力比知識更重要。因為知識是有限的，而想像力是無限，它包含了一切，推動著進步，是人類進化的源泉。

阿爾伯特·愛因斯坦（Albert Einstein）

「潛意識對話DIY」是擷取客觀的科學驗證與禪修的直觀經驗製作而成。在身兼「證據依歸的科學家」與「心靈研究者」的雙重身分下，如何客觀適切的融合兩種內容，去創製一個提昇身心靈的有效工具，是個歡喜的過程。

我相信有些人會對這個陌生的「潛意識對話DIY」充滿好奇，我也相信遵循「科學唯識論」的人們會迷惘它的定位。依據我對「潛意識對話DIY」在科學的重複性（Reproducibility）與可信性（Validity）的客觀檢視下，它對於身心健康的提昇的確具有不同深度的助益。

我對讀者的建議是：

面對「潛意識對話DIY」，與其用思維分析它是黑貓或是白貓？倒不如經由實際的體驗，去經驗它是否是能抓到老鼠的好貓？

「思維分析」不如「實際體驗」。

本書出版後會設立相關網站，希望藉由該網站擴展「潛意識對話DIY」的效應。
並希望拋磚引玉，鼓勵世人探討這個人生至要議題。
網址：www.harvardspiritual.com

得到 ｜ Give & Take ｜

1.4 生命難得

｜ 生命難得 ｜

恭喜您來到人間。統計學家會告訴你
：「依或然率，您根本不應該存在。」

得到 ｜ 分享 ｜ 創造

生命難得

我們根本不應該存在

天才和愚蠢之間的區別就是天才是有極限的。

阿爾伯特・愛因斯坦（Albert Einstein）

讀者可曾擱下過平日繁瑣的思緒，站在更高緯處看看自己的生命？想試著從另類角度來看我們的生命嗎？

> 人們一直有個迷思，認為我們的存在是理所當然的。但生物統計學家與概率學家告訴我們這個答案是「錯」；他們認為我們根本不應該存在，我們的存在是個了不起的奇蹟。

對於這個見解，我願意舉雙手贊成。但一些文人墨客，像是川端康成或尼采（註）也許會持相反論調，呻吟生命的無奈與辛苦；此外，我猜想達爾文進化論的擁護者也會疾聲抗議。

（註）尼采
弗里德里希・威廉・尼采（德國哲學家，Friedrich Wilhelm Nietzsche，1844年－1900年）為歷年來頗具影響力的哲學家；他曾說出知名的「上帝已死」的見解，也終身被認定是一個孤獨的哲學家。

我無法苟同他們的灰色論點，我仍會堅持恭賀你的存在。

因為自始至終，金魚缸裡的我愚昧不解：

「金魚如何能透過魚缸理解人間真相呢？」我一直秉持「不可知論」，認定「自認無知」比「自作聰明」更有智慧，不是嗎？對此，一些科學家缺乏勇氣。

在此，我誠心並鄭重的恭賀你來到人間，因你的出現實在是太神奇，太不偶然了。為什麼恭喜你來到人間？

讀者可知道宇宙億兆個運行的星球中，有多少個星球能像地球般孕育萬物？到目前為止科學家還沒有找到。

地球孕育萬物的條件，好到令人拍案叫絕，無法令人相信。它必須同時擁有眾多的必要因素，才能促成生物的孕育演變；少一個，多一個或者改一個都不行。

例如說，它與太陽的距離絕對不可以遠一點或者近一點，任何與太陽距離的細微波動，都會促成地球溫度不適合生物生存。另外，像是地球上的物質元素或空氣成分有任何改變，也無法令生物生存。

此外，讀者應該知道，在地球史上物種滅絕多次發生，而且每次都幾乎是全體滅絕。它發生的次數多到令你不得不擔憂人類遲早會消失。地球開天闢地四十五億年以來，生物出現於十億年前，已有數十億種不同的物種在地球上出現過，但其中，99.99%的物種都已滅絕。看起來任何物種至今仍能存活在地球上，得有特殊好運道才成。

大家腦海中，還記得《侏羅紀公園》電影中的恐龍嗎？恐龍最早出現在二億三千萬年前的三疊紀，牠們一度縱橫地球超過一億六千萬年之久，但在六千五百萬年前的白堊紀就發生了全體滅絕。滅絕的原因不清，猜測可能是地殼變動、氣溫變化、或外太空隕石撞擊等等。

另外，當今地球有論百萬計的物種存在。面對萬物時，你可曾僥倖的感恩過其實你也可能不是人，而是蟑螂、蚊子或蒼蠅嗎？猜想一下有誰喜歡做牠們嗎？能在地球上身為智人，實在難能可貴。

而最不可思議的奇蹟，是你的祖先（不包括猴子、猩猩）創造了你。如果想瞭解這個議題，請思考一下與你出生相關的受孕當晚。

首先，當然你父母雙方都不得缺席，都得在當晚共同為你工作。你的爸爸一次射精的精子總數量約3.5億個，而母親卵巢中的總卵子數約五百個。因此，當晚孕育出你的受精概率大約低於一仟七百五十億分之一，（圖14）這個或然率很驚人吧！不是嗎？是否開始覺得你的存在太僥倖了呢？

其實不只如此，還有許多其他的變數與你的出生有關；譬如說，你的父母親任何一方萬萬不得對不起你，移情別戀而更換結婚對象，否則你當然無法存在。然而對同樣這個變數，你要擔心的可不只是你的父母，你必須將這個擔心，無限上推到你生命源頭的第一個祖宗。光就增加這個變數，你存在的機率將遠低於連續多次獲得紐約樂透獎；這是個計算機燒壞也算不出來的概率。

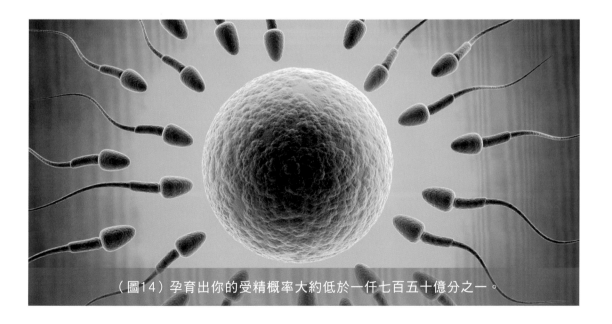

（圖14）孕育出你的受精概率大約低於一仟七百五十億分之一。

最後，請不要忽視另外一個變數，那就是「你自己」。大家想一想，你能夠每天輕鬆的享受健康的生命，絕對也是個了不起的奇蹟。

你是否意識到你的身體由無數個以兆為單位，而且毫無心機的原子構成。這些原子成分與泥巴裡的原子成分一模一樣，但它們竟然神奇的結合起來，透過某個美妙的機制，精確組成了「一個人」，讓「你」存在，並且終身為你效命；這個美妙的結構與運作機制，比你的電腦複雜了不知道幾萬或幾億倍。電腦需要你精準操作才可工作，但你的身體卻能自主的運作，讓你不需做任何的努力，就可輕鬆的過日子。

這一切夠奇蹟吧！你能生出來不是超級僥倖嗎？

如何讓生命多采多姿呢？

如果你同意上述的一切，那你得接受一個開心的事實：「人生難得」。你我應該相互恭賀對方來到人間。既然生命如此殊勝，你我不想不虛此行，讓它多采多姿嗎？（圖15）如何讓生命多采多姿呢？成就生命最重要的基礎元素是什麼？答案不是健康、財富、成就、或者青春，而是「快樂」。

不是嗎？生命中還有比快樂更重要的元素嗎？在沒有快樂的生命中，健康、財富、成就或者青春仍有存在價值嗎？沒有快樂的生命值得延續嗎？如果我們同意「快樂唯上論」，那我們可就麻煩大了。因為我們許多人都自覺不快樂。

（圖15）既然生命如此殊勝，你我不想不虛此行，讓它多采多姿嗎？

在沒有快樂的生命中，健康財富、成就或青春仍有存在的價值嗎？

｜我們的生活怎麼了？｜

人生有豐沛的物質，不如有健康的身體
有健康的身體，不如有快樂的心靈
然而短暫的快樂，卻又不如恆久的寧靜自在

得到　分享　創造

我們的生活怎麼了？

現代人每天過著繁忙無奈的日子

智者曾說過：「人生有豐沛的物質，不如有健康的身體；有健康的身體，不如有快樂的心靈；然而短暫的快樂，卻又不如恆久的寧靜自在。（圖16）」誰不喜愛寧靜自在的心靈？但近年來，完整的心靈健康幾乎變成了痴人夢語。

讀者有沒有意識到一些現代人的共通現象：

人們幾乎每一天都過著同樣的日子；早上無奈的起床，面對工作，充滿了競爭與壓力；面對關係，充滿了矛盾與衝突；面對自己，充滿了不滿與指控。但人們已經習慣過這樣子的生活，就是這樣子的日子，

一天一天的，把人們帶到了老年。

我們住房子喜歡住在高樓層，因為從高樓往下看街景，可以更清楚的看到在街面上看不到的東西。我們爬山也喜歡站在山頂往下瞭望，站在山頂可以更明確的看到城市中看不到的一切。但面對生命，我們卻沒有如此。

雖然我們每天過著繁忙高壓的生活，但很少人願意撥出一點時間，靜下心來，去站在更高的緯度，看仔細我們的生命到底是什麼樣子？為什麼這個樣子？或者，我們在做什麼？

（圖16）人生有豐沛的物質，不如有健康的身體；有健康的身體，不如有快樂的心靈；然而短暫的快樂，卻又不如恆久的寧靜自在。

檢查自己的快樂指數

許多人在空閒時，會看看存款簿裡存款多少，或者會打開保險箱，檢視保險箱裡的東西。當企業家意圖重整企業時，他做的第一步，不是對外擴大營業，而是對內檢視企業內部的健全性。這個邏輯也適用於我們的身心靈。當我們決定衝刺人生時，必須學會「先安內後攘外」。

現代人生活過度忙碌，經常忙到沒有問自己生活過的滿不滿意？快不快樂？

讀者想藉這個時機檢查一下自己的快樂指數嗎？

經常檢視自己的「快樂指數」是個好習慣。只有你願意看清楚你的快樂狀況，你才擁有改善它的可能性。（圖17）掩飾痛苦就是姑息痛苦，就是承認自己是「痛苦之身」。當你接受痛苦存在的事實，你就失卻改善快樂狀況的機會。

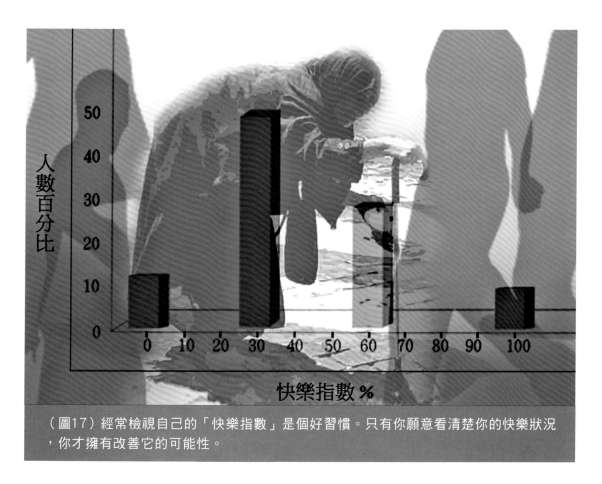

（圖17）經常檢視自己的「快樂指數」是個好習慣。只有你願意看清楚你的快樂狀況，你才擁有改善它的可能性。

知道怎麼檢查自己的快樂指數嗎？

人們的思想有粉飾太平的特質。它會刻意的扮妝自己，用粉遮掩臉上的青春痘，而讓答案失真。如果想檢視你真實的快樂指數，不要用「思想」找答案，要用「無念」去感受它。

檢視快樂的最好時機，是在清晨剛醒時，因為此時腦波正處於思想靜止的阿爾法波。

清晨剛醒時，如果你感覺身體輕鬆、心情良好，每一個呼吸都舒暢圓滿，好想快快起床享受美好的一天，那你的快樂指數很高。但如果早上起床時，你感覺身體疲憊、心情低落，想到又要面對一天辛苦高壓的工作，根本不想起床，好希望今天是週末，那你的快樂指數不高。

假設快樂指數是由「1」到「10」；「10」代表很快樂，「1」代表很不快樂；讀者不妨在某天剛起床時，給自己一分鐘時間去感受自己的「快樂指數」是多少？能夠超過「6」嗎？（圖18）

（圖18）何妨在某天剛起床時，給自己一分鐘時間去感受自己的「快樂指數」是多少？能夠超過「6」嗎？

｜心靈健康難得｜

阿納托爾‧法郎士曾以九個字濃縮了人生
：「人，出生，受苦，然後死亡。」

心靈健康難得

人，出生，受苦，然後死亡

現代人多數都不快樂。

法國小說家阿納托爾・法郎士（Anatole France，1610年代）呼應這個現狀，曾以九個字濃縮了人生；他說：「人，出生，受苦，然後死亡。」（圖19）

難怪威廉・莎士比亞（William Shakespeare，1564年－1616年）在1884年創作的話劇「馬克白」中歎道：「人生不過是條行走的陰影，一則癡人敘述的故事，只聞喧囂與憤怒，毫無意義。（圖20）」

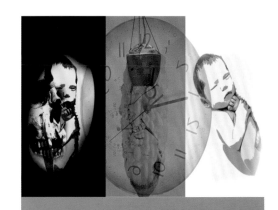

（圖19）阿納托爾・法郎士曾以九個字濃縮了人生：「人，出生，受苦，然後死亡。」

（圖20）難怪莎士比亞在1610 4年代創作的話劇「馬克白」中歎道：「人生不過是條行走的陰影，一則癡人敘述的故事；只聞喧囂與憤怒，毫無意義。」

（圖21）佛家說的「人生本苦」是真相嗎？

佛教也開宗明義指出：「人生本苦」。佛家說的人生本苦是真相嗎？（圖21）不論它是不是描述真相，近年來不斷增加的佛教人口似乎在呼應這種信念。

避開歷代戰爭、饑荒或天災時期不談，我深深地懷疑，目前現代人不快樂的廣度與深度，是近數百年人類歷史上最強烈的。

我們一起來深入的探究：人類到底怎麼了？為什麼近年來人們不快樂曲線逐年筆直上揚。它是哪個（或哪些）因素促成的？是個人的人生觀改變了？是人們生命週遭環境變差了？還是它是瑞士心理學家卡爾‧榮格（Carl Gustav Jung）提示的：痛苦因子蔓延在人群的集體潛意識（註）中，默默的相互感染？

（註）集體潛意識

瑞士心理學家卡爾‧榮格（ Carl Gustav Jung，1875年－1961年）認為，集體潛意識是人格結構最底層的無意識，它包涵了世代群落的經驗儲存在大腦中的訊息。集體潛意識是我們一直都意識不到的東西。他曾用海島舉例；他認為露出水面的島是人能感知到的意識，水面下的島就是潛意識；而島的最底層海床，就是集體潛意識。

心靈健康統計

根據美國的美國精神病人聯盟的報告：

- 23%的美國人擁有可被診斷出的心理疾病。其中約半數人的心理疾病會嚴重影響他們正常生活運作
- 美國一年約600萬人會定期看心理醫師，服用精神藥物

另外，根據2003年「美國總統心理健康新自由委員會」的報告指出：在美國早期，癌症或心臟病是殘疾的主要原因，而近年來心理疾病，例如憂鬱症、躁鬱症、精神分裂症、自閉症和強迫症等等，才是導致殘疾的主要原因。

世界衛生組織（WHO）資料顯示：過去四十五年來，全球自殺死亡率增加了60%；平均每四十秒就會有一人自殺死亡，而每三秒就會有一人企圖自殺。預測到了2020年，全球每年會有150萬人因自殺身亡。

對這個心靈議題，臺灣也不能倖免。民國100年國慶日前夕，臺灣中國時報針對臺灣人的快樂做出民調。（表1）民調指出，臺灣人民相當不快樂：

- 當前國人平均快樂指數僅54分（54/100）
- 約49％的人對目前生活失望，評價50分以下
- 約12％的人自評快樂為極端值零分，覺得生命無趣
- 約29％的人自評快樂分數為勉強合格的60分
- 僅有10%的人覺得生活喜悅

為什麼臺灣約六成的人認定生命不快樂？為什麼臺灣每十個人中只有一個人感覺快樂？

抽樣翻閱臺灣的幾家報紙，發現千篇一律的，前面的七至八頁全部刊載著社會或世界各類暴力、鬥爭、災難、醜聞或痛苦事件。讀者沒有感受到近年來，悲傷、痛苦與憤怒正如野火燎原般，在台灣每個層面或角落燃燒蔓延著嗎？今年（2014年）的服貿學運與地鐵事件告訴了我們什麼？

到底，誰是這些社會亂象的始作俑者？臺灣怎麼了？我們的生命怎麼了？

這種令人頹喪的統計數據並非臺灣民眾專利，許多其它國家均有類似現象，甚至於更嚴重。現代人感受的心靈苦難，遠比百年前物質匱乏時代更嚴重；如何求取寧靜喜樂，開始變成是全球急迫的社會議題。

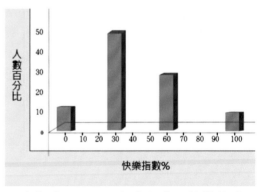

（表1）民國100年臺灣人民快樂統計

孩子們快樂嗎？

大人不快樂也就算了，那孩子們快樂嗎？在想像下，生活單純、而且尚未進入社會的孩子們理應容易快樂，不是嗎？但答案是：「錯」。

自古天下父母心，父母永遠盡心照顧孩子。與古代父母相比，現代父母絕對是有史以來最孝順的父母。現代父母花費大量金錢與精力，給兒女一切最好的；為了悉心照顧兒女，父母甚至於寧願犧牲自己。

當父母投注了如此大的心力，有沒有計算過，一個小孩養到成年需花費多少？依我非正式的私人市調，台灣多數父母對單一兒女的花費，平均絕對超過台幣五百萬元。我不禁在猜想父母對這個驚人的花費，是感動呢？還是感慨呢？不管如何，台灣的父母真的了不起。

面對這樣子的統計數字，父母在驚訝或驕傲之餘，有沒有靜下心來，好好盤算過對兒女一切努力與花費的績效？我相信在愛的驅動下，現代的孝順父母根本懶得檢討投資報酬率。但此刻，容許我冒昧地來一個秋後總決，下個結論。

現代孩童也充滿了壓力與痛苦

中國時報針對現代國中生所做出的快樂民調指出，49%的國中生不快樂。

我有聽到「哇塞!」或者眼鏡跌到地上的聲音嗎？這個現象其實是很普遍的，非台灣獨攬。根據美國精神病人聯盟的報告，美國十八歲以下孩童約每六個人當中，就有一個人已有持續性的心理疾病。

我說個故事跟大家分享。我有一位年齡十

三歲女性病患，見到她時，她雙腳裹著厚重的石膏，臉上帶著敵視的眼神。她的母親告訴我，女兒在一個月前與她爭吵時，憤怒的從四樓客廳陽台跳下，摔落在地面。幸運的只是骨盤與腿骨折裂。

在某次峇厘島旅行中，我與好友在旅館花園中深夜對談。好友提及他的女兒從小在虛無主義（註）下，一直存在著灰色的悲世情節，並多次尋求自盡。對談中，他感慨的抬起女兒的手，讓我看著他女兒數次自殺留在腕上的刀痕。

（註）虛無主義
虛無主義為懷疑主義的極致形式。這個主義認定：世界、人類的存在是沒有客觀意義、目的以及可以理解的真相。尼采認為虛無主義是人們意識到「上帝已死」所導致的。海德格爾將虛無主義稱為：這樣的存在什麼都不剩。

我不禁感慨，真正痛苦的是他的女兒？還是父母？這對父母多年來，一直深懼不知道哪一天女兒將要離開人世？相信諸如此類的生命故事你經常會有所耳聞。

我的診所是觀察孩子們情緒的最佳場所，因為過半數的病人是幼齡學童。依據我多年的觀察，超過六成孩子們的臉上呈現麻痺冷漠的神態，忙碌的玩著手機，言語顯現過度的早熟，感覺天真與歡樂不再；他們多數會表達正承受過多課業的壓力。

我曾見過一個十二歲的小男孩憤怒的對母親說：「為什麼你把我生的這個樣子？」另外，一個家世良好的小女孩竟然會對母親說：「媽！活著幹什麼？」

相信許多父母會深思：「孩子們是否都能擁有改善生命的明燈呢？」（圖22）

（圖22）相信許多父母會深思：「孩子們是否都能擁有改善生命的明燈呢？」

如果教育的目的，不僅是希望孩子們在未來能夠獨立生存，而同時能夠為孩子們未來的快樂鋪路，那就值得我們放下舊有執念深思。近年孩童普及的不快樂，還不能如暮鼓晨鐘般，驚醒教育家與父母的虛幻夢想嗎？

我曾翻閱高中課本，驚奇的發現，當年熬夜苦背的課文至少70%都已忘的光光了。它不禁讓我聯想到一個簡單的事實：教育的目的只是成績單上的數字而已。
（圖23）

（圖23）當年熬夜苦背的課文至少70%都已忘的光光了。它不禁讓我聯想到一個簡單的事實：教育的目的只是成績單上的數字而已。

父母與創制台灣教育制度的專家會怎麼想？

推動社會變革的原動力是痛苦？還是遠見？我不知道你怎麼選，但我知道歷代變革家多數選擇前者。

智者箴言

但我猜有些父母或教育家有話要說。

父母會說：「我這麼愛孩子，一切該做的也都做了，我又沒錯，我也不知道他為什麼不快樂？」教育專家也許會說：「我們精心設計打造的教育制度應該不錯呀？必定是孩子們錯了，父母錯了，或者社會錯了。」

人們總是習慣帶著漆黑的墨鏡，遮掩著雙眼去看著世界；但制約的心識會看得到真相嗎？時代變了，社會變了，新興孩子也誕生了，但父母或教育者的老舊心念可曾同步調整，去應對與五十年前大不相同的新小孩？

父母安排孩童繁重的學習，是成就孩子的企圖下不得已的選擇？還是只是呼應父母擔心孩子未來的恐懼投射？

對於近代教育，有幾個問題頗值得父母與教育家們深思：

- 書念得多的孩子們在未來真的比較快樂嗎？（圖24）
- 填鴨教育下的二手知識會啟發孩子們創造性的思考嗎？
- 書念得多會觸動孩子們擁有更正向的道德與行為嗎？
- 書本裡的知識都是對的嗎？
- 如果教育下的學童不快樂，那是學童錯了？還是教育錯了呢？

（圖24）書念得多的孩子們會在未來真的比較快樂嗎？

痛苦具有傳染蔓延的特性

平心而論，對絕大多數人來說，痛苦其實僅佔生命的一小部分而已，歡樂還是比痛苦多一些。在理論上，如果人們能活在當下，歡樂的時候就享受歡樂，而痛苦的時候就經驗痛苦，那考量歡樂比痛苦多的情況下，生命還是可以被接受的。但矛盾的是，多數的歡樂無法消解少數的痛苦。

想像生命是一杯清水，而痛苦是墨汁。只要在清水中加入僅僅幾滴墨汁，就能夠讓原本清澈的清水全部染上黑色。痛苦的生命時光也許僅佔生命10%的時光，但人們卻無法控制那10%的痛苦，無奈的讓它去肆虐生命其餘90%原本美好的時光。

如果此刻天使出現在你眼前，仁慈的對你說：「如果你願意，我可以幫助你移除生命中所有無價值的痛苦時間。」試問你是否同意接受這個建議呢？（圖25）

如果答案是「同意」，那麼你已喪失了至少80%的生命；但如果答案是「不同意」，那你豈不是非常矛盾？既痛恨痛苦，卻又定期健檢或禱告祈求長壽？

（圖25）如果此刻天使出現在你眼前，仁慈的對你說：「如果你願意，我可以幫助你移除生命中所有無價值的痛苦時間。」試問你是否同意接受這個建議呢？

｜消解痛苦六部曲｜

只見汪洋時就以為沒有陸地的人，不過是拙劣的探索者
弗朗西斯・培根（Francis Bacon，英國哲學家，1561年－1626年）

得到　　分享　｜　創造

消解痛苦六部曲

痛苦是宿命嗎？

只見汪洋時就以為沒有陸地的人，不過是拙劣的探索者。（圖26）

弗朗西斯・培根（Francis Bacon，英國哲學家，1561年－1626年）

（圖26）弗朗西斯・培根曾說過：「只見汪洋時就以為沒有陸地的人，不過是拙劣的探索者。」

人們感覺頭痛時，會吃阿斯匹靈片，如果頭痛再不好，則會進一步的請教醫師。但人們面對心靈痛苦時態度不同，多數人會在宿命論下消極的迴避，假裝問題不在。

培根否定消極人生。的確，否定問題存在

自然就否定了改善問題的機會。生命的問題極少會自動消失，至少對痛苦是如此。

值得慶幸的是，的確有些人成功的驅除了心靈痛苦，並獲得平靜喜悅。其實我們眼前，一直存在著一個七彩絢爛的幸福樂園，但當我們戴上悲觀的墨鏡時，眼前的美麗世界就不存在了。（圖27）想一起來尋找促成生命快樂的答案嗎？

（圖27）其實我們的眼前，一直存在著一個七彩絢爛的幸福樂園，但當我們戴上悲觀的墨鏡時，眼前的美麗世界就不存在了。

痛苦的人無法找尋生命的答案

痛苦與快樂無法並存。痛苦也會抵銷一切成功的美果。如果我們希望擁有美好成功的生命，就必須先驅除內在的痛苦。

在某次的心靈諮詢課程中，有一個滿臉呈現生命痛苦的女孩子問了我一個問題：「人為何而來？」

我猜，社會上有許多的人有著同樣的問題，大部份這些人都感覺生命痛苦。當痛苦的人懷疑生命的時候，會開始自問：「我為什麼來？」

絕大多數問這個問題的人都不會找到答案，原因是，這些人問問題所使用的工具，就是創造痛苦的思想，創造痛苦的思想永遠無法找到痛苦的原因。此外，思想內既存的思考資源只不過是既往生命經驗的累積，這些經驗資源不含括供給答案的足夠元素。

它就像是當一個婦人找不到小孩，她會拿著照片滿街去問誰看到了她的小孩。但如果一個人想去找尋一個從未謀面的東西，如果連找什麼都不知道時，她所作的一切努力與心機都是白費；就算是她站在這個東西的前面，她也無法知道這是真相，因為她的焦慮情緒，會消減了她觀察真相的能力。

舉例來說：我是一個電腦白痴，最近為了工作需要，買了一台蘋果筆記型電腦。

我在一次遠程飛機上，打算利用飛機上的時間使用電腦工作。我驚奇而且很不耐煩的發現，我竟然花了五分鐘的時間，嘗試了好幾種方法，都無法將電腦的螢幕打開。這時候我請求外援，把問題告訴一位走過身邊的空服員：「對不起，可否請您幫個忙，我打不開電腦的螢幕。」空服員拿起我手上的電腦，將電腦轉了180度，輕鬆的打開了螢幕，然後親切的對我說：「先生，您開反了。」

痛苦的人不能找尋生命的答案，因為當你焦躁痛苦的時候，在焦躁痛苦的情緒下所找尋的答案都非真相。

在生命中，我們一直在找尋生命的答案，但是當我們鑽入問題的時候，我們一直發現找不到問題的答案。要找尋真相的答案，要跳在問題的更高一階，從上往下看，而非鑽入問題。

眾多痛苦的人忙著去找答案，但卻不知道找尋答案不是重點。與其找尋「人為何而來」的答案，倒不如去思考如何消解痛苦。「無苦」是生命存在的必要基礎，連基礎都不穩固，談何跳階找尋真相呢？

驅除痛苦六部曲

以下，我將介紹一個有效可行的痛苦驅除模式，它要遵循六個步驟。

第一部曲：接受痛苦的存在是常態事實

只要你是活著、會呼吸、能思考，你就得感受痛苦，不管這個痛苦來自於身體或者心靈。痛苦像是牙周病，幾乎99%的人都有不同程度的痛苦，它是如此的稀鬆平常。

人們面對痛苦會有兩種選擇，一種是承認痛苦常存的事實；一種是掩飾痛苦或者不承認應該擁有痛苦。

宿命論者會學習與痛苦共存，並假裝痛苦不在。不論是否定或掩飾痛苦，這種生命哲學都會杜絕你處理痛苦的動機與可能性。無可避免的，這是多數人的共通習性，但也是這種習性，創造了阻礙生命豐富美好的絆腳石，因為痛苦的存在會抵銷快樂。

如果你期待快樂，那你就得先承認與接受痛苦存在的事實。當你承認，你就為自己購買了處理痛苦的門票，它是享受美好人生的第一步。

但遺憾的是，多數人反其道而行，他會漠視痛苦的存在，他會直接跳過痛苦，將生命能量放在外境財富、權勢的追求；外境的物質追求可能創造快樂嗎？痛苦會侵蝕消解我們感受快樂的能力。

第二部曲：堅信痛苦可以被轉化

多數動物擁有接受宿命的特質，它們的生命活動建立在反射中。面對痛苦，它們會選擇逆來順受。連最接近人類的猩猩都不會去設想如何讓明日更好。

許多人面對痛苦時，也會如動物般，宿命的默默承當痛苦。有些人乾脆放棄對本世的努力，透過宗教信仰或靈異經驗，將自己沈迷在對靈魂永在與天堂的依戀中。（圖28）

（圖28）有些人乾脆放棄對本世的努力，透過宗教信仰或靈異經驗，將自己沈迷在對靈魂永在與天堂的依戀中。

但人類與動物不同的地方是：「動物是天生宿命，但人類擁有選擇。」人類有智慧與權利可以選擇改變今天而成就明天。你必須相信你能夠改善痛苦；如果你願意相信痛苦可以被消除，那你就擁有驅除痛苦的機會。

第三部曲：用平靜心處理痛苦

肉鋪裡老板用天平秤豬肉時，不管怎麼秤，秤得的豬肉重量都是客觀的，而且是可重複的。但人們所感受到的痛苦，在本質上卻是非能「客觀量化的變數」。它對心靈衝擊的程度，不在於痛苦事件本身，而在於人們面對痛苦時的心靈狀態，所以衝擊的程度是主觀的，是因人而異的。

許多人面對痛苦，會把它視作反常的、惡質的、或者「不該發生在我身上的壞蛋」，在這種心緒下，他會立刻如刺蝟般與痛苦尖銳對立。這種對抗情結不但無法紓解痛苦，反而會強化痛苦對心靈的創傷。

經驗過對立所促成的後果嗎？還記得憤怒與對立曾在你的伴侶、朋友或者事業關係上為你帶來什麼嗎？心靈有一個恆常定律：對立創造等量的抗爭。

禪修者面對痛苦的心念異於常人。他們認定生命諸般總總皆是虛相；既然快樂或痛苦均是虛相，就不需要與痛苦對立，他們自然見苦不苦，見樂不樂，對於外在衝擊一無所感；既然無感，衝擊就不再造成創傷。

相反的，修行「放下」的禪修者會感恩無常苦的存在與試煉。他們知道只有透過理解苦的根源與放下苦，才能真正的覺知生命與成就放下。禪修不是修「脫苦」，而是在藉由修「苦」成就覺知生命本相。（圖29）

我們不必學禪修者見苦不苦，但至少面對痛苦時請不要詛咒痛苦或者與痛苦對立。要學習以平靜接納的心念去接受痛苦存在的事實，這種心靈美質會觸動解決痛苦更大的智慧與能量。

（圖29）禪修不是修「脫苦」，而是在藉由修「苦」成就覺知生命本相。

第四部曲：看清楚自己的痛苦的本質，成因與根源

面對疾病時，醫師們都知道有效的療癒方法是對症下藥。然而，許多人面對痛苦時作法相反；他們沒有先去瞭解痛苦本質和促成痛苦的成因與根源，反而會直接找尋秘方除苦。如果痛苦的人連痛苦本質與成因都不知道，那如何對症下藥呢？這種偷懶的跳躍模式既非對症下藥，自然成效不佳。

所以，如果想有效消除痛苦，要先檢視痛苦的本質、成因與根源。

第五部曲：放下錯誤的脫苦方法

基於不同的生命觀與個人經驗，不同的人會選擇不同的方法除苦。驅除痛苦的方法雖然很多，但多數無效。

人們經常有一個矛盾，明知道某些脫苦方法無效，但仍然重覆使用，樂此不疲。連草履蟲碰到障礙時都知道轉向閃避，那尊為萬物之首的智人難道不知道要放下舊法，另尋它法嗎？

第六部曲：身體力行

生命成功的人有一個成功的祕密，那就是：他們理解處理生命現象不是數理演算，他們會避開繁複無用的理論辯解，採用身體力行模式，用「實踐」去搜索正確應對生命的方法。

一個好消息與一個建言

當讀者看到此處，我想告訴讀者一個好消息與一個建言。

好消息就是：依據我樂觀的觀察評估，許多人依循這些步驟都能成功有效的脫離痛苦，更能留在當下，享受平靜喜悅的生命，並令事業更上層樓。

建言則是：本有聲書介紹的脫苦方案是個「知易行難」的模式。知道很簡單，但如果你捨不得放下肩上扛的脫苦方舟，缺乏對這個模式的信心與執行的信念，最終，您對它所做的一切努力不過只是紙上談兵的幻念而已。（圖30）

（圖30）本有聲書介紹的脫苦方案是個「知易行難」的模式。知道很簡單，但如果你捨不得放下肩上扛的脫苦方舟，缺乏對這個模式的信心與執行的信念，最終，您對它所做的一切努力不過只是紙上談兵的幻念而已。

｜生命該這樣子活著嗎？｜

想要脫苦的人堅信他們扛的方舟
是唯一能幫助他們渡往彼岸的救贖之道

但他們的方舟真的是幫忙脫苦的方舟嗎？

得到　　分享　　創造

生命該這樣子活著嗎?

脫苦的方舟

我想講一個故事,隱喻人們處理痛苦常見的錯誤方法。

有幾個和尚同心協力的在肩膀上扛著一條沉重的獨木舟,踏著艱辛的步伐走進一個村莊。

這些和尚有趣的行為吸引了很多村民圍繞著他們指指點點。有一個村民走上前去問和尚說:「請問你們在做什麼?」每個和尚都正忙著扛木舟,沒有人理會他。只有一個和尚一邊擦著汗水,一邊勉強的回應:「沒看到我們扛著什麼嗎?這條船不是普通的船,它是幫助我們脫苦的方舟,它會帶領我們到達脫苦的彼岸。這條船對我

們太重要了,我們必須隨時帶在身邊。現在,麻煩你不要再打擾我。」

村民眼看著和尚們扛著木舟漸漸離開了村莊。離開時,村民發現多了一個人在扛獨木舟,那個人就是剛剛問話的村民。

想要脫苦的人都會抬著自己相信的方舟,在靈性提昇的道路上前進。他們堅信他們扛的方舟,是唯一能幫助他們渡往彼岸的救贖之道。但他們的方舟真的是幫忙脫苦的方舟嗎?(圖31)

要回答這個問題就得深入瞭解多數人處理痛苦的十種方法與它們的成效。下面將一一討論。

(圖31)想要脫苦的人堅信他們扛的方舟,是唯一能幫助他們渡往彼岸的救贖之道。但他們的方舟真的是幫忙脫苦的方舟嗎?

處理痛苦十種常見方法與成效

第一型：怨天尤人型

有些人處理痛苦的方式，不是去找尋痛苦的成因解決問題，而是不斷的透過打手機、喝下午茶、傳E-mail、或在Facebook中廣宣悲苦。他們的脫苦哲學是：「抱怨痛苦可以讓自己快樂。」

我曾經與一些朋友同去京都賞楓；京都當時楓葉滿山滿城，美到令人歡喜心悸。但其中有位朋友沿路根本沒有賞楓，只是不斷的訴說生命種種悲苦。

愛談痛苦的人有一個特質，他們在講話時多數會從「我」開頭，有時會從「他」開頭，但很少從「你」開頭。注意從「我」開頭的講話內容；這些內容不外乎是自己的陳年往事，或者是自我中心下的想法。他會介意自己的自言自語，但不會關切別人講什麼；別人講話還沒講完，他已經迫不及待的繼續插入他的痛苦史。

這些人也會在語句中從「他」開頭，但講的內容抱怨的多，祝福的少。他們很少語句以「你」開頭，因為他們太愛自己了，所以擠壓不出更多的愛來關心你。

你可曾做個市調，去傾聽群聚對話中是「我」多？還是「你」多？

有一次我跟個朋友在一起，他不斷的抱怨他往事的悲苦。我對他請求，問他有沒有

可能一個小時內講話不從「我」字開始？他在往後的一個小時內無話可說。

我們來談一個簡單的生命邏輯；如果一根刺插在肉裡，當你感覺到針刺的痛苦，你會即時行動，設法把刺拔出來，因為你知道拔刺就可解除痛苦。

抱怨痛苦絕對不是拔刺。實質上，抱怨痛苦就等同承認痛苦無解，也會令他變成痛苦之身。它像是金庸武俠小說中謝遜的七傷拳，一拳出手，傷人傷己；因為在抱怨心念產生的時候，首先會毒害到自己的心靈，接著就會毒害到其他人，所以抱怨簡直一無是處。（圖32）

「說苦」是無法改善痛苦的。要想解決痛苦無它，必須勇敢積極的面對、瞭解並有效的處理痛苦。

第二型：消極宿命型

有一種人相信痛苦是宿命，是不能解決的。他們面對痛苦的方式是淡化或者埋葬痛苦。

為了「淡化痛苦」，他們會用過度的隨和態度來面對痛苦。例如，他們會說：「其實對這個我一點都不介意」，「其實他也是好意」，或者「其實是我不對」等語句。

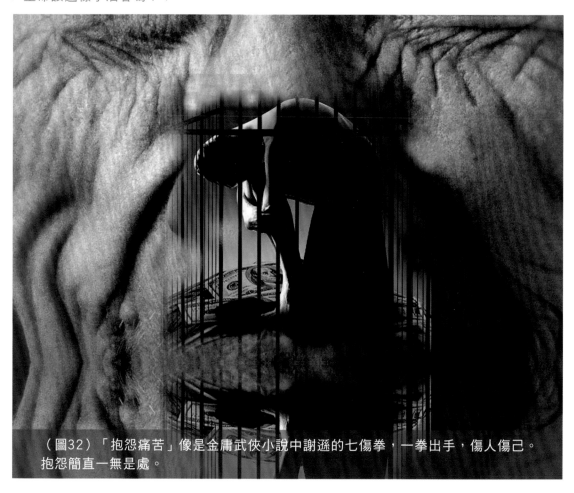

（圖32）「抱怨痛苦」像是金庸武俠小說中謝遜的七傷拳，一拳出手，傷人傷己。抱怨簡直一無是處。

為了「埋葬痛苦」，他們會自我催眠麻痺自己。甚至，他們會在痛苦的四周築起一道高牆隔離痛苦，強迫自己相信問題不在。

面對社會，他們會帶著快樂的姿態，偽裝痛苦不在。當別人問他們「最近好嗎？」他們會在臉上擠出虛假的幸福微笑，一成不變的告訴對方說：「挺好的」。他們的反應很世故，也很聰明；因為他們知道當別人問候「好不好」的時候，問話的人並不一定真想關心他們，因為別人也正自顧不暇的在痛苦中。

想像你正看著一群螞蟻辛勤的搬運食物。如果你仁心大發，語重心長的建議螞蟻說：「您終日只是繁忙無趣的工作，有沒有想做些有趣的事情？」螞蟻如果能回答，大概會說：「我很忙，請讓路」。

螞蟻不是故意放棄美好的生命，原因是它身不由己。因為它的內在天生被植入了一個拼命工作的晶片，這個晶片讓螞蟻變成一個工作機器人。（圖33）

一些人的內在也有類似螞蟻的工作晶片，這個晶片叫做「逆來順受晶片」或者「聽天由命晶片」。

在這個晶片的操控下，他們只是被動的承受痛苦，而不會採取任何行動。

但是不去理會痛苦，心靈問題就不存在了嗎？

當他們把痛苦封存到心靈密室裡不聞不問，就認定把痛苦之門關上了。但事實上被掩埋的痛苦不但沒有消失，它的負面能量反而會調皮的化身百態，灌注在你生命每一個層面，讓你為你的「關閉」，交換了十倍的痛苦，甚至於騷擾你身體的健康。

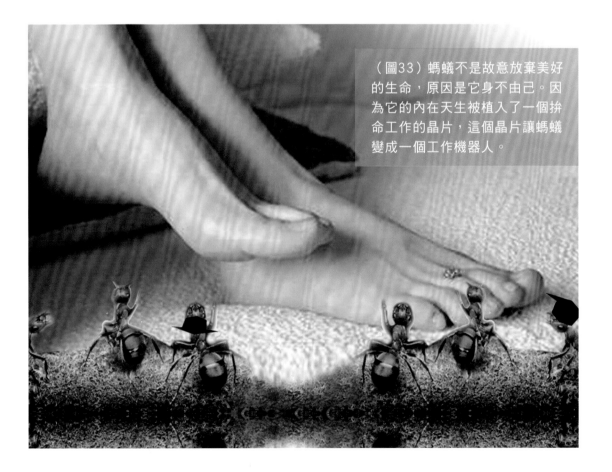

（圖33）螞蟻不是故意放棄美好的生命，原因是它身不由己。因為它的內在天生被植入了一個拼命工作的晶片，這個晶片讓螞蟻變成一個工作機器人。

第三型：積極補償型

✏ 找尋快樂來補償痛苦

有一些人面臨痛苦比較積極，他們會努力找尋快樂，來補償或中和痛苦；（圖34）這種補償有點像是化學反應中，鹼性溶液可以被酸性溶液中和。當他們發現痛苦無法被快樂有效補償時，他們不會懷疑他們的補償哲學，只會認定是快樂不夠，因此，他們會更努力的去追求更多的快樂。

✏ 相信物質可以消解痛苦

近百年來，人類史上最大的變動，不是政治、文化或者經濟方面的變動，而是物質的變動。

現代科技帶動了高水準的物質文明。在這個跳躍成長的物質文明下，現代多數人會執持著「物質快樂論」，拼命的去求取物質。爭取財富變成了眾人無法對抗的快樂定律。

物質當然很重要；人們必須有足夠的食物填飽肚子，有個房子擋風遮雨，有個車子代步，有個手機聯絡人，這些基本物質是必需的，沒有人質疑這一點。

但現代許多人在「物質快樂論」下被催眠了，他們耗用生命極多的時間與精力拼命賺取金錢。（圖35）有些人賺到早就超過活一輩子所必需的，但他們不會停止，因為他們堅信：充沛的物質、名位、財富等等，是保證快樂的秘方。

（圖34）有一些人面臨痛苦比較積極，他們會努力找尋快樂來補償或中和痛苦。

✎ 為什麼人們拼命賺錢呢？

許多現代人認為，金錢能帶來很多好東西，像是快樂、享受、社會地位等等。這些

引誘賺錢的紅蘿蔔，真的能讓生命變得更好嗎？我們不妨分開檢討這些紅蘿蔔。

第一個紅蘿蔔：財富會帶給我們快樂

（圖35）但現代許多人在「物質快樂論」下被催眠了，他們耗用生命許多的時間與精力拚命賺取金錢。

有些人拚命賺錢，是認為財富能帶給他們快樂；但這個預期不對。美國社會心理學研究發現：「當個人年收入超過八萬元美金後，增加的收入並不能增加快樂。」

我認識一些家世很好的年輕人，他們已擁有一切物質，但非常不快樂。他們告訴我：「我不知道為什麼擁有了一切，卻不快樂？」他們在得不到答案的情況下，只好找尋新點子或新刺激，去創造新快樂。但他們仍然埋怨痛苦無解。

也許窮人會以為有錢人比較快樂，因為有錢人能縱情享受他們所沒有的。但這只是窮人一廂情願的想法，有錢人並不一定覺得如此。相反的，有錢人求財時的競爭拼鬥，或者怕失去財富的患得患失心念，反而促成他們更多的痛苦。

也許有錢人知道物質並不等同快樂，但他們仍咬緊牙根苦求物質，因為他們認定，物質追求是他們在生命苦海中唯一可以仰賴的淡水。（圖36）

窮人有一點比不上有錢人。多數窮人的臉上經常帶著飽經風霜的苦相，但有錢人則是個不形於色的變色龍，就算是心靈苦悶，臉上也永遠帶著快樂的假面具，讓你錯以為他們很幸福。

（圖36）也許有錢人知道物質並不等同快樂，但他們仍咬緊牙根苦求物質，因為他們認定，物質追求是他們在生命苦海中唯一可以仰賴的淡水。

各位知道大陸上當紅藝術家曾梵志嗎？很多人喜歡他畫中的人物。他畫中人物的臉上，多數都帶著一個好像整個臉打了肉毒桿菌的面具。他的人性假面具作品非常受到收藏家的喜愛。在 2001 年蘇富比拍賣中，他的作品「最後的晚餐」創了當時亞洲當代油彩畫的拍賣新高。

能猜出來什麼原因促成曾梵志的面具作品如此受歡迎嗎？

容許我來模擬一個現代版的默劇，劇名叫做：「幸福的高級喜宴」。（圖37）

劇中場景：

地點：高級五星級飯店婚宴廳

場景：整場鮮花滿佈，喜氣洋洋

人物：某桌座上十位穿戴高貴的紳士、淑女

角色：每個人臉上洋溢著幸福滿足的微笑

氛圍：感覺進入了人間天堂

我們不妨撥開這個幸福喜宴的雲霧外紗，去深入探索生命實態。

（圖37）幸福的高級喜宴。

這十位紳士、淑女的生命實況可能是什麼？

- 有七位自覺有明顯的生活壓力
- 有六位快樂指數不到六十分
- 有三位需要心理醫師的諮商
- 有六位面臨婚姻危機
- 有四位失眠，睡前可能要吃安眠藥
- 有五位經常頭痛，肩膀酸痛
- 有四位常年便祕
- 有三位經常胃痛或消化不良
- 有二位吸毒品

雖然他們有著這些問題，但他們絕對不會讓你看出來，他們會戴上曾梵志的面具，努力保持開心幸福的樣子。他們不是故意偽裝，其實他們頗有智慧，他們猜想別人也許並不介意他們的問題；他們怕別人為

難，勉強裝扮關切的樣子，所以索性不說。

更進一步來說，各位看過電影駭客任務（The Matrix）嗎？電影中描述人們其實是活在電腦創造的虛擬世界中。而在現代，我們也如法炮製，在集體潛意識的共鳴下，有志一同的協力創造了一個如同電影駭客任務下的虛擬世界。（圖38）

我們都懂得扮裝自己，很少人願意自由勇敢的活出自己的樣子。

（圖38）在現代，我們也如法炮製，在集體潛意識的共鳴下，有志一同的協力創造了一個如同電影駭客任務下的虛擬世界。

第二個紅蘿蔔：為了增加享受

財富的確會增進生活享受，這是無庸置疑的事實。如果物質能帶動實質上等價的享受，當然很好；但如果所謂的等價享受並非實情，而只不過是人們在集體潛意識下渲染的幻覺呢？

我曾經在演講中做過公開調查，問學員們最喜歡吃的三道菜中，有沒有鮑魚與魚翅？全場幾十人中，只有一位學員宣稱最愛吃魚翅。如果鮑魚與魚翅並沒有這麼吸引人，那為什麼高級喜宴中必須要有鮑魚與魚翅呢？它背後隱藏的議題是什麼？

各位可知道戴 Patek Philippe 手錶（簡稱PP錶）有一個好處？當別人看到你戴PP錶時，他們心裡會驚嘆：「啊！PP錶」。所以，PP錶變成了表徵財富地位的名片；有錢人不必告訴其他人他有錢，只要帶上PP錶就行了。

但我個人並不認為 PP 錶有多好，我覺得它有兩個缺點：

其一，論功能，PP錶不見得比幾百元的電子錶準確。我戴的 Seiko 錶就很準確，許多年都不需要校正時間。其二，戴PP錶時會情緒緊張，因為怕碰撞、磨損或遺失。

我有一個朋友戴PP錶在某國家海關通關，通關時她放入PP錶的籃子滑出X光機時，她驚恐的發現PP錶不見了。她當場氣急敗壞的興師問罪，造成整個機場騷動。

我也有過類似的例子。兩年前我在某個航空站通過海關時，錶也不見了，但我當下不但不緊張，反而興奮，因為遺失的是價值只值台幣五千元的 Seiko 錶。可以猜猜PP手錶背後隱藏的生命議題是什麼嗎？

近年來，法國名牌愛馬仕（Hermes）的頂級皮包售價動輒超過百萬元，購買經常要排隊等待。但我一直覺得它不如帆布大布包，因為大布包既可以放更多東西、又不怕磨損，而且去歐洲旅遊萬一被宵小搶劫時，可以揮動布包臨時充當武器對抗。

第三個紅蘿蔔：為了權力、地位

為什麼人們願意辛苦的爭取權力、地位？除了服務的目的之外，人們相信權力地位會獲得別人的推崇尊重。

但值得提問的是：這種尊重是條件式的尊重？還是無條件的尊重？依賴別人的推崇所建立的榮耀是紮實的榮耀嗎？人們真的傻到相信地位權力所帶來的尊榮是恆存的嗎？過度依賴條件式的尊貴去增加快樂，是搖擺不實的虛相。試想，當權力地位消失後呢？

我曾經聽過某大醫院的主任喜愛打網球。雖然球技平平，但他的打球預約本裡永遠填滿了網球約會。當他退休後，本子裡卻空空無約，他想找人打球但發現大家都很忙碌。這類例子相信你比我還多。

第四個紅蘿蔔：為了友誼

觀察一下，有錢人身邊經常會環繞了一大堆朋友。我知道一個三十歲初頭的年輕人將他的網站賣掉，賺了論億的財富。在這之後，每天總有著許多人圍繞著他。

我並沒有否定純友誼，但財富背後隱藏的友誼有多少可以經得起考驗？條件式的友誼是真友誼嗎？

✎ 瘋狂追求物質的投資報酬率是什麼？

有人向達賴喇嘛提出問題：「關於人生，最讓您感到驚訝的是什麼？」

他回答：
「人類為了賺錢，他犧牲健康；為了修復身體，他犧牲錢財。然後，因擔心未來，他無法享受現在。就這樣，他無法活在當下。活著時，他忘了生命是短暫的。死時，他才發現他未曾好好地活著。（圖39）」

（圖39）人類為了賺錢，他犧牲健康；為了修復身體，他犧牲錢財。然後，因擔心未來，他無法享受現在。就這樣，他無法活在當下。活著時，他忘了生命是短暫的。死時，他才發現他未曾好好地活著。

為了拼命追求過多的財富，人們換得的代價是什麼？

他們換來的是：身體變差了，經常睡眠不足、頭痛、肩膀酸痛、失眠、便秘等等。精神也變差了，感覺壓力大、情緒緊張、擔憂、易怒等等。然後，當身心靈不能支撐時，就去渡假或是做Spa。

人們努力工作是為了求取舒適的享受？還是舒適的享受只是為了儲存持續衝刺工作的動能？到底那一個是因？那一個是果？不管誰因誰果，許多人為了拼命賺錢，耗用許多的生命時間與精力是事實。這一切，扭曲了他們應該過或想過的生活。他們忙到無法與家人相聚，也無法做自己心裡真正想做的。

幾年前，有一本暢銷書叫做「追逐陽光（Chasing the Light）」。作者罹患腦癌，在死前的三個月中，他寫下面對死亡的心靈日記。在書中，他特別提到平日忙到無法與家人相聚，當他覺悟到要多與妻女共處時，他卻必須走了。

我也聽過一些在金融界辛苦工作女孩子的類似狀況。她們都很年輕，職場表現出類拔萃，而且高薪、高位。但她們日以繼夜忙碌，連週末都無法休假。她們幾乎有著共同的症狀：「工作壓力高、情緒差、月經不正常、臉上長滿青春痘、年歲跨過三十都還沒有出嫁」。這些年輕女強人不是出嫁條件不好，也不是不想嫁，只是忙到到沒時間談論婚嫁。

✐ 孩童是否能免於追求物質的壓力呢？

照理說，童年是人們最容易感受快樂的時光，因為孩子們尚未進入繁囂高壓的社會，他們唯一需要做的，就只是單純的學習；但事實並非如此。

在現代，許多孩子從小就被灌輸了「賺錢至上的物質觀」。大人會告訴孩子：「社會是一個搶奪有限資源的羅馬競技場，是一個不是你死，就是我亡的殺戮戰場」。

孩子們在這種生命觀下，充滿對未來的恐懼與壓力。為了面對未來的競爭，孩子們拼命的自我強迫，學習一大堆東西，學到每天睡眠不足，學到眼鏡也帶上了。這一切，讓孩子們已經無法享受童年應有的快樂。

> 這些孩童在幼年已經不開心了，那麼他們在未來走入更嚴酷的殺戮戰場時，他們將會開心嗎？

✐ 拼命工作放棄了自己的夢想

許多人一輩子忙著賺錢。當他們悶頭悶腦的鑽進錢財世界裡時，他們會拋棄自我，無法靜下心來傾聽自己真正想要的是什麼？

只有當他們在年老、重病、生命面臨重大衝擊的時候，或在面臨死亡的時候，他們

才忽然驚醒，開始重新檢討自己的生命。（圖40）萬一他們發現他們所做的全錯了，或者都不是他們真正想做的，他們開始後悔，但一切都太遲了。

✎ 賈伯斯逝世前的話

各位必定都很熟悉因癌症逝世的史蒂夫‧

賈伯斯（Steve Jobs；1955年－2011年），許多人尊崇他的一生傳奇。在他逝世後，許多人為他寫了許多本傳記，這些書大多都變成了暢銷書。但如果你在賈伯斯逝世前問他：「你滿意你的人生嗎？」你猜他會如何說？

讓我們來看看他自己給的答案。

（圖40）只有當他們在年老、重病、生命面臨重大創擊的時候，或在面臨死亡的時候，他們才忽然驚醒，開始重新檢討自己的生命。

賈伯斯在他逝世前留下一段話公諸於世：

作為一個世界五百強公司的總裁，我曾經叱吒商界，無往不勝。在別人眼裡，我的人生當然是成功的典範。

但是除了工作，我的樂趣並不多，到後來，財富於我已經變成一種習慣的事實，正如我肥胖的身體，都是多餘的東西組成。

此刻在病床上，我頻繁地回憶起我自己的一生，發現曾經讓我感到無限得意的所有社會名譽和財富，在即將到來的死亡面前已全部變得暗淡無光，毫無意義了。我一生的金錢和名譽都沒能給我什麼。我也在深夜裡多次反問自己，如果我生前的一切被死亡重新估價後已經失去了價值，那麼我現在最想要的是什麼？

黑暗中，我看著那些金屬檢測儀器發出的幽綠的光和吱吱的聲響，似乎感到死神溫熱的呼吸正向我靠攏。現在我明白了，人的一生只要有夠用的財富，就該去追求其他與財富無關，應該是更重要的東西；也許是感情，也許是藝術，也許只是一個兒時的夢想。無休止的追求財富，只會讓人變得貪婪和無趣，變成一個變態的怪物，正如我一生的寫照。

上帝造人時給我們豐富的感官，是為了讓我們去感受祂「預設在所有人心底的愛」，而不是財富帶來的虛幻。

我生前贏得的所有財富，我都無法帶走。

能帶走的，只有記憶中沉澱下來的純真的感動，以及和物質無關的愛和情感。它們無法否認也不會自己消失，它們才是人生真正的財富。

賈伯斯在逝世前，為他追求物質財富的生命下了自我評註。

✎ 威廉·薩默塞特·毛姆擁有的成功與富有

威廉·薩默塞特·毛姆（William Somerset Maugham，1874年－1965年）是十九世紀成功的英國現代劇作家，但這只是世人對他的看法，毛姆在九十一歲死前完全不同意這樣的說法。

他非常痛苦悔恨的說：「我快要死了，而我一點也不喜歡這個想法。如果我死了，我甚至於連一張桌子都帶不走，我這一輩子徹底失敗了，我希望我從來沒有寫下任何一個字；它有為我帶來什麼嗎？我的人生失敗了，現在要改變也太晚了」。

別人認定毛姆活的風光精彩，但毛姆在死前卻自覺沒有活出自己想要的。

> 如果賈伯斯與毛姆逝世前留下的感言能夠激起我們重新省思生命，那我們都還來得及問自己一句話：「我這一輩子曾自由無懼的活出自己嗎？」

✎ 追求物質的過程中心靈不快樂

人們追求物質原本是希望能夠快樂，但結論相反。

人們在追求物質的過程中，會存在一些患得患失的恐懼；像是怕得不到、怕得太少、或者怕得到後失去。（圖41）

求財已苦，而這些求財過程中，附加的心靈壓迫，會讓他們苦上加苦。

（圖41）人們在追求物質的過程中，會存在一些患得患失的恐懼；像是怕得不到、怕得太少、或者怕得到後失去。

大部分人在求財過程中，會用競爭與掠奪的手段求取個人最大利益。他們會希望在別人身上多得一些，也不介意犧牲別人。在這些「利己」手段下，他們心中仍能擁有對他人的關懷、愛與仁慈嗎？將自己擱置在冰冷無愛的心靈世界裡可能快樂嗎？

愛是雙向流動的，它像是空谷回音。當你

在利它心下拋出愛時，愛會如迴力球般自然等量的回彈。雙向的愛是宇宙不變的定律。恨也是一樣。（圖42）

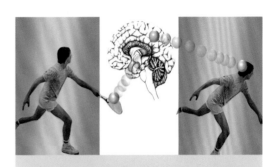

（圖42）愛是雙向流動的，它像是空谷回音。當你在利它心下拋出愛時，愛會如迴力球般自然等量的回彈。雙向的愛是宇宙不變的定律。恨也是一樣。

熱愛權位的人面對宗教信仰，心靈會面臨兩極對立的痛苦；一邊是競爭掠奪，一邊是愛。（圖43）教義告訴他沒有愛的生命會被神處罰，但求名利又必須競爭掠奪；在競爭掠奪下又怎麼能有愛呢？

當面臨這種矛盾下的恐懼時，人們會忙著告解或捐款，去補償德性的缺失。而這種在心靈恆久的衝突下，會感覺到快樂嗎？

人類在智慧上比猴子強太多了；但在心靈品質上，我們活的不比猴子快樂。猴子天天知道活在當下，在樹梢開心自在的跳躍，享受大自然。而人類卻放棄了大自然，天天沉陷追求物質的慾望中。

（圖43）熱愛權位的人面對宗教信仰，心靈會面臨兩極對立的痛苦；一邊是競爭掠奪，一邊是愛。

✎ 有方法放棄物質索求嗎？

如果我們同意：「過多的物質不會帶給我們快樂」，那麼人們能夠放棄過度依賴物質嗎？

聽到這個提問，我猜有人心裡會回應：「講起來很容易，但做起來可難了」。沒錯，你說的對，要放棄物質索求的確很難。

當你想放棄物質索求時，你會發現你無法執行這個訴求，因為你的潛意識自小被植入了一個賺錢晶片。這個晶片會直接跳過理智，告訴你：「物質不夠是危險的，請多多賺錢。」它促成你一輩子莫名的在條件反射下，拼命無度的索取物質。

可曾思考過是誰給了我們無止境追求物質的賺錢晶片？迫使我們的心智認同唯物生命觀？（圖44）這一切，來自於不同根源的集體創作。

第一個幫孩子植入賺錢晶片的來源是「學校教育」。

在表面上，學校教育本質上是個單純的學術傳播，但它的背後卻隱藏了物質唯上的唯物觀。（圖45）

（圖45）在表面上，學校教育本質上是個單純的學術傳播，但它的背後卻隱藏了物質唯上的唯物觀。

（圖44）可曾思考過是誰給了我們無止境追求物質的賺錢晶片？迫使我們的心智認同唯物生命觀？

89

在現代學校教育中，「競爭」為導向的現象頻繁可見；在課堂內，學童要學習競爭成績名次，在學校，學童要爭取進入好班，在入學時，學童要競爭進入名校。整個學校教育流程充滿了競爭氣息，但學校會美化競爭的必然性，它會說這是為了學童的未來。在這個良善口號的掩護下，競爭就被邏輯化了。

現代多數學校的術教超越身教；術教能帶給學童財富地位，而身教能帶給學童快樂，如果二選一，你猜父母會如何選？

第二個幫孩子植入賺錢晶片的來源是父母。

在教育方面，其實父母跟學校的立場一致。學校所做的一切無非都是在反應父母的價值觀。但父母錯了嗎？父母並不認為他們錯了，他們會認為這是在愛的前提下必要措施。但父母可曾自問這些期望帶給孩子們什麼？

第三個幫孩子植入賺錢晶片的來源，是社會蔓延的唯物價值觀，它透過榮格的集體潛意識潛入孩子的內在。我們一直以為我們是獨立的個體，在心念上與社會其它的人是分離的，但其實不然。

科學家們在研究中發現，生物間具有某種量子能量層次的心念聯結。在這個聯結下，一些人的信念會像傳染病般，由少數個體漫延到整個族群。最終，整個族群會共同擁有那個信念。這種心靈信念的傳播是不必學習的，它在潛意識的量子層次自動發生、運作與散播。

日本科學家曾在一個日本的離島觀察猴子的行為。他們發現，竟然有些猴子在吃水果前會先在溪水中清洗水果。不久後，他們發現所有的島上猴子都會洗水果。更令這些科學家們驚奇的是，經過一段時間後，另一個離島的猴子也在洗水果。

> 孩子們並不一定想要無度的追求物質，他們也許要的，只是自由的淡衣素食過日子。但當教育與父母共同幫孩子植入了抹不掉的賺錢晶片後，他們一輩子就被這個晶片綁架了。他們會變成一個只會賺錢的機器人或者怪物，他們會放棄心裡真正想要的，放棄了真正的自己。

✎ 權利名位可以增加快樂嗎？

有些人會狂熱的追求權力名位，因為權力名位會得到別人的尊敬、羨慕，並且會帶來成就感、貢獻感。

更高位的角色真的能夠令人更快樂嗎？其實不盡然如此。當人們過度依賴變成某個角色求取快樂時，他反而更容易痛苦。為什麼呢？

因為如果你相信「變成某個角色會帶來快樂」，那麼追求角色的打拼過程將會很辛

苦，你必須要利用競爭拼鬥去搶奪高位。當你獲得某個角色時，你會希望獲得更高的位置，這個貪婪心會讓你更辛苦。當你擁有一個美好角色而依戀它帶給你的快樂時，你會怕失去它而奮力保護它，怕失去角色的牽掛也會帶給你恐懼。當然，最糟的惡夢是：如此你失去了它呢？

觀看人們面對角色的所有心緒，沒有一種心緒會增進快樂。

我認識一個在軍系高職的將官，當他在任時樂觀、開朗與充滿正念。但他卸任不久後很快的陷入憂鬱，而且嚴重到必須找精神科醫師治療。

利用角色去贏取別人對你的尊敬與崇拜，或者去建立自己的快樂，是地基不穩固的快樂，是假快樂。

✎ 「討愛」可以消減痛苦嗎？

有些痛苦的人可能會利用找「愛」去消減痛苦。為了有效的得到「愛」，他們會用討的方式渴求別人愛他。但討愛的姿態是辛苦的，它易於造成緊張、對立的人際關係。愈想討愛，愈會討不到愛。（圖46）當人們討愛討不到時，會陷入更深的沮喪、恐懼或者憤怒。

（圖46）討愛的姿態是辛苦的，它易於造成緊張、對立的人際關係。愈想討愛，愈會討不到愛。

✎ 逃到酒精、毒品裡或去夜店找尋快樂

有些痛苦的人會去夜店一夜狂歡，撫平他們空寂的心；（圖47）有些人會吸毒品，利用藥物麻痺痛苦；有些人會去卡拉OK，唱出心中的悲苦；有些人會在身上刺青或者在舌頭上植入鋼球，去宣誓自由的渴求；有些人會找整型醫師臉部拉皮，用青春消滅老化的恐懼；也有一些人逃到手機訊息裡，試著用友情紓解寂寞。

（圖47）有些痛苦的人會去夜店一夜狂歡，撫平他們空寂的心。

只要做市調就會發現，上述方法效果不大。受苦的人利用找尋快樂消滅痛苦並沒有什麼意義，因為外在條件式的享樂，像是金錢、豪宅與名位等等，並無法幫助他們脫離痛苦，轉入平靜喜悅的心境。（圖48）條件式的快樂根本無法消解痛苦。

（圖48）人們根本無法以外在條件式的快樂或享樂，像是金錢、豪宅與名位等，幫助他們真正的脫離痛苦，轉入平靜喜悅的心境。

✎ 在大腦中填塞外在訊息

大腦內凌亂失控的念頭，會創造無休止的痛苦。為了驅離這些雜念，有些人會在大腦中大量充塞外來訊息。

例如說，他們會看喋喋不休的 Call-in 節目，一邊看一邊嘶喊叫罵，捶胸打腹。如果 Call-in 節目不夠填塞他們痛苦的大腦，他們仍是安全的，因為他們還可以打開電視，看著一天至少重播百次的新聞節目，並聽著激昂焦躁的播報聲音，聽著新聞製作單位要你相信社會充滿了混亂、罪惡，既沒有愛、也沒有仁慈。（圖49）

如果他們怕大腦填充的訊息不夠，他們也可以打開報紙，閱讀一堆傷痛、混亂或殘暴的負面新聞。

✎ 條件式的快樂無法消解痛苦

有經驗的人都知道，任何條件式的快樂無法消解痛苦。苦瓜的苦不能用糖去遮掩，廁所內的異味也不能用香水去遮掩。上述所有的補償方式都對脫苦效果不大。

為什麼痛苦不可以被補償抵銷？因為痛苦的源頭不是外在環境的變動，它是潛意識直接傳輸給大腦的痛苦情緒。這種潛意識主導的自發性痛苦，不是任何理性解讀或外在東西可以消解的。

✎ 如何正確的面對物質？

如果我們能夠理解物質與快樂無多大關聯。那麼，你如果你願意，你可以思考給自己一些有益的心靈建設，幫助你離開對物質的依戀。

其一：練習建立不依賴物質的平常心

（圖49）他們還可以打開電視，看著一天至少重播百次的新聞節目，並聽著激昂焦躁的播報聲音，聽著新聞製作單位要你相信社會充滿了混亂、罪惡，既沒有愛、也沒有仁慈。

我們面對生活，能不能對物質沒有依賴心？能不能擁有很多物質時，盡量的享受物質；但物質不多時，也能快樂的過著簡衣淡食的日子。我們臉上永遠帶著隨遇而安的自在微笑，既不崇拜有錢人，也不鄙視窮人。這種微笑永遠令人羨慕讚美。

其二：賺取物質的過程中，心中不帶有目標與渴望

多數人賺取物質的過程中，心中總是不經意的帶有目標與渴望；例如，想要賺到多少錢，想要用錢買更多的東西，或想要利用財富贏得別人的認同與尊重。任何目標導向的賺錢行動，都會為你營造「得不到」、「得的少」、「失不得」或者「失去」的壓力和痛苦。不是嗎？（圖50）

求取物質的過程中，最佳的心靈模式是什麼？

在工作的過程中，能不能仍然做同樣的工作，但心裡沒有渴求的目標？當心裡沒有目標時，你將不再為五斗米折腰。當工作的推手不再是財富、榮譽、地位或者掌聲時，這種美質的平常心念會讓你自動的放棄比較、嫉妒與競爭，而取代的，將是對工作的愛、喜悅與自由。

其三：傾聽心裡面真正自己想要的

大部分人一輩子忙著賺錢，很少能夠靜下心來，檢視自己喜不喜歡正在做的工作，也沒有認真問自己心裡真正想要做的是什麼？

（圖50）任何目標導向的賺錢行動，都會為你營造「得不到」、「得的少」、「失不得」或者「失去」的壓力和痛苦。不是嗎？

> 生命如此之短，不要讓自己的生命後悔；要讓心靈寧靜，在寧靜中去專注傾聽自己的心。在寧靜中，美好的建言會從內在自動浮現。而你會在無恐懼下，歡喜自由的做自己真正想要做的。

✏ 改造從轉化潛意識做起

我必須提醒你，如果你願意接受上述生命觀，並且希望化成行動時，請理解這些建議只是理性下「面對物質時的理想心靈狀態」而已，它並非達成的方法。如果讀者想要能夠讓自己打心裡，自然的、自動自發的放棄物質的引誘，必須從改造潛意識做起。

如何能夠去消除潛意識中渴求物質的機制或銘印呢？如何在你的潛意識中植入一個新的自由創造的工作銘印，讓你能夠在生命中歡喜的工作，而讓財富自動的發生呢？這是這本語音書希望能為您做的。

第四型：夢幻未來型

有些人當無法承受眼前痛苦時，他們會放棄改善眼前生命的努力；相反的，他們乾脆放棄當下，將生命寄託在未來。他們會為未來量身打造一個美好的夢境，然後利用這個夢境消減現況的苦。

當一個人將生命投射在未來的時候，這些投射也許暫時給他一個心靈避難所，但他必須先否定當下。否定當下就虛度了真實的生命。此外，他會不時的擔心無法達成未來夢境，這種擔憂令他苦上加苦。

我曾經認識一個四十多歲的企業家，一直努力的為事業奔波，沒有任何娛樂，他經常對我抱怨生命辛苦。有一天他告訴我說：「房款快繳完了，孩子快畢業了，退休基金也快達成了，退休後我得好好的享受享受」。然而天不從人願，他不久後就發現已是癌症末期。

有些人更消極，他乾脆否定了本世的價值，把生命重心放到死後的天堂世界。但多數這類人仍然痛苦，為什麼呢？如果天堂或者西方極樂世界真的存在，那它對於化解痛苦會有所助益。但多多少少的，他們對天堂存有懷疑。信仰不足背後隱藏的恐懼，會深化既有的痛苦。

對心靈來說，未來代表未知，而未知永遠隱藏了擔憂與恐懼。依戀投射的未來絕非脫苦的良策。

第五型：思想至上型

有些思想發達的人，會利用思想去找尋創造痛苦的罪魁禍首。但人們不管如何左思右想，卻總是找不到。（圖51）或者有些人自認為找到了，但仍無法紓解痛苦。

知道是什麼原因嗎？原因很單純，因為一切的情緒，包括痛苦、恐懼等等，都來自於思想。創造痛苦的罪魁禍首，其實就是如假包換的思想。請想一想，當你入睡後會有痛苦嗎？沒有思想就沒有痛苦。

請用豐富的想像力想像一下，如果你是一塊寧靜躺在山谷裡的石頭，可以靜靜的感受大自然一切景緻，但沒有思想。當人們踐踏過你或狂風暴雨肆虐你的時候，你不會痛苦，也不會有情緒，因為你沒有思想。

當你小時候別的小孩罵你「XXX」時，你不會生氣，因為你的思想還沒有成形，不知道「XXX」是什麼意思。直到思想學到到「XXX」的涵義時，你聽到「XXX」時會開始憤怒。

在嬰兒時，你看到蟒蛇爬過，你根本不會害怕，甚至於想跟它玩。直到有一天媽媽在你的大腦灌輸了「蟒蛇危險」的訊息後，你才開始怕蟒蛇。一切的情緒，包括恐懼、憤怒、自卑等等，都是思想下的產品。

（圖51）有些思想發達的人，會利用思想去找尋創造痛苦的罪魁禍首。但人們不管如何左思右想，卻總是找不到。

這樣看起來，解決痛苦的曙光已現。似乎人們不再需要費神費心的去求財、求勢、求愛、或者改善外境，只要摘除思想就能自動解決痛苦。答案似乎簡單到令人狐疑不解，但事實的確是如此。只要找到方法放下大腦凌亂無序的思想，痛苦自然煙消雲散。

此刻，對於這個解決方案，相信你會提出一些質疑，我來試著一一解答。

問題一：我怎麼能夠沒有思想呢？沒有思想我們不就不存在了嗎？

答案：其實思想是複雜而且多層次的，所謂的拿掉的思想，其實只是思想中創造痛苦的負面部分。它包括：

■ 一切負面的情緒；例如說：感受擔憂、恐懼、痛苦
■ 一切負面的思維；例如說：覺得工作能力不夠，忌妒
■ 一切負面行為；例如說：暴飲暴食

問題二：我如何移除不必要的負面思想呢？

多數人移除思想憑藉的唯一工具，其實無它，仍然還是思想。但你必須理解一個重要的觀念：「思想無法改造思想」。

思想建構在生命中所有累積的經驗，所以思想運作仰賴的資源，僅是侷限在既往的經驗而已。既然經驗就是創造痛苦的罪源，而人們卻希望「創造痛苦的經驗」去修正「創造痛苦的思想」，這種修正機制顯然大為矛盾；這等同要求有問題的思想身兼二職，既要身為「被改造者」，又要身為「改造者」，這個跛腳模式根本無效。它有點像是用風扇在船上吹著風帆，不管風扇怎麼狂吹風帆，都無法催速帆船，因為它違反物理力學。（圖52）

（圖52）它有點像是用風扇在船上吹著風帆，不管風扇怎麼狂吹風帆都無法催速帆船，因為它違反物理力學。

這解答了為什麼許多人面對思想障礙時，不管如何努力的運用正念正語，或者對神發誓，都無法排除或改造思想。愛因斯坦也曾說過：「停留在產生問題的同一個思想層次，試圖去解決問題，並無法解決問題。」

問題三：如果「思想結構」無法改造「思想」，那誰能改造思想？

原則上請理解，「思想」無法改造「思想」。如果要改造思想，必須另尋思想以外的工具去運作執行，才能達到效果。（圖53）

此刻你會疑惑：「思想不就是思想嗎？思想以外，還有其它形態的意識嗎？什麼是思想以外的工具？」人們有這個疑問，是因為對思想的認知不清或者定義不明。

思想其實是極度錯綜複雜，而且是多層次的。大部分人在談的思想，其實只是總體意識中淺層的思想或者是思考邏輯意識，它是大腦在貝他腦波下的神經活動，掌管理性分析與邏輯。但是多數人不知道在總體意識的更深層，存在著潛意識；它掌管生命中絕大部分的情緒，習慣與行動。

當思想有了問題時，這個問題的根源，多數不是在表層的理性意識部分，而是在深層的潛意識。

（圖53）「思想」無法改造「思想」。如果要改造思想，必須另尋思想以外的工具去運作執行，才能達到效果。

> 如果你想有效的處理思想問題，你絕對無法依賴表層理性意識去轉化潛意識內的錯誤信息，潛意識不會輕易的接受理性意識的建言；你更不能要求潛意識自我轉化，因為潛意識運作的特質就是孤芳自賞，自彈自唱。

以上解讀了如果想要轉化潛意識，必須藉由思想以外的方法。提示轉化潛意識的方法是這本有聲書的核心目的。

第六型：因果邏輯型

十八世紀發展了一種生命哲學叫做「決定論」，「決定論」相信世界許多現象間存在因果關係。很多人面對痛苦困境時，會利用理性下的因果邏輯去判斷分析痛苦成因。

用白話一點，「因果邏輯」就是「為什麼？」

人們只要發現兩個事件一前一後連續發生時，會習慣性的將兩種事件聯想在一起，前面的事件是因，後面的事件是果。如果套用公式，就是：「因為A，所以B」。例如，因為先生不愛我，所以我痛苦；因為孩子不孝順我，所以我悲傷；因為老闆不支持我，所以我工作失敗。

人們經常用「因果論」去找尋痛苦的原因，然後針對他們所相信的原因去改善。但他們經常發現「理性思考」無法找到真正的原因，也無法有效的改善痛苦。

為什麼呢？我舉些例子來說明。

有個警察進入一個兇殺案現場，看到地上一名女子倒在血泊中，身上被捅了幾十刀。警察同時看到有一位面目猙獰的男人手持兇刀，刀上正滴著鮮血，身上也沾滿了鮮血。

我經常拿這個案例在課堂上與學生討論，我問學生：「這個男人是兇手嗎？」每一次所有的學生都回答：「不一定」。為什麼不一定？

我有一位朋友是虔誠的基督教徒。每當他面臨困境時，會向神禱告祈求協助。在某一個炎熱的正午，他正準備指揮樂團參加全國軍樂大賽，當天炎熱的天氣使他無法發揮他的指揮能力。他開始低頭禱告，祈求上帝降雨消熱。據這個朋友聲稱，上帝應允了他的祈求，當時他禱告後立刻下了傾盆大雨。

我一直沒問他一個問題：「那天路上的行人有帶傘嗎？」

再講一個科學的案例。

在一個科學研究中，一群白老鼠被飼養在一個刻意設計的封閉實驗空間中，白老鼠們歷代居住於此，並不知道實驗的存在。

每天的食物來自於一個小孔洞。在餵食時，實驗者會隱密的將食物定時由孔洞送入老鼠籠中，食物送入前餵食者會敲出鈴聲。每當白老鼠聽到鈴聲時，都會群聚在孔洞前等待食物掉落。

實驗者當然對實驗了然於胸，知道鈴聲與食物間並無因果關係，但白老鼠不如此想。如果白老鼠社會中有科學家存在，牠們會如此寫下科學知識：「有了鈴聲才有食物，鈴聲是創造食物的因。」。其實促成老鼠認定的「因果聯結」，不是鈴聲，而是實驗者，但老鼠毫不知情。

老鼠思維下的因果論與真相無關，它只是白老鼠意識下的聯想而已。

所以有些哲學家，像是蘇格蘭哲學家大衛・休謨（David Hume，1711年－1776年），他根本不接受「因果論」。一則是因為休謨認為生命各個現象間是分立的，並沒有什麼必然的因果關係；另一則是休謨主張，「理性思考」無法斷論生命現象，因為人性的思考只是以「人本位」為出發點的想法，它缺乏任何形式的理性基礎可以證實這樣的能力。

此外，他認為就算是生命現象間有因果關係，我們也沒有能力觀察到物件間真實的關聯。（圖54）

我們經常藉由因果論判斷痛苦的根源，但得不到真相。有過這種經驗嗎？

（圖54）休謨認為就算是生命現象間有因果關係，我們也沒有能力觀察到物件間真實的關聯。

有極大的可能，其實我們也如同實驗中的白老鼠般，只能透過鼠籠在解讀這個世界。自始至終老鼠的解答不會是真相，但老鼠知道嗎？面對生命，我們只有站在更高的緯度，附加超越思想的深層智慧，才有可能性去理解生命的真相。

> 面對種種生命現象，我會秉持「不可知論」，不輕易用我「有限的生命經驗」與「理性下的因果邏輯」去判定生命真相。當我對某個現象無知或一知半解時，我不會輕易的建立因果論，也不會跳入結論，因為它極可能導致錯誤的判斷與行動，也會令我失掉更接近真相的機會。
>
> 我喜歡在真相未清晰之前，保持高度的客觀、好奇心、探究心與柔軟度；我會把接收到的資訊暫時存放在心中的小小圖書館裡，靜待水清魚現。

第七型：心靈雞湯型

⬧ 心靈失序的人想從別人得到啟蒙

有一些人面對心靈失序時，會懷疑自己是否有能力去理解真相，他們總是想從別人那裡獲得啟蒙。他們會積極參加一些心靈成長課程，尋求上師的教誨，或者在心靈書籍中吸取知識，然後利用這些「西天取到的經典」去調適心靈。

強烈的企圖心經常會促成美好的結果，例如像是學習操作電腦，或者製作會計報表。只要當事人願意努力，通常會做的很好。但面對頑抗難解的心靈課題，則結果並非如此。人們在高企圖心下對提升心靈所做的一切努力，經常石沉大海，問題依舊；或者僅僅是短期有效，最終故態復萌。許多人重複經歷失敗後，每一個失敗的經驗為他們創造更多的痛苦。

⬧ 心理療癒的過程經常充斥著假象與陷阱

我認識一些心靈痛苦的人，他們一直願意積極的去經驗各種不同提昇心靈的方法，但他們多數都經歷過重複失敗的窘境。

舉個例子來解釋這個現象。

我認識一位小姐，第一次見到她的時候臉上帶著明顯的憂傷。在言談中，她告訴我她已經參加了十幾種心靈教育課程；她可以滔滔不絕的將許多心靈知識如數家珍的說出來。雖然經歷了如此多的教育，但她仍然憂傷不斷、思緒凌亂、夜夜失眠。

我相信她所經驗的心靈教育不盡然全是不好的，但為什麼她無法藉由課程轉化她的心靈？問題不一定在課程，而在當事人。心理療癒的過程經常充斥著一些假象與陷阱。

我們在前面提過，潛意識才是痛苦的本源。在課程中當事人的理性意識很想改變，

101

但他們內在的潛意識還未準備好。當他們使用的方法只能在表層的意識層面強調「假性的正念」時，意識層面的強化不一定能轉化潛意識中的錯誤信息與機制。在這種情況下，他們無論使用任何方法都可能無效，或者效果不能持久。

舉寬恕為例。

很多人無法寬恕別人對他的傷害。面對別人傷害他時，他會憤怒，並給予對等的報復。這種對應的報復心態也許會成功的懲罰對方，造成對方的對等痛苦，但報復並非良策，因為多數的報復最終皆傷人傷己。當他意識到報復並非良策時，他會想學習寬恕。寬恕的確是一個利人利己的好美德。

為了學習寬恕，他會去參加訓練寬恕的課程，也會去仔細研討寬恕的各種方法。當經歷了寬恕教育後，他痛下決心，決定開始寬恕別人，他會對傷害他的人說：「我原諒你」。但經過了一段時間之後，他故態復萌，再也無法寬恕別人，寬恕課程中學的任何一招都用不上。

讓我們一起來思考一下寬恕的本質。寬恕是真的是寬恕嗎？還是它只是在情緒壓制下理性的認同而已？

如果寬恕只是「理性下對憤怒的壓制」或者「對錯誤勉強的接受」，那寬恕在本質上是條件式的。既然寬恕只是條件下的寬恕，或者只是暫時性的壓制憤怒，那情緒再度失控是遲早的結局。

> 有沒有比寬恕更高層次的心靈模式？
>
> 有的，那就是當你面對他人錯誤時，在愛與仁慈的心念下，你自然的會放下批判，願意無條件的接受錯誤。「接受錯誤」不代表「認同錯誤」。當你在愛心下無條件的接受錯誤時，你將不會有任何情緒與壓制的必要。因此，寬恕就變得是多餘的。

某天，我與我的學生同時在街上等計程車。她要去火車站而我要回家，兩人不同路。一輛計程車停在我們前面，我告訴她說：「你先上車吧！」她說：「沒關係，老師您請」。我堅持說：「妳懷孕在身，當然妳先上車」，但她仍堅持。我眼看車子在等不好意思，我就坐上車子。

才剛上車子，司機先生不悅的說：「先生，你太沒有禮貌了，怎麼沒有先禮讓有身孕的女士？」此刻，我心裡跳出兩種回應；一種是責怪他不明情理、胡說八道；另一種是淡然處之。當時我選擇了後者。我說：「先生，謝謝你告訴我，你說得很對，男士應該禮讓女士」。

我說完後他的音調明顯的激奮高昂起來，回應我說：「對啊！現在許多人太沒有禮貌了，我昨天才對幾個年輕人說過同樣的話」。然後整趟車程司機一直滔滔不絕的

說著他對社會的看法。最後在我下車時，他親切溫柔的對我說：「謝謝你」。

我大可名正言順的選擇第一種對抗模式，告訴他唐突愚蠢。但在平靜心念下，我自然的選擇了無條件的接受，甚至連寬恕的心念都沒有。相信在那短短五分鐘車程裡，辯論只能帶來雙方的對立與情緒，而無條件的接受反而能促成對方更多的平靜與愛。

> 寧靜與愛是化解矛盾衝突的祕密，而不是寬恕。

相信許多讀者都曾看過法國浪漫主義作家維克多・馬里・雨果（Victor-Marie Hugo 1802年－1885年）在1861年著作的悲慘世界。（圖55）

在著作中，主角尚萬強（Jean Valjean）在假釋後走頭無路，被教會收留。他因偷竊銀器在逃亡時被捕。當警察押送他回教堂與神父對質時，神父不但沒有指責尚萬強偷竊，反而在警察面前為他圓謊，告訴警察說銀器是他送給尚萬強的。

神父面對尚萬強偷竊所呈現的心念，是「有條件的寬恕」還是「無條件接受」呢？壓抑情緒的寬恕是人性的愛，而無條件的寬恕卻是神性的仁慈。但人情之常，寬恕對一般人都已很難，又如何能夠建立「錯誤並非錯誤」的心靈特質呢？

✑ 一般心念能轉化潛意識嗎？

面對心靈提昇的期望，有些人會去書局在心靈書堆中找尋調適心靈的箴言；像是暢銷書「祕密」、「寬恕12招」、「潛意識的力量」或「與神對話」等等。

「祕密」這本書談的，是一群歷史上成功的人他們所共同擁有的成功祕密。

（圖55）法國浪漫主義作家維克多・馬里・雨果在1861年悲慘世界原著中艾密爾貝亞德所繪製的插畫。

這個「祕密」就是：

「幾乎每一個成功的人都擁有異於常人的強大心念；在這個心想事成的強大心念下，他們在進行工作前，已經知道他們必定完成心裡想要完成的目標了。甚至於他們在還沒有開始工作前，就已經強烈的感受到成功後的喜悅了」。

他們這種先發的成功心念，或者天生擁有，或者後天學習，但多數屬於前者。

成功者的成功絕非偶然，因為他們擁有常人無法體會的心靈機制。他們內在強大的心念，能夠直接對潛意識輸入心裡想要成就的目標，令潛意識相信並接受這個訊息，（圖56）促成潛意識啟動它內在強大的資源、能量與智慧，去執行並圓滿他們的指令。

但我曾問過至少二十位看過「祕密」的人，他們都曾嘗試將書裡提示的祕密施用在生活行動中，但成功的機率連10%都沒有。

（圖56）成功者的成功絕非偶然，因為他們擁有常人無法體會的心靈機制。他們內在強大的心念，能夠直接對潛意識輸入心裡想要成就的目標，令潛意識相信並接受這個訊息。

其實，不是「祕密」裡談的祕密不對，而是書中所提示的「成功者的心念」與「一般人的心念」不同。一般人的心念雜亂，能量不足或不純淨，當他們口裡對著潛意識訴說期望時，心裡也想著成功的3D圖像時，他們的潛意識卻煞風景的拋出「No」的聲音，堅決又肯定的告訴他：「這是不可能的」。

心念的表相可以模仿，但無法促成真正的心靈轉化，這個現象有點像學習打高爾夫球。你可以看百遍千遍老虎伍茲（Tiger Woods）的神奇揮桿，也可以冥想如老虎伍茲般，用一號木桿大力一揮，「咻」的一聲，平穩的將球打了三百五十碼外的果嶺上。但多數人依樣畫葫蘆揮桿，卻僅在地上挖了一個大坑。

請自我檢視一下自己內在的心念素質，如果你的心念建立在以下條件，那你用所謂的「正念正語」，去轉化潛意識的成功機率不高：

- 心念建立在背誦的知識
- 心念建立在理性上認同
- 心念建立在壓制性的行為轉變
- 心念傳送期望到潛意識的同時，心裡存在會失敗的懷疑

只有紮實的對潛意識輸入潛意識可接受的「強大無懷疑的正向心念」，才可能觸動潛意識改變，才有機會創造心想事成的美質生命。

第八型：專業求助型

在現代各族群中，高頻率的心理或精神障礙比比可見。美國2003年「美國總統心理健康新自由委員會報告」中指出，憂鬱症類的心理疾病已取代癌症或心臟病，變成重大疾病主因。（圖57）

存在心理或精神障礙的人在面對心靈問題時，會考慮找尋心理醫師諮商求助。由於心靈議題錯綜複雜與難解，促成心理療癒的理論紛紜。紛紜的治療理論產生了許多不同的心理治療方法。

（圖57）美國2003年「美國總統心理健康新自由委員會報告」中指出，憂鬱症類的心理疾病已取代癌症或心臟病，變成重大疾病主因。

二十世紀初，奧地利精神病學家西格蒙德·佛洛伊德（Sigmund Freud，1856年－1939年）創立精神分析學（Psychoanalysis），被世人譽為精神分析之父。二次大戰結束後，這門心靈科學在歐美蓬勃發展，成為精神醫療主流。

佛洛伊德的精神分析理論認定潛意識與心靈問題存在因果關聯性。他認為精神疾病的病因多存在於童年記憶，既往的創傷會導致心理障礙。他相信只要引導病人找到他們潛意識中被遺忘的障礙源頭，並協助病人知覺或重演障礙源頭後，就會有效清理掉心理創傷。（圖58）

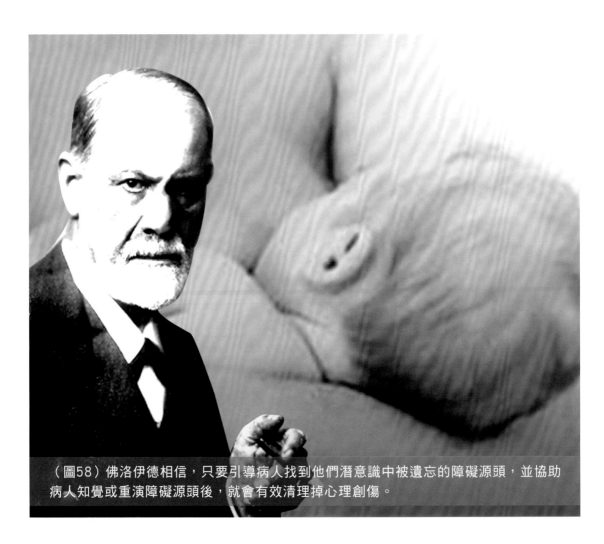

（圖58）佛洛伊德相信，只要引導病人找到他們潛意識中被遺忘的障礙源頭，並協助病人知覺或重演障礙源頭後，就會有效清理掉心理創傷。

佛洛伊德的學生卡爾·古斯塔夫·榮格（Carl Gustav Jung，1875年－1961年）也是心理學鼻祖之一，他發展出「榮格心理學」。榮格認為人的心靈包含有意識自我與無意識兩大部分。有意識的自我只是整體心靈的一小部分，無意識才更具影響力。（圖59）如果有意識的自我與無意識相互矛盾無法整合，則會產生精神病的症狀，例如像是恐懼症或憂鬱症。

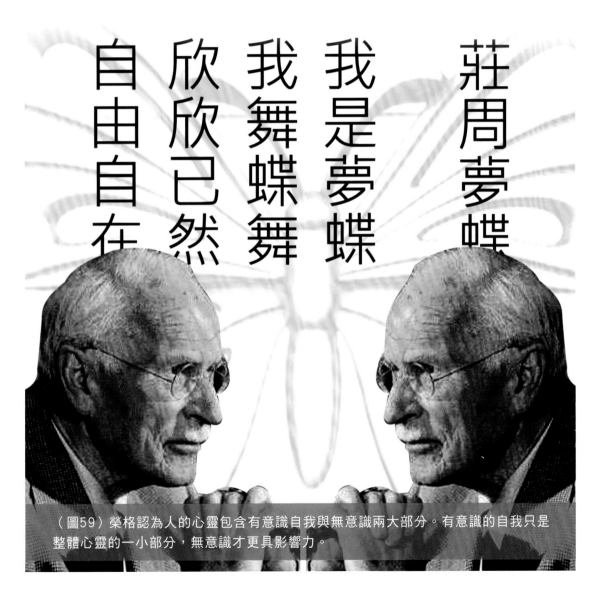

莊周夢蝶

我是夢蝶

我舞蝶舞

欣欣已然

自由自在

（圖59）榮格認為人的心靈包含有意識自我與無意識兩大部分。有意識的自我只是整體心靈的一小部分，無意識才更具影響力。

（圖60）對部分案例來說，醫師如僅憑藉當事人提示的生命歷史，在龐大深暗的銘印海中去苦搜障礙源頭，會像是深海撈針，費時失事。

榮格利用分析無意識中的某些特性去解決心理障礙；他考證過數以萬計的夢，解析夢是榮格常用的方法。他相信夢是潛意識的外在櫥窗，藉由夢去深入並轉化潛意識，會是療癒心靈的捷徑。

心理醫師運用精神分析法追溯精神病患創傷源頭，常需進行許多次的治療。這些治療對有些個案有效，有些個案效果不佳，有些個案則完全失敗。

佛洛伊德與榮格的理論也許正確，但潛意識內龐大的銘印海中，儲存的信念極度的錯綜複雜，並且難解。對部分案例來說，醫師如僅憑藉當事人提示的生命歷史，在龐大深暗的銘印海中去苦搜障礙源頭，會像是深海撈針，費時失事。（圖60）

近四十年，精神藥物療法能有效地減輕患者部分症狀。然而仍然有很多精神病患雖然藥量加重，仍得不到有效的幫助。此外，大多數藥品的療效也仍未完全獲得肯定。

面臨相對費時與低療效的心靈障礙治癒率，心靈障礙者該何去何從呢？

「潛意識對話 DIY」的特色

與精神分析法相比較，「潛意識對話 DIY」也是直接面對潛意識，但不同的是：

■ 引導使用者的身心靈進入深沉的放鬆平靜

「潛意識對話 DIY」可協助使用者的身心靈進入深層的放鬆平靜。
它在此方面的成效□比多數人在靜心時的深度更深。

「潛意識對話 DIY」所促成身心靈的深度放鬆與平靜，對有心理障礙的人來說，已呈現某種程度的療效。

■ 對潛意識植入「學習框架」與「轉化指令」

「潛意識對話 DIY」能直接對潛意識植入「學習框架」與「轉化指令」。這些植入的口條對潛意識的調節機制，是直接轉化潛意識內在觸動情緒、習慣與行為的「負面信息」，所以它的運作模式比較偏向是整體性的處理，而非一對一的單解。

■ "Do It Yourself"

「潛意識對話 DIY」使用者可自行 "Do It Yourself"。

第九型：恩典脫苦型

✎ 宗教源於人類靈性的感應與需要

依靠神的恩典脫苦是許多人曾走過的經驗。宗教源於人類靈性的感應與需要而發生。在紛擾不安的世界中，要想社會安寧祥和，一定需要抱著一些能夠指引心靈正向發展的東西，例如像是宗教。

當許多現代人投射在物質或虛幻的目標，而無法感受到快樂時，或覺得生命空洞，無法理解人生的意義和目的時，人們會惶恐、迷惑與恐懼。面對生命窘境，許多人會開始透過宗教信仰去認知靈魂永存、神與死後世界的存在，並祈禱神的大能幫助他們脫離困苦。（圖61）

例如，佛教的輪迴生死觀相信業報定律，相信善事功德可使死後前往西方極樂世界。西藏度亡經指出，死亡只是靈魂脫除肉體，進入另一種生命型態的開始，而不是

（圖61）面對生命窘境，許多人會開始渴求透過宗教信仰去認知靈魂永存、神與死後世界的存在，並祈禱神的大能幫助他們脫離困苦。

生命的結束。蓮花生大士撰寫的《西藏度亡經》又稱為「中陰得度」，它是死者身亡後的靈體旅遊指南。（圖62）

（圖62）蓮花生大士撰寫的《西藏度亡經》又稱為「中陰得度」，它是死者身亡後的靈體旅遊指南。

佛教輪迴觀影響力深遠，它的約束力量遠在嚴刑律法或道德之上。抱持佛教因果論的人相信生命存有學習的課業，願意尊崇佛教律法下的制約生活，也會做些布施積德，以便來世脫離苦海。（圖63）

試問這些信仰是如何來的呢？

- 是人類透過無明的本能，直接覺知到的宇宙神聖能量？
- 是人類集體潛意識下的心靈投射？
- 是人類呼應心靈需求，而在人性下所經營的某種幻想？

（圖63）抱持佛教因果論的人相信生命存有學習的課業，願意尊崇佛教律法下的制約生活，也會做些布施積德，以便來世脫離苦海。

這些信仰是事實嗎？有強大的理由可以支持這些信仰嗎？

✎ 有些人堅信神的存在

有些人很福氣，他們堅信神的存在。例如說，我曾經與一位牧師共餐，他聲稱三次見到天使。

也有一些經歷過瀕死經驗的人聲稱死後世界的存在。這些經歷過瀕死經驗的人描述的瀕死內容大多近似：

- 病人自覺浮在天花板上，往下看著醫護人員搶救自己
- 他們不但沒有痛苦，反而感受到極度的平靜喜悅
- 一些人會看到隧道，隧道遠處的光芒如

磁鐵般吸引著他們過去

- 在隧道的另一邊他們會到達一個充滿光的世界
- 在那裡會看到親友、天使或一些美好的景物
- 部分人會看到電影般的巨大螢幕，螢幕上回溯著他一生中的大事
- 他們正享受快樂時光時，天使告訴他們：「時候還沒到，你必須回去」
- 他們多半不想回到人間，但不得不回
- 回醒後，他們一切的疼痛也都回來了

絕大多數經歷過瀕死的人幾乎都願意接受神的存在，相信靈魂恆在，也願意接受生命一切經歷皆非偶然，它們的背後隱藏著善意的教育目的。

另外有一些人會經由催眠師帶動的前世回溯，去體會輪迴與死後世界。

多數接受前世回溯的人會宣稱：經驗到進入某個與本世無關的另一世。在那一世中，他會經驗到某個年代、地點、語言、新角色與新版本的生命故事。在這個前世故事中，他會覺知到從小到老的一切，並經驗死亡後到達某個非肉體的靈性世界。

做過回溯的人，幾乎都願意相信死亡後世界的存在。這種感受不能訴諸於思考研判，它是一種自然的直覺。這種直觀很難用科學方法來判定真偽。

✎ 有神真好

無神論者不相信神的存在。如果真如無神論者所言，神不存在，那麼人們在沒有「聖盃」的世界中，人類社會將會變得混亂無序，傳統倫理道德必定棄甲曳兵。人們會相互運用零障礙的超自由心與競爭掠奪手段，隨心所欲的進行利己的生命活動。當愛與善在人間消失時，平靜的生命秩序就是奢言。

此外，除了少數天生個性樂觀的人，無神論者極難仰賴任何有效模式消解苦痛。（圖64）他們面對痛苦不一定怨天尤人，但痛苦對他們的心靈傷害是直接且敏感的；有多少的苦痛，就得用多少的心理創傷來承擔。無神論者的痛苦會在死亡迫近時而愈趨於強烈。

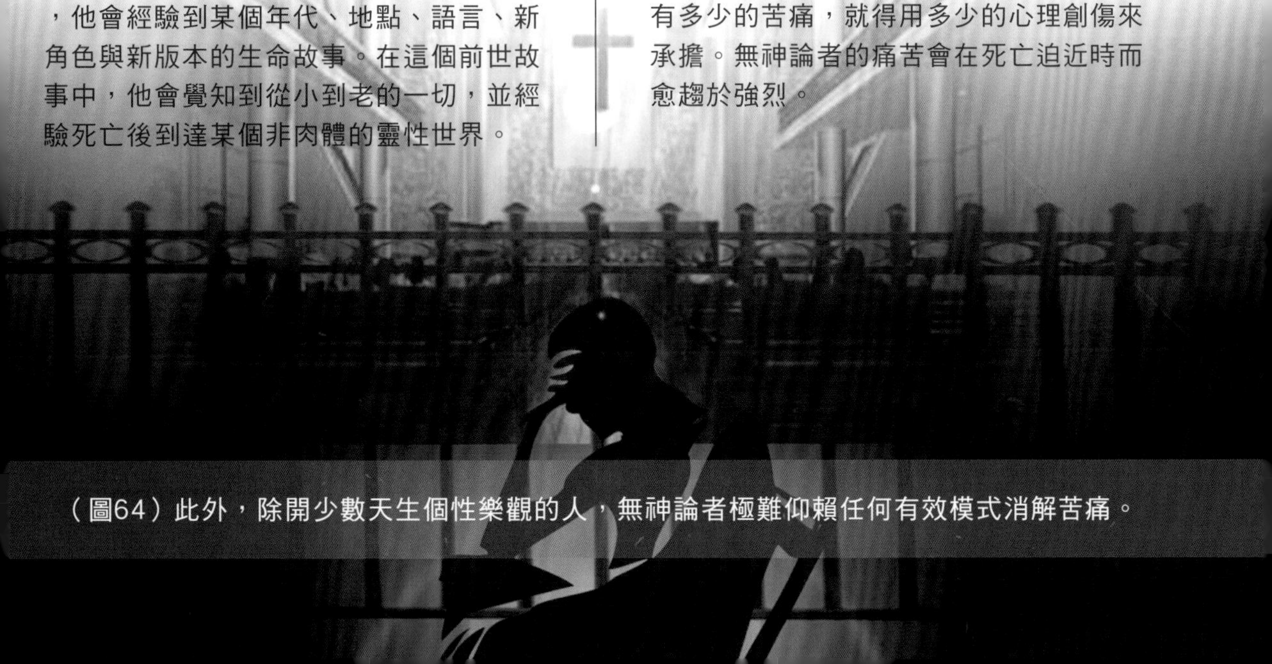

（圖64）此外，除開少數天生個性樂觀的人，無神論者極難仰賴任何有效模式消解苦痛。

但當人們願意相信神與死後世界的存在時，他們的生命經驗將會不同。

他們自然會相信塵世不是生命最終歸宿，死亡後靈體永存，而死亡只是永恆生命中的一個轉換期。他們會坦然接受生命中面臨的肉體殘疾與心靈痛苦，也會說服自己苦難是神的善意安排，苦難的背後擁有某個高尚的理由。他們願意相信靈魂降臨人世的目的，是為了學習愛、智慧與勇氣等高尚靈性特質。

有神真好。不管神是否真實存在，只要人們誠真的堅信「神在論」，則自然更能從容的離愁解苦、歡喜的享受生命與接受死亡。（圖65）

但每個存在的人都會思考一個問題：神在嗎？

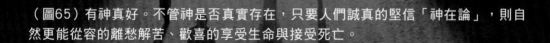

（圖65）有神真好。不管神是否真實存在，只要人們誠真的堅信「神在論」，則自然更能從容的離愁解苦、歡喜的享受生命與接受死亡。

🖉 神在嗎？

對於神是否存在的議題，唯物主義者會注重物質層面的驗證，他們因此會同意達爾文的進化論，相信人們與細菌螞蟻共祖，而非神所創造。（圖66）

無神論者既無法感應神或靈魂存在，也無法認同聖經指示的原罪或死後審判。他們認為宗教下的神是人們有志一同，在自我意識膨脹下，呼應內在需求下所創造出的解苦祕藥與夢幻虛相。

他們認定宇宙與萬物的演化並不需要神的參與。他們認為如果有神，神的大能也應給世人充分的自主權，讓人們自由掌控命運；他們也強調自我評估生命價值的天生權益，而不願接受宗教的教條制約。他們更無法相信在神的慈愛下，神會強逼人們繼承亞當與夏娃的原罪。

近數百年來，唯物科學主控了解讀生命的發言權，而宗教在缺乏科學加持下漸形式微。

在美國，基督教徒由五十年前總人口的70％至80％左右，降到近年僅剩20％左右。自1962年起，美國立法禁止公立學校在校園內進行禱告。自1968年起，科學的真理大旗插入美國所有的學校；在生命起源的議題上，學校被要求放棄傳播「神在論」，明文規定必須在課堂教授科學唯一認同的「進化論」。

如果宗教提示的神與教義是真相，那到底宗教走錯了那一步，促成近年來宗教式微呢？是現代新人類的生命意識有了新見解？還是教會愈來愈無法說服現代新人類神的存在？還是都不是，是神選擇了更遠離祂的兒女呢？

（圖66）對於神是否存在的議題，唯物主義者會注重物質層面的驗證，他們因此會同意達爾文的進化論，相信人們與細菌螞蟻共祖，而非神所創造。

一些宗教家仍依戀著既往的教義傳播模式，堅信已經給足迷失民眾夠多且夠明確的答案，只是世人愚魯，愈來愈不明瞭神的心意。

宗教家一直依賴宗教經典裡面所載錄神的話語，去論證神的存在。但科學一直無法支持這種循環論證的矛盾邏輯：用「經典內神的話語」去說明「神的存在」，然後用「神的存在」去指示教徒必需服從「經典內神的話語」。（圖67）

科學對宗教的否定，促成多數民眾無法安心的接受神存在的信念。在沒有科學驗證的情況下，就算是經典所載為真，經典也只能夠說服少數具「形而上經驗」或「直觀相信神」的人。

往下談一些人們對宗教經典中普遍存在的質疑。

許多無神論的人會想：
如果神是一切混沌之始，那人們對神的存在，就只好依賴天生至高的靈性去感受。但不爭的事實是，又有多少人天生擁有這種至高的靈性呢？

人們利用「制約的生命經驗或思想」，當然無法去理解或發現神。多數人不管苦念多少遍經書，在靈性上根本無法感應神；除非神能再次現身，展現聖經載錄的神蹟，否則人們仍會茫然失措。但神選擇了隱藏自己，而要求愚痴的兒女揣測祂到底在哪裡。

（圖67）科學一直無法支持這種循環論証的矛盾邏輯：用「經典內神的話語」去說明「神的存在」，然後用「神的存在」去指示教徒必需服從「經典內神的話語」。

為什麼神要躲藏？

宗教經典中數次提及神所應許的天堂。有些人會提問：「經典為何無法具體描述神所應許的天堂？是天堂殊勝到無法被語言說明？（圖68）」人們對天堂的未知疑惑會促成他們內在的不安與恐懼。

聖經中明載著神給了人們自由意志，自由代表能自主的選擇與懷疑。但神卻用更大的制約，去控制給予人們的自由，言明不得否定唯一的神，也不得抵觸神的言語，否則就將面臨審判與失去進入天堂的機會。（圖69）

如果父母對子女都能寬厚以待，那這個無所求而且仁慈的神，會需要懲罰任何一個祂所創造的無知羔羊嗎？

（圖68）宗教經典中數次提及神所應許的天堂。有些人會提問：「經典為何無法具體描述神所應許的天堂？是天堂殊勝到無法被語言說明？

（圖69）聖經中明載神給了人自由意志，自由代表能自主的選擇與懷疑。但神卻用更大的制約控制給予人們的自由。

現代新人類會不管自由思想是否有罪，他們仍會偷偷的再次摘食神的禁果，也會調皮的在神無私的大愛下，去挑釁神的心意。

他們總覺得神給的生命並不屬於某種獎賞與處罰系統，也認定神不會不給再次教育的機會，而逕自把無知的罪人貶入永不超生的地獄。他們絕對不相信，他們的父親是擁有愛恨兩元對立的極端父親。

1994年9月28日，天主教教宗約翰保祿二世在羅馬對著群眾發表演說時，重新詮釋此點。他突破神學既往論點，公開表示：「詛咒並非神的本意，因為祂是憐憫慈愛的，祂唯一的希望是祂所創造的人類獲得救贖。」他又說：「永恆詛咒絕非神的本意，是那些拒絕接受神的愛和悲憐的人們，把罰責強加在自己身上的。」

相信所有的教徒與非教徒都歡喜教宗如此詮釋。但他們會擔心：

- 教宗竄改了經書中神的心意嗎？
- 到底真相是什麼？
- 可怕的地獄會不會並不存在，它只是方便傳播神學的工具？
- 死後世界真的是天地差別的二分構架嗎？（圖70）
- 有許多罪人仍處在地獄中嗎？

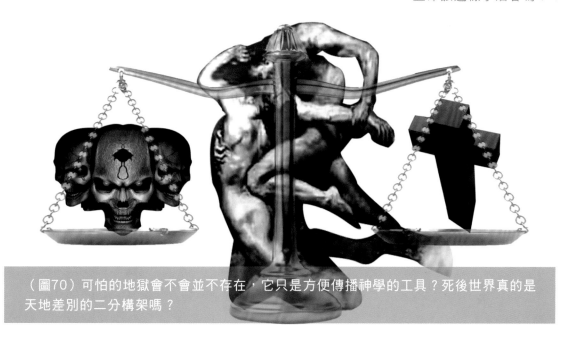

現代新人類也許會想，神真的期望將人們在瞭解祂的同時又相信自己有罪嗎？甚至於質疑，神如果既是萬能的、寬愛世人的，那神為什麼不能免除人們承襲自亞當夏娃的原罪，而創出更高靈性的兒女？讓這些更高靈性的兒女把生命放在充滿喜悅的創造呢？

這些就是不少的現代新人類，百思不得其解的部分問題。基於這些問題在經書中找不到答案，所以他們跳出宗教另尋其它解釋。

✎ 為什麼宗教信仰者仍有著擔憂與痛苦？

請理解我全然沒有明示或暗示「神在論」是否為真相。我希望引導讀者思考的是：

「如果宗教信仰者心中真的有神，那為什麼許多信仰者仍會有著擔憂與痛苦？」

請讀者暫時放下執念，用開放平靜的心陪著我一起來思考這個議題。

依據信仰素質的不同，宗教信仰者可以分為兩類；一類是「知道」神存在的教徒，一類是「相信」神存在的教徒。在比例上後者遠遠多於前者。

一些人對神的存在與否，並非真實的知道。他們對神的理解，只是依據思想下的揣測，經典的背誦、宗教權威的追隨、或者只是心靈渴望下的虛幻投影。

這種「地基浮動的相信」背後，隱藏了不同程度的懷疑。只要心中存有懷疑，就會對未知有所恐懼，就無法消除心中對生命的疑惑與對死亡的恐懼。

對於神的存在與否的議題，真相的紗幔後只有一個事實。它必須是一個完整答案，或者是「零」，神不存在；或者是「壹」，神存在。神的存在不能建立在「相信多少」，它不適用於統計學的信任百分比。

舉個例子來說明。一個獵人射中一隻鳥的機率為50%。現在，想像他正在射擊一隻鳥。

在射擊扣板機前，獵人射中鳥的機率為50%，因為射擊還未發生。但當獵人扣下板機後，射中鳥的命中率就不再是50%。它只能是0%或者是100%，因為獵人對鳥射擊後，鳥是否被射中已是個既存事實，而不再是50%的概率，所以「命中率」的說法已經不存在。

但對於觀察者來說，如果他的判斷資訊不足以探知真相時，他就只能依據殘缺的資訊去猜測。當答案建立在猜測心念時，那不管他猜中與否，仍只是心存僥倖與擔憂心念下的賭博而已。

所以，人們面對神與死後世界是否存在的議題，如果只有「我相信」或者「我不信」的揣測，那即使他們大聲嘶喊答案，內在信念依然隱藏了懷疑。

神與死後世界是否存在，是個既存的事實，它並非賭場的賭客在賭桌上擲骰子前的概率推測。（圖71）它的答案已在，必定只能是0%或100%。它絕對不會是賭客賭桌上擲骰子前，心裡猜測的「50%與 50%」，或者「70%與30%」。任何的懷疑或猜測都是賭博，與真相無關。

（圖71）神與死後世界是否存在，是個既存的事實，它並非賭場的賭客在賭桌上擲骰子前的概率推測。

請大家閉上眼睛一起來想像一個場景。

場景中你住在紐約，爸爸住在台灣。雖然此刻你與爸爸異地而居，但你清楚的知道爸爸住在台灣，你絕對不會懷疑這個信念。當別人質疑你爸爸的存在，與你辯論說：「你根本沒有一個爸爸」，你不會與他生氣或辯論，你只會感覺他好傻，頭殼壞了。你會淡淡平靜的對他說：「不是的，我清楚的知道爸爸在臺灣」。

接下來，請發揮你的想像力猜想：

當兩個不同宗教的宗教徒在對論某個宗教議題時，雙方間最可能呈現的氣圍是什麼？是平靜禮貌的相互聆聽與理解？還是憤怒焦慮的爭吵？

試問，聲音的大小與口水的多寡能夠辯出誰的神才是真神嗎？神可以被知識或思想演繹嗎？

讀者猜的出為什麼宗教信徒面對宗教質疑時會憤怒呢？

請想像另一個場景。如果你質問一位女人說：「我懷疑你不是女人。」你猜她會生氣嗎？憤怒來自於恐懼，恐懼自己所相信的真理並非真理。然而真理來自於寧靜中昇起的「就是如此」。在真理下，辯論變得了無意義。（圖72）

思維揣測的心念可以應用在投資決策，但它用於「神是否存在」的議題卻必須被檢討，因為這個議題的重要性超越一切，所

（圖72）憤怒來自於恐懼，恐懼自己相信的真理並非真理。然而真理來自於寧靜中昇起的「就是如此」。在真理下，辯論變得了無意義。

以它不容許任何猜測的空間。它如同暗夜在深山峻嶺駕車，絲毫不容許用賭博心態猜測眼前漆黑的山路。

神只有「在」與「不在」兩個答案之一，有就是有，沒有就是沒有。所以請瞭解，「相信有神」與「知道有神」不是同義詞；相信有神不等同知道有神。

✎ 宗教徒的痛苦可以消失嗎？

宗教當然很好。

不管宗教是否為真相，當你自覺全然知道神與死後世界的存在，宗教會引導你有著豐盛快樂的生命。但如果你在信仰下仍然存疑，並非真實的知道時，質疑空間就會創造恐懼，恐懼神與天堂如果不存在怎麼辦？怕失望的矛盾情節反而加深了痛苦。

> 神是不能被理解的。任何企圖用制約的思想去找尋神都會面臨失敗。要找尋神不是去外面找，不是去理論中找，而是要在寧靜無念的沈默中，讓神自動進入你的心。當神常駐心中時，痛苦當然不在。

想要知道神與死後世界嗎？

你會經由寧靜心下的覺知去尋找真相？還是採用信仰教條去壓制懷疑的心念呢？（圖73）

（圖73）想要知道神與死後世界嗎？你會經由寧靜心下的覺知去尋找真相？還是採用信仰教條去壓制懷疑的心念呢？

第十型：靈性修行型

在過去的二十餘年中，有一種對應宗教的心靈意識革命，被統稱為「新神祕主義」。

當一些人發現宗教信仰無法幫助他們解答生命真相時，他們會開始透過某些靈異經驗，像是瀕死經驗、靈魂出竅、催眠、觀落陰或靈媒等，去覺知另一個世界或是神，去查證靈魂永存的事實。

「新神祕主義」的主張與宗教信仰不盡相同；它相信死後並無神的審判或者地獄，（圖74）相信靈體必定永生、輪迴存在，也相信輪迴是促成心靈品質提升的必要路徑。

（圖74）新神祕主義的主張與宗教信仰部分不盡相同；它相信死後並無神的審判或者地獄。

近年來，「新神祕主義」已變成社會普羅大眾的新寵，只要看到瀕死經驗、靈魂學與前世今生這類書籍，經常擺在書局耀眼處就知道了。在西方，「新神祕主義」漸增的接受性可從民調結果中清晰的顯示出來。

就算是「新神祕主義」漸趨熱門，但值得提問的是：「新神祕主義中傳播的信仰真能夠幫助痛苦的人們紓解內在的傷痛嗎？

」。

如果人們真實接受新神祕主義下美妙的死後世界，那人們理所當然能紓解生命的痛苦與面對死亡的恐懼，不是嗎？但事實上我所見到的並非如此。許多相信新神祕主義的人們並未能紓解內在困苦，為什麼？

它的原因與宗教徒面對的議題相當。因為他們對死後世界並非「知道」，而只是「

不堅實的相信」，或只是「理智上的認同」。當帶著懷疑的心念勉強去相信新神祕主義，就不能有效紓解生命苦痛。

要真正紓解痛苦，要能夠由「相信」轉化為「知道」。要轉化心念並無他法，唯一的方法要從靜心的內觀著手，先學習在靜心中去轉化焦慮的心念；當心念寧靜如無波的潭面明鏡時，真相即可能自然的浮現。（圖75）靜心只是心靈寧靜下的內觀過程，它絕非宗教。

（圖75）在靜心中去覺知轉化焦慮的心念；當心念寧靜如無波的潭面明鏡時，真相即可能自然的浮現。

綜觀上述脫苦方法之結論

綜觀上述十種對多數人效果不彰的脫苦方法後，我想與讀者一起檢討另類的脫苦對策。

首先，我想提出二個建言：

建言一：放下手上無用的方法

人們有一個迷失，當使用某個緩解痛苦方法效果不佳時，仍會堅持老方法，而不知道即時放下它，去勇敢的嘗試其它的方法。

在面對生命狀況的應變能力來說，人們不如螞蟻與蜘蛛。它們面對生命現象的應變能力比人類優秀多了。

當螞蟻發現引導行進路線的蟻酸被截斷時，牠不會原地踏步，牠會勇於嘗試其它路徑，直到重新找回蟻酸訊息。蜘蛛當牠發現所結的網破掉時，牠不會抱怨，呼天搶地的問「是誰？」或者「為什麼？」，牠會立即織補破網。

放下手上無用的方法，就如同放掉水中正在漏氣的救生筏，雖然需要一些勇氣，但卻是必要的。只有放下才有取得。

建言二：請勇敢仔細地面對與觀察痛苦

如果我們真的很想處理痛苦，那第一步就不是病急亂投醫，慌亂的尋求一些效果不佳的方法去紓解痛苦。（圖76）多數人都有過這類經驗。醫師知道治療疾病首要的，是先找出病因，並瞭解病因，而非胡亂投藥。

因此往下，我們要探討生命中各類痛苦的本質、成因，與討論如何紓解痛苦。希望讀者能透過這些討論，對痛苦現象能有更深層的瞭解，進而促成您未來的生活更能平靜喜悅，並充滿了自由智慧的創造力。

（圖76）如果我們真的很想處理痛苦，那第一步就不是病急亂投醫，慌亂的尋求一些效果不佳的方法去紓解痛苦。

2.1　如何智慧的面對生命？

│ 如何智慧的面對生命？│

要靜下心來，在寧靜的心中去覺知生命的真相
而不要在外在問題的池沼中打轉

得到　　分享　　創造

如何智慧的面對生命？

What is the question？

有一位智者將要往生了，氣管正插著呼吸輔助器，有一口氣沒一口氣的躺在病床上。床邊有一大群徒弟都帶著憂鬱的神情圍繞在智者身邊。他們害怕，害怕智者離開了以後，不會再有人幫助他們解答生命的困惑。他們很想在智者往生前問幾個心中困擾的問題，卻又不敢提出。

終於，一位門徒鼓起勇氣尋問智者說：

「都是徒弟的錯，在這個不恰當的時機問您問題。但您就要離開了，我們心中充滿了困惑與恐懼，我們實在不能想像沒有您的指導怎麼過日子？我可以問您一個問題嗎？」

徒弟問：「師傅，What is the answer？」

智者在呻吟中用低沈的聲音反問門徒：「Student，What is the question？」同時，智者抬起羸弱的手緩慢的指向窗外的月亮。

> 智者一直努力的教導學生要靜下心來，在寧靜的心中去覺知生命的真相，而不要在外在問題的池沼中打轉；（圖77）因為每一個外在問題的背後，永遠會出現另一個新問題；在問題的平臺上打轉，永遠無法徹底的解決問題。

（圖77）要靜下心來，在寧靜的心中去覺知生命的真相，而不要在外在問題的池沼中打轉。

兩種不同的人經歷兩種不同的人生

如果我們以快樂為前提，來區分這世界上的人，那會有兩種不同的人經歷兩種不同的人生。

第一種人屬於樂觀派，覺得生命實在美好，天天都開心微笑，希望能夠活的愈長愈好，也希望下輩子能夠再來。

另一種人屬於悲觀派，覺得生命不好，充滿壓力、恐懼與痛苦，臉上常帶著苦瓜臉，感覺度日如年。他們經常會跳過對本世的關切，將希望投射在未來的「天國」或「西方極樂世界」。他們也會禱告下輩子絕對不要再回來。

吳副總統曾說過：「兩種人看玫瑰花，有兩種不同的心情。一種人天生樂觀，會看見玫瑰花的美，感覺很開心；另外一種人天生悲觀，會看見玫瑰花的刺，感覺到恐懼與痛苦。」

為什麼這兩種人面對同樣的生命情境，會有截然不同的感受？（圖78）

思想無法找尋痛苦的原因

四種形態的痛苦

> 阿拉伯女人神祕的面紗是不容許被揭開的。不知為了什麼，人們也為他們內在的痛苦帶上一層不願意被打開的薄紗。

（圖78）為什麼這兩種人面對同樣的生命情境，會有截然不同的感受？

人們面對生命有四種形態的痛苦：

■ 心靈內在的負面情緒；例如壓力、恐懼
　、擔憂、嫉妒、比較、憤怒等等
■ 與周邊人際關係不和諧
■ 追求生命目標感覺無力
■ 面對死亡的恐懼

思想找不到痛苦成因

大部分的人面對痛苦，會用「思想」在外
在環境中去找尋促成痛苦的原因；例如像
是財富不夠，地位不高或者缺乏愛情等等
。但在理性或思考邏輯下，人們經常找不
到真正的原因。或者當以為找到了原因時
，用盡許多方法去處理痛苦，發現效果不

彰。為什麼呢？

> 人們利用理性、思考邏輯或經驗，在
> 外在環境中尋找到的痛苦成因，多數
> 僅是個人本位主義下拼湊出的假象。
> （圖79）因此，人們依憑假性的因果
> 論去處理痛苦，當然效果不彰。相信
> 這種挫折許多人都經歷過。

舉些例子來說明。

我們面對一些情緒，經常不知道它們怎麼
來的？我們不喜歡這些情緒，但想要避開
都辦不到。

（圖79）人們利用理性，思考邏輯或經驗，在外在環境中尋找到的痛苦成因，多數僅
是個人本位主義下拼湊出的假象。

例如像是「嫉妒」。人們不喜歡嫉妒，因為它會讓你自卑、痛苦，並讓你人際關係變差。人們想放棄嫉妒改為讚美，但卻做不到，因為它像呼吸一般自動運作。

當對應周邊關係時，你會不由自主的去比較自己與別人的差別；在比較中，當你發現不如其他人時，你會不由自主的產生嫉妒心；譬如說，當你考了第二名的時候，你會討厭第一名的人；當你窮的時候，你會討厭有錢人；當你醜的時候，你會討厭漂亮的人；當別人的工作成績比你好的時候，表面上你會禮貌的恭喜、祝福他，但心裡卻討厭他。

人們不斷的用思考邏輯去找尋引發嫉妒的成因，但不管如何努力也都找不到。

又例如說憤怒。

大家都知道，憤怒極少促成好的結果，它會造成雙方的痛苦，所以每一個人都不希望憤怒。但知道是一回事，每當事情臨頭，我們又開始憤怒，憤怒後又後悔痛苦，忙著道歉。我們為了避免憤怒，會去找尋憤怒的原因，也想控制憤怒，但似乎找不到原因。或者自以為找到原因，卻也無法幫助在事件發生的當下控制憤怒。

我認識一位年青女孩與父母關係不合，經常情緒失控與父母吵架。在我跟她討論憤怒的缺點與情緒控制的必要性後，她當場頗有感動，也願意開始控制情緒。為了強化她控制憤怒的動機，我當場建議她與我簽下「憤怒控制合約」。合約內容約定，如果她未來一個月不生氣，我將捐出一萬元作為慈善捐款。她非常願意，當場簽了合約，但第二天清晨就在與父親的吵架中破功了。

另外，也有個太太經常情緒失控與先生吵架，平均每天至少吵一次架。她與我分享吵架的缺點後，也願意與我簽訂「憤怒控制合約」。一個月後她見我時，帶著尷尬的表情問我：「嘴巴不講，心裡生氣算不算生氣」？

再例如說愛情。

一對情侶在婚前雙方愛到如膠似漆、山盟海誓、海枯石爛。在婚禮時，兩人在牧師前，誓言旦旦要鍾愛伴侶一生，雖不能同年同月同日生，但甘願同年同月同日死。

而結果卻是，婚禮的那一天是他們婚姻最美好的一天。從那一天起，他們雙方間的愛與忍耐逐漸減少，而責怪與批判卻漸漸增多。他們一直仍希望重拾舊愛，但卻每況愈下，他們不知道原因出在那裡？

不知道痛苦哪裡來的

我曾幫一對母女做心理諮商；小朋友十三歲，臉上流露著呆滯無奈的神態。

我問她：「我可以問妳一個問題嗎？」她遲疑了一會，然後說：「好。」我問她：「妳可以說說妳的快樂指數多少嗎？」

她思考了至少30秒，然後遲疑的說：「大概 7 或 8 吧！」

我看著她，再慢慢的問她：「有超過 5 嗎？」她瞬間眼淚奪眶而出。我轉頭對她的母親說：「媽媽，妳辛苦了。」媽媽也瞬間眼淚直下。

我再問小朋友：「妳為什麼不快樂？」她想了很久，才說：「我不知道。」我問她：「妳有沒有任何方法可以讓自己快樂？」她毫不遲疑的立刻告訴說：「不可能。」

我在事後自問：

- 為什麼這麼小的孩子已經開始痛苦了呢？
- 為什麼她竟然說不出痛苦的原因是什麼？
- 為什麼這麼小的孩子不相信生命可以快樂呢？（圖80）

一位年輕、貌美、家世優裕的女孩，從國外念完書後回國。家人給她資金開了一家公司，自己做老板。從外人眼裡來看，她的生命幸福指數至少在應該八十分以上。如果你要她在紙上寫下不快樂的理由，相信她一條都寫不出來。但是她一點都不快樂，甚至覺得活著無趣。

（圖80）為什麼這麼小的孩子不相信生命可以快樂呢？

她告訴我她不知道為什麼她不快樂？也不知道該做什麼才能快樂？事實上她已經嘗試過自殺。

我問她說：「如果天使給了妳三個願望，妳會要什麼？」她毫不遲疑的說：「我不要三個願望，我只要一個就好，我要快樂」。為什麼她擁有了一切，但她仍然痛苦呢？

基督教徒的心靈矛盾

一對相依為命的老夫妻居住在西雅圖。他們都是虔誠的基督徒，每天勤讀聖經，定期去教會。在某一天清晨，先生在社區運動時因為車禍往生了。這位老婦人在悲痛下開始不相信主的公義，並且拒絕去教會，也拒絕讀聖經。直等到多年後，她開始用毛筆抄寫「荒漠甘泉」一千遍後，才重新拾回對主的信心，返回教堂。

從她的信仰來說，她的行為是矛盾的。

這個老婦人對於這個災難感到痛苦，是人之常情。但依憑她的信仰，她應該嘗試放下痛苦，去接受主的安排與美意。此外，如果她相信她的先生往生後是回歸天堂，享受無邊無境的快樂，那她不是應該更加歡喜慶賀嗎？為什麼她仍然如此的痛苦呢？

值得提問的是：她所感受到的不平，是針對主在公義下的錯誤安排？還是她自己私慾下的不滿？對這一點，相信連這個可憐的婦人都沒有答案，但是信仰並沒有帶給她快樂是確定的。

由上述案例，我們開始理解：

- 人們認定思想可在外在環境中尋找痛苦成因，是個謬思。
- 思想永遠不易找到促成痛苦的真實答案，因為思想本身就是促成痛苦的源頭。
- 痛苦的根源多數並非存在於外境元素，它源自於內在心靈。（圖81）

（圖81）痛苦的根源多數並非存在於外境元素，它源自於我們的內在心靈。

這些謬思促成我們經常在不瞭解痛苦的情況下，用錯誤的方法處理痛苦。這就會像是暗夜在密林中亂槍打鳥，當然什麼都打不到。

打開痛苦的傷口檢視痛苦的本質

人們很矛盾，很少人在痛苦時願意真正仔細地面對與觀察痛苦的本質。我們對痛苦太不熟悉了；我們對於它的認識都很膚淺、很抽象化，我們幾乎不了解它的本質與根源。很少人願意把痛苦傷口上的繃帶揭開，去仔細地觀察痛苦。如果人們連它是什麼，或者怎麼發生都不知道時候，那又如何知道去有效的面對解決呢？

但多數人寧願如此，他們怕打開痛苦的傷口時會痛上加痛。所以他們乾脆漠視痛苦的存在，把它掩埋在心靈深處，他們選擇直接由外在世界中找尋快樂的伊甸園。但他們發現，永恆存在的痛苦，令所有外在索取的美食都變成餿水。

人們沒有選擇。

如果人們希望生命豐盛美好，就必須打開痛苦的傷口，去仔細檢視痛苦的成因，然後才能對症下藥，有效的處理痛苦。當痛苦被消除後，智慧、能量、自由、生命的洞見也會不請自來，外境的一切會變得淡如清水，而美好的生命會變得垂手可得。我們不妨試著換一個處理痛苦的模式：「放棄從外境找尋原因，改成對內觀照痛苦的本質與成因。」（圖82）

往下，
我們開始深談痛苦的成因

（圖82）我們不妨試著換一個處理痛苦的模式：放棄從外境找尋原因，改成對內觀照痛苦的本質與成因。

|揭開痛苦神祕的面紗|

人們很矛盾
很少人在痛苦時願意真正仔細地面對與觀察痛苦的本質
我們對痛苦太不熟悉了

得到　分享　創造

揭開痛苦神祕的面紗

創造痛苦恐懼的源頭

閒事掛心頭

在宋朝無門慧開禪師曾寫過一首詩，提到人生美妙的情境，內容是：「春有百花秋有月，夏有涼風冬有雪，若無閒事掛心頭，便是人間好時節。」人生若沒有閒事掛心頭，那該有多好。

但人生不如意事十之八九，現代人有太多的閒事掛心頭。現代的詩必須是這樣寫：「春有暴風秋有雨，夏有地震冬有霜，若有心事掛心頭，便是人生悲情苦。」

大部分的人的確感覺到每天有許多閒事掛心頭，感覺到辛苦。

痛苦的兩種源頭：「外在環境」與「內在環境」

追根究底，不管如何尋找，促成我們內在痛苦的源頭，不外乎只有兩種；一種是來自於「外在環境的衝擊」，一種是來自於「內在的心緒」。

外在環境是意指我們身心靈以外的一切，它包括所擁有的物質水平、財富多寡、地位高低、名譽好壞、愛情有無、家庭幸福程度、關係和諧與否、工作成就與時運好壞等等。

許多人會依憑外在環境的好壞來決定內在的心緒。當外在環境良好時，他們會感覺幸福快樂；當不幸的外在環境變差了，他們會感覺到恐懼與痛苦，（圖83）會開始

（圖83）許多人會依憑外在環境的好壞來決定內在的心緒。當外在環境良好時，他們會感覺幸福快樂；當不幸的外在環境變差了，他們會感覺到恐懼與痛苦。

指控：一切痛苦都是外在環境不好所促成的；他們也會執持因果論，在外在環境中搜索痛苦的元兇。

例如，他們面對外運不佳時，會說：

- 因為時運不濟，所以我錢賺的不夠多，所以我不快樂。
- 因為老闆偏心，所以我無法升遷，所以我不快樂。
- 因為老天無眼，所以生下不孝的兒女，所以我不快樂。
- 因為上帝無義，所以天災人禍，所以我不快樂。
- 因為人心險惡，所以小人連連，所以我不快樂。

當人們相信，他們的不快樂是「外在環境」所促成的時候，為了紓解痛苦，他們會努力的去改善外境。但多數人嘗試改善外境仍持續的痛苦。

讓我們此刻靜下來，一起來思考這個現象。

人生不變的定律：無常

多數人們會忽視上述實相，否定無常，他們會天真無邪的祈求外在環境一切美好。在這個理念下，他們面對問題的處理方式是：面對問題就去解決問題。當問題解決後，他會在禱告中再度祈求一切平安，希望問題不要再來了。（圖84）

（圖84）他們面對問題的處理方式是：面對問題就去解決問題。當問題解決後，他會在禱告中再度祈求一切平安，希望問題不要再來了。

但一切總是事與願違，就算你剛解決完一個問題，卻發現另一個問題又來了。外在環境一直是個變數，你根本無法掌握外在環境。你可以有把握說：「我絕對有本領掌控我的婚姻、愛情、性、財富、地位」嗎？

生命本來就充斥著一個接著一個的問題。

其實，生命中不斷的出現問題才是正常，不出現問題反而是反常，但人們把真相弄反了。他們以為一切正常才是正常，但殊不知，其實不正常才是正常。

如果你一直將你的快樂，建立在零問題的夢幻世界裏，認定問題是不正常的現象，而非正常生命本態；那你就只好失掉生命的主控權，聽天由命，終身被問題綁票；

你將永遠不再會快樂，你再也無法做一隻美麗的蝴蝶，能夠自在的在美麗的花叢中飛舞。（圖85）

對外境衝擊不再有負面情緒

現在，讓我們用智慧一起來思考一個另類解決方案。

解決方案如下：

首先，你必須先放下上述的迷思，承認外在環境的變動的確是無法被掌控的實體。

接著，當你面對外境衝擊時，你得學習掌控內在的心念反應。

請想像一下，如果你能夠成功的藉由「

140

掌控內在的情緒」，去取代「對外境的依戀」，那外境不管如何變動，它的衝擊就不再構成對你的威脅，那你又如何會不快樂呢？

並請設法理解：內在呈現的不快樂或者痛苦是實體嗎？還是它並非實體，它充其量只不過是神經系統下的生化訊息而已。

舉些例子說明。

面對物質：

如果你能掌控內在的物慾渴求，感覺有物質很好，沒有物質也很好，那物質就不再構成創造痛苦的根源，快樂會自動浮現。

面對地位：

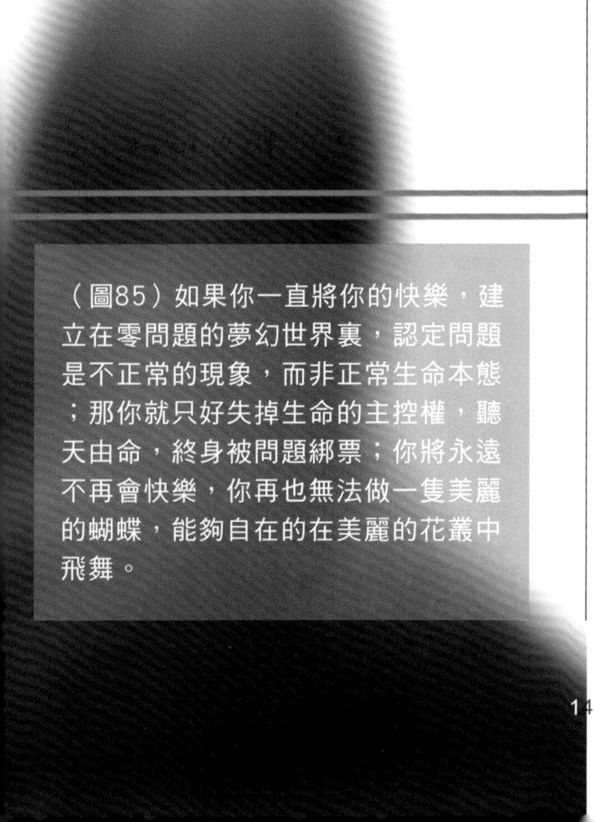

（圖85）如果你一直將你的快樂，建立在零問題的夢幻世界裏，認定問題是不正常的現象，而非正常生命本態；那你就只好失掉生命的主控權，聽天由命，終身被問題綁票；你將永遠不再會快樂，你再也無法做一隻美麗的蝴蝶，能夠自在的在美麗的花叢中飛舞。

如果你能掌控內在的小我渴求，不管名片上印的角色是什麼？高官達貴也好，升斗小民也好，你的心境都能徐徐不動時，寧靜喜悅會不請自來。

面對關係：

如果你能掌控內在的寂寞、討愛與比較，你會感覺有朋友很好，但沒有朋友也很好，你並不感覺寂寞；如果你朋友做的好，你會祝福他，你沒有想去比較什麼；如果你的朋友做的不好，你也會去幫助他。在對應關係無求的心念下，矛盾、對立或自卑當然不存在。

所以此刻，促成美好生命的祕密浮現了，這個祕密就是：「放下對外境的依戀」。的確，改變無常的外境不易，但改變思想是可行的。

當你內在新的思想意識不再介意或依賴外在環境的變動時，你會感受到恐懼、擔憂與痛苦嗎？那豐盛生命的企圖將變得舉手可得。

現在，我們應該很高興，對不對？有沒有見到曙光？

往下，我們暫時放下對外境的討論，將注意力聚焦在「內在痛苦的根源」。創造痛苦的主要根源無它，其實就是終日陪伴著我們的思想。往下，我們將討論思想。

René Descartes

Marxism

Friedrich Wilhelm Nie

| 思想帶來生命的痛苦 |

我們真正瞭解我們的思想嗎？
它給我們的生命帶來了什麼？

| 得到 | 分享 | 創造 |

思想帶來生命的痛苦

小北極熊會冷

一隻小北極熊看起來很擔心，一直纏著熊媽媽想問問題。

熊媽媽很忙，但被纏得只好放下手邊的工作。熊媽媽問小北極熊說：「孩子，有什麼問題讓你擔心呢？」小北極熊帶著憂鬱的音調問著熊媽媽：「爸爸是北極熊嗎？」熊媽媽聽到這個有趣的問題都笑出來了，她對小北極熊說：「傻孩子，爸爸當然是北極熊」。

小北極熊聽到這個回答，臉上看起來還是挺擔憂的。小北極熊繼續帶著憂鬱的音調問著熊媽媽：「那爺爺是北極熊嗎？」熊媽媽聽到這個問題開始有一點不耐煩了，她對小北極熊說：「傻孩子，爺爺當然也是北極熊」。

小北極熊顯然仍不能滿意熊媽媽的答案，他說：「媽咪，我最後再問你一個問題，那爺爺的爸爸是北極熊嗎？」熊媽媽聽到這個問題笑得滿地打滾，她對小北極熊說：「這還用說嗎？爺爺的爸爸當然絕對是北極熊」。

她開始好奇的問小北極熊說：「你怎麼問我這些傻問題呢？」小北極熊回答熊媽媽說：「媽媽，我感覺好冷」。講完後就帶著一臉的憂傷無奈，走回到壁爐的邊邊繼續取暖。

小北極熊感覺好冷，但牠除了忙著問問題外，不知道該怎麼辦？其實不只是小北極熊，許多感覺生命痛苦恐懼的人，又何嘗不是如此？不斷的問問題，找答案，但卻一直無解。

思想是好人還是壞人？

我思，故我在。

勒內・笛卡兒
（René Descartes，1596年－1650年）

人的腦袋裡一直有個東西天天與我們為伴，叫做思想。考古學家為人類取名智人「Homo Sapiens」影射人類獨有的思想。思想在我們的大腦裡像個老學究，成天講三講四的，指導我們「該如何這樣」、「該如何那樣」。（圖86）

（圖86）思想在我們的大腦裡像個老學究，成天講三講四的，指導我們「該如何這樣」、「該如何那樣」。

人們很自豪擁有這個超越萬物的思想，也認定它是生命的羅盤，有益的盟友。人們相信思想的理性與邏輯架構，會幫助我們客觀的分析研判眼前事物，並提示我們找尋快樂幸福的正確答案。

> 但有趣的是，對於這個天天陪著我們的思想，我們極少注意它，我們對它既熟悉，又好陌生。我們真正瞭解我們的思想嗎？它給我們的生命帶來了什麼？

各位記不記得看電影的時候，會聽到在戲院裡孩子問爸爸說：「爸爸，這個人是好人還是壞人？」我們可曾自問過：「思想到底是好人？還是壞人？」

往下，我們開始深入探討它的特質，它是如何產生的，和它帶給人們什麼？

我們瞭解思想嗎？

思想上的錯誤從來就不曾遠離我們，人們還往往把真理和錯誤混在一起去教人，而堅持的卻是錯誤。

約翰‧沃爾夫岡‧馮‧歌德
（Johann Wolfgang von Goethe,
德國著名詩人，1749年－1832年）

科學對於人類思想的理解，如是不是言過其實，可能仍處於幼稚園階段。這不是科學的錯，因為思想的確極度錯綜複雜，難

以客觀度量，促使科學家在制約的實驗工具下，取得的資訊微薄，一直無法一窺思想的全貌。

因此，我們不妨暫時放下繁多仍在臆測階段的心靈理論，換個角度，從觀察解析「思想運作所帶給我們的諸般生命現象」，來倒向觀察思想的本質。

首先，我想先談談經濟。

思想引導的經濟為人們做了些什麼？

研究人類的思想，可從觀察經濟歷史著手，因為經濟活動背後的推手就是思想。

人們煮一頓飯或駕駛汽車所動用的思想是單純的；但推動經濟活動所動用的思想可就複雜了，它動用的元素極為深廣；這個過程得投注大量的當代知識、個人的思考邏輯、直觀、人生價值觀、主觀意識、情緒與其它層面錯綜複雜的心念。讀者可以想像僅是打通電話買賣一支股票的背後，隱藏了多複雜的思想運作？

在近代經濟史中，「自由經濟」一直被視為萬能的聖像，多數人認為它提供了完整的經濟架構，而這個架構能夠創造最高的經濟效能。但答案並非全然如此，它背後的真相跌破眾人的眼鏡；「自由經濟」創造了近數十年來多次的金融恐慌。

舉個例來說。1920年代在當時被稱為新時

（圖87）在1929年10月29日的「黑色星期二」，美國金融界瞬間快速崩潰，股市急速從頂巔跌入深淵，隨後跟隨史上最嚴重的經濟衰退，毀滅性的連續災難開始發生。

代，炫耀性消費蔚為當時潮流。極諷刺的是，胡佛總統在經濟大蕭條前夕曾自誇：「我們正在取得對貧困戰爭決定性的前夜，貧民窟將從美國消失」。胡佛的驕傲宣言反向變作是催動經濟大恐慌的魔咒。

在1929年10月29日的黑色星期二，美國金融界瞬間快速崩潰，股市急速從頂峰跌入深淵。隨後跟隨了史上最嚴重的經濟衰退，毀滅性的連續災難開始發生。（圖87）銀行瘋狂擠兌，工廠關門，大量工人失業，牛奶倒進了密西西比河，許多人因痛苦而自殺，社會治安日益惡化。無數的人在該次金融危機中傾家蕩產。

據稱在大蕭條時期，人們在紐約街道走路時都得仰頸觀望，因為他們不希望被一些因財務崩潰而跳樓自殺的人壓到自己，遭

受池魚之殃。但也有例外，美國波士頓甘迺迪家族在股市崩盤前對股市大量放空，反而富上加富。

經濟學家們對這個經濟恐慌的成因眾說紛紜。不管他們的論點對錯與否，都無法被證實。但胡佛當時所信賴的經濟架構卻可確定是錯的。

經濟就是思想的外在展現。由這個金融危機來倒觀思想，我們發現一些人過度依賴自己的思想，而另一些人則過度依賴別人的思想。

另一個嚴重經濟崩潰的案例是日本1990年代的泡沫經濟。

在90時代，日本經濟的快速成長導致日圓升值。強勢日元與超低利率促成大量熱錢流入日本，啟動了股市和土地的全民投機熱潮。

在那個時期，全國沈醉在「土地不滅神話」的迷失下，日本全國房地產價值急速上揚；上揚到東京二十三個區的地價總值甚至於可以購買美國的全部國土。當時日本甚至於幻想「日本世界第一」的時代即將到來。這種全國人云亦云的思想偏執，導出了日本史上最長最慘痛的泡沫經濟。

在 1989年12月，日本股市的日經平均股價，從最高點的38,957點開始急速暴跌到五年後的15,000點左右。（圖88）土地價格也從1991年左右開始急速下跌了十年，

它的最低價跌至原本最高價格的僅10%至20%左右。股票與土地價格的遽跌，造成日本各大銀行嚴重的不良債信，對日本金融造成了嚴重打擊；個人帳面資產短短數年間化為烏有。這個泡沫產生的影響是全國性的，它衍生的痛苦至今日尚未消除。

讓我們從經濟現象，來看看人們的思想到底是怎麼運作的？

為什麼絕大多數人，包括專家在內，皆陷入集體的思維迷失，無法預見這些金融災難呢？諷刺的是，多數的經濟專家雖然無先見之明，但總會在災難後，條理分明的告訴我們經濟癱瘓的成因。為什麼專家們不能夠將面對經濟變動的「後見之明」轉為「先見之明」呢？

（圖88）在1989年12月，日本股市的日經平均股價，從最高點的38,957點開始急速暴跌到五年後的15,000點左右。

再談談民眾對於經濟投資的盲點。

許多人面對投資理財，認定金融產品的漲跌是有理可循的，認為只要瞭解影響股市的一切變數，就沒有理由不在股市獲利。在這個信念下，他們會經過審慎的思考後，將積蓄投入股市。但依據投資統計，多數人短期金融投資（金融投機）的成功率不到20%。

投資失利的人們可曾自問幾個問題：

■ 為什麼審慎思考下的投資行為會仍有80％的機會投資失利？
■ 為什麼投資成功率不到20%，但仍然百折不回的纏戰金融市場，直到傾家蕩產為止？
■ 為什麼金融市場前瞻分析專家們提示的投資建議經常不如投擲飛鏢呢？（圖89）

如果靜觀經濟專家對金融變動的前瞻預測，平均成功預測率可能連50%都沒有。面對這個現象，投資者該執持哪種態度；相信並跟隨專家的建言？還是乾脆擲骰子一擲定江山，將命運交託給老天？但人們天性都認為自己不行，只願意相信專家。人們在這種依賴心念下投資，不斷的交出壞成績。

值得此刻提問的是，促成人們投資失利的眾多變數中，罪魁禍首是誰？

■ 是複雜難測的經濟變動？
■ 是過度相信專家的迷思？
■ 還是自己思想的繆思呢？

人們怎麼了？為什麼經歷重覆的失敗，仍不能讓自己看清楚始作俑者就是思想呢？

量子基金（Quantum Hedge Fund）的掌控者喬治索羅斯（George Soros）也許認同「思想萬歲」，相信思想運作在金融投

（圖89）為什麼金融市場前瞻分析專家們提示的投資建議經常不如投擲飛鏢呢？

資的價值；但遺憾的是，多數的人並不是天才索羅斯。相對應的，另一個投資奇才華倫·愛德華·巴菲特（Warren Edward Buffett）否定思想在投資決策上的客觀性。他只願意投資在專業評估下具有「長程高競爭力的優質企業」上。

這些金融案例教導了我們一件事：思想並不可靠。

為什麼思想經常讓我們犯錯？

幾乎生命所有的行動都是思想所掌控的，我們可曾檢討這些行動對我們的生命有些什麼影響？

人們喜愛鑽石，並認同它代表尊貴與永恆美麗；人們花大錢購買鑽石的理由，是真的因為它代言永恆美麗嗎？還是它的背後隱藏著財富地位的宣言呢？（圖90）

在審慎思維下促成的婚姻，並不比股市投資好多少。我相信多數人在與心愛伴侶踏上紅毯前，會自認做過審慎的考慮，也堅信婚姻必定幸福美滿。但是統計數字顯示相反的結論；近年來50%至60%的婚姻都是以離婚收場。此外，剩下未離婚的50%婚姻中，又有多少對婚姻是幸福快樂的呢？（圖91）

（圖91）近年來50%至60%的婚姻都是以離婚收場。此外，剩下未離婚的50%婚姻中，又有多少婚姻是幸福快樂的呢？

（圖90）人們花大錢購買鑽石的理由，是真的因為它代言永恆美麗嗎？還是它的背後隱藏著財富地位的宣言呢？

婚姻的成敗永遠跟思想有關。造成高頻率婚姻失敗的主因,是伴侶婚前不思考?還是思考錯了呢?決定人類行為的思想中,有多少成分是真正理性的?為什麼思考經常讓我們犯錯?

一百八十度對立的思想

如果有人告訴你:「思想可以引導出真相」,這是個謊言;許多思想下的結論是一百八十度對立的。

例如像是二元對立的「善」與「惡」。

人間有善有惡。對於人性的本質,思想家們有二種全然相反的說法;一派認為人性的本質具有仁慈的神性,所以「人性本善」;但另一派卻認定人是野獸,所以「人性本惡」。到底真相是什麼?(圖92)

佛洛伊德是位大思考家。他相信「性」是天生自然的,一切生命現象都源自於「性」的衝動。但相反的,一些文化或宗教把性當作是非人性本源的,是罪惡的表徵,所以必須被壓抑控管。到底人類的「性」是演化論下動物正常的自然反射?還是它是宗教信仰下人性反常的墮落與罪惡?

(圖92)一派認為人性的本質具有仁慈的神性,所以「人性本善」;但另一派卻認定人是野獸,所以「人性本惡」。到底真相是什麼?

到底那個答案是對的？

如果思想引導的結論是對的，那為什麼大思想家們會相互矛盾，說出一百八十度全然對立的見解呢？思想是怎麼辦到的？人們的思想必定出了問題。

> 讀者們在這裡閉上眼睛，假想二個情境。

第一個情境：

想像某天半夜你進入廚房時，看見一隻大蟑螂正在享用你桌上的隔夜菜飯，我相信此刻你與蟑螂會各有念頭。請教一下，你的念頭與蟑螂的念頭會一樣嗎？

大體上，你會感覺到噁心與憤怒。至於蟑螂的想法，請相信我的猜測，必定與你的想法大大的不同，它會覺得你是殘暴惡毒的催命判官。

第二個情境：

想像你在鄉下傳統廁所上大號，正蹲在糞坑坑洞上的架板，進行對糞坑的奉獻。如果你願意強忍難聞的氣味，鼓起勇氣往下看，你會看到無數的蛆正在糞便中翻騰鑽動。

這時你會怎麼想？我猜你會感覺到噁心、厭惡、甚至於恐怖，想快速離開現場。

但請換一個角度，假想你是個靠著澆肥耕種的農夫。當你看見糞坑內萬蛆鑽動的情景時，你會怎麼想？我猜你會歡喜的發現一大堆上好肥料呈現在你眼前。

此外，請再換個立場，想想這些蛆會怎麼想？它們的想法會與你相同嗎？

你與蛆同樣的在思想，試問，誰的思想是真相呢？

人的思想，不過是在「自我本位」下所自訂的邏輯與遊戲規則，它既不客觀，也與真相無關。（圖93）但每個人都會自覺自己的想法是唯一的真理，是嗎？人思想下的真理都是自己帶上墨鏡的真理。除非你能理解這個道理，否則你的人生必定窒礙難行，永遠偏離真理。

（圖93）人的思想，不過是在「自我本位」下所自訂的邏輯與遊戲規則，它既不客觀，也與真相無關。

面對自己或別人的思想，為了安全起見，我們可不可以留意幾件事情：

- 面對任何事件，能不能要求思想慢一點下結論呢？
- 能不能讓自己的思想變的更柔軟客觀？
- 對於任何別人思想下所提示的結論，能不能不要在一知半解下，強用二分法說：「我信」或者「我不信」呢？
- 能不能用更柔軟客觀的心念去看待別人的思想結論呢？

檢討學習知識的投資報酬率

學習知識的投資報酬率划算嗎？

讀書的目的是為了認識事物原理，為挑剔辯駁去讀書是無聊的，但也不可過於迷信書本。求知的目的不是為了吹噓炫耀，而應該是為了尋找真理，啟迪智慧。

法蘭西斯·培根（Francis Bacon）

知識（包括科學知識在內）是思想下的產品。

如果面對投資，人們會計算投資報酬率，但面對從小到大，投資了極多光陰與花費所學習到的知識，我們可曾計算過知識所帶給我們的投資報酬率嗎？這個投資划算嗎？想不想認真的檢討一下？

檢討第一項：念了一大堆東西還記得幾成？

我們在學習中為了應付考試，辛苦的背誦了一大堆的知識；我們可曾檢討過背誦的東西記住多少？

我曾經翻閱高中的課本，驚奇的發現到，當年熬夜苦讀的課文，至少七至八成都早已忘光了。它告訴我們什麼？它表示父母數百萬元的教育投資，約七至八成都泡湯了。如果背誦的東西最後僅餘二至三成，那念書很有用嗎？

撇開這個難看的投資報酬率不談，孩子們辛苦熬夜念書的代價是什麼？孩子們身體變差了、眼鏡戴上了，原本可以快樂的童年也不快樂了。台灣半數的國中學童不快樂與大量的知識學習無關嗎？

檢討第二項：學到的一大堆知識能幫助我們創新嗎？

學習知識有三種不同的方法，而這三種方法會產生三種不同的結果。

✎ 第一種：字典型學習

這一種類型的人只會背誦，把自己變成了字典，但他不會運用學到的知識。其實如果只想找尋知識，查維基百科（Wikipedia）或者大英百科就好了，需要背誦嗎？

知道幾何圓周率（π）嗎？它並非 3.14，這只是近似值；完整的圓周率是：

3.1415926535897932384626433827
95028841971693993751058209749
45923078164062862089986280348
53421170679821480865138230664
09384460 5505822317253594 08128
48111 74 8410270193852110555
644622 0549303819644288109 75
66593 2847564823378678316 5
27120 48566923460348 610
454326 93607260249141273

有人會傻到想背誦嗎？也許你不想，但我
知道有人可以完整的背下來。

✎ 第二種：鸚鵡型學習

有一些人很會學習知識，也能夠運用這些
知識在生活中。這種學習模式比字典型學
習好些，至少他們沒有浪費知識。但這種
學習方式像一隻鸚鵡學語，將自己變成了
跟隨別人的「二手知識信徒」。

知識都是已知的，也絕對是有限的，因為
人類對這個大千世界知道的太少了。

但當鸚鵡型學習者相信並依賴他們學習到
的知識時，有限的知識會制約他們的思考
能力，侷限他們的生命行動，令他們工作
時墨守成規，缺乏創意。（圖94）他們大
多數是追隨者，喜歡一輩子跟隨別人。但
他們喜歡如此，因為他們認定：順從安全
的知識會保障安全的生命。

✎ 第三種：創新型學習

但有少數人「學而非用」。他們開始學習
時會努力的吸收知識，但當學習結束後，
他們會捨得拋棄掉這些學到的知識。因為
他們知道，有限的老知識會制約創造力，
要想創造新東西，就得先拋棄舊東西。

（圖94）當鸚鵡型學習者相信並依賴他們學習到的知識時，有限的知識會制約他們的
思考能力，侷限他們的生命行動，令他們工作時墨守成規，缺乏創意。

（圖95） 有限的老知識會制約創造力，要想創造新東西，就得先拋棄舊東西。

（圖95）這種人多數是領導者或創造者，最有成就，對社會貢獻也最大。

我相信應該沒有例外，至少在心意上所有的父母都喜歡兒女接受「創新型」的學習模式。如果是如此，那我們就得冷靜的檢視現今的教育。現代多數父母為兒女所安排的一切教育，不過是把孩子變成「字典」或者「鸚鵡」而已。

台灣為什麼沒有諾貝爾獎得主？

可能的原因只有二種；第一種原因是台灣的學生很笨，不會學習；另一種原因是台灣的教育很笨，不會教學生。請猜想原因是哪一種？（圖96）

此外，台灣為什麼只能發展為代工島？而企業平均淨利無法超越兩位數百分比？然而蘋果電腦公司或ＨＰ公司卻可以創造近四成左右的利潤？

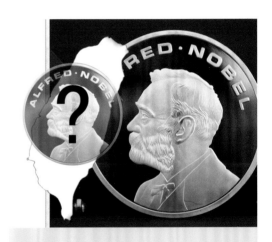

（圖96）台灣為什麼沒有諾貝爾獎得主？可能的原因只有二種；第一種原因是台灣的學生很笨，不會學習；另一種原因是台灣的教育很笨，不會教學生。請猜想原因是哪一種？

錯誤的知識對生命有多少影響呢？

知識就是力量？

培根曾說過：「知識就是力量」。這句話對嗎？

在人生旅程中，我們總感覺到心慌，希望掌握一些東西來穩定我們不安的心靈；思想衍生的知識一直扮演令我們安心的浮木。在這個信念下，我們一直忙著從學校、書籍、科學家與專家拼命吸收知識，相信知識可以讓生命更好。對此點，蘇格拉底與愛因斯坦的想法能與你的不同，他們都對知識存在保留的態度。

著名理論物理學家阿爾伯特·愛因斯坦（Albert Einstein）不認同這個說法，他批評「知識只是人到十八歲為止所累積的各種偏見。」蘇格拉底（Socrates，前469年－前399年）對知識也有類似愛因斯坦的看法；他認為自己比其他人知道得多的地方，就是：「他知道他的無知；而其他人一無所知，卻自以為無所不知。」
（圖97）

我並沒有否定知識，部分的應用知識是好的。人們需要仰賴技巧性的知識生存，像是操作電腦、蓋房子、開車或炒出好菜等等。但撇開維持生活需要的知識不談，對於心靈面來說，多數的知識並沒有帶來什麼好事。

（圖97）蘇格拉底認為自己比其他人知道得多的地方，就是他知道他的無知；而其他人一無所知，卻自以為無所不知。

包括科學知識在內，許多知識是錯誤的。錯誤的知識會促成錯誤的運用，而錯誤的運用可導致錯誤的生命內容。如果學習的烹飪知識錯誤，那沒有什麼大礙，它只是造成菜做的不好；但如果與心靈有關的知識錯誤，那對心靈的傷害就可能並非小事。

對這一點，我想與各位檢討一下。

歷史中多數科學主流典範一直被推翻

很少人會去研究科學歷史。如果你去研究它，你會驚奇的發現，歷史中多數科學的主流典範一直被推翻，極少恆存。

最早亞里斯多德（Aristotēlēs，公元前384年－公元前322年）提倡地心論，他相信地球靜止於宇宙中央，眾星環繞。（圖98）但隨後尼古拉·哥白尼（Nicolaus Copernicus，1473年－1543年）的日心論，重新定位了地球與宇宙，將亞氏的地心論推下舞臺。

地心論在被否定前，已被人們相信了一千多年。它雖助長了神學的發展，但對人類

（圖98）最早亞里斯多德提倡地心論，他相信地球靜止於宇宙中央，眾星環繞。

仍無傷大雅，人們最多只是把它當做是飯後的聊天話題。

約四百年前，艾薩克・牛頓（Isaac Newton，1643年－1727年）發展出被供奉為經典的「萬有引力定律」。在該定律在被牛頓發現後的幾百年中，人們絲毫不懷疑牛頓的發現。爾後，愛因斯坦的相對論打破了這個聖像。他從光子移動現象找到了萬有引力定律的反例，證明了萬有引力定律的錯誤。根據愛因斯坦的廣義相對論，引力並不是力。（圖99）

面對上述這些科學歷史上不斷被推翻的謬思，讀者會如何想？這些謬思對人們會沒有影響嗎？

宇宙像是一個上了發條的鐘？

如果你認真的研究科學史與社會變遷，你會發現到牛頓無心插柳柳成蔭，他的物理發現嚴重的擊潰了傳統宗教的防禦線，助長了無神論的氣焰。

（圖99）愛因斯坦從光子移動現象，找到了萬有引力定律的反例，證明了萬有引力定律的錯誤。根據愛因斯坦的廣義相對論，引力並不是力。

最近數百年來，科學家們基於牛頓的發現，信心滿滿的宣稱：「宇宙的運作與演變可以用數理公式完美的推算解讀，它像是一個上了發條的鐘，這個鐘有能力自行運轉。」（圖100）這個信念等同宣佈：「宇宙的運作不再需要造世主參與其間。」

在「宇宙機械論」的逼壓下，擁神論者既無法抗衡它對神的質疑，但又不願意放棄「神在論」，他們只好技巧的迂迴轉進，改口說：「造世主不是不在，祂只是默默的躲在宇宙後面，一言不發，一事不做。」

但這個立場顯然矛盾。

依邏輯，如果你相信「宇宙機械論」，你就得否定神的存在，你相信神的存在，你就得否定「宇宙機械論」，這是二選一的考題，沒有灰色空間，你不能二者皆選。（圖101）

知識是思想創造的，思想下的科學知識對人們沒有影響嗎？披上科學外衣的「宇宙機械論」讓許多現代人理所當然的否定了神的存在。

不管神存在與否，「無神論」對人類心靈的影響是沈重的；在沒有神的社會裡，由於人們缺乏信仰下良善的引導，人類一切的生命行動會變成是物質導向的。

（圖100）科學家們基於牛頓的發現，信心滿滿的宣稱：「宇宙的運作與演變可以用數理公式完美的推算解讀，它像是一個上了發條的鐘，這個鐘有能力自行運轉。」

（圖101）依邏輯，如果你相信「宇宙機械論」，你就得否定神的存在，你相信神的存在，你就得否定「宇宙機械論」，這是二選一的考題，沒有灰色空間，你不能二者皆選。

當社會沈溺在「競爭導向」的利己哲學下，它將會變成無愛的冰冷世界。冰冷世界中會找到幸福嗎？難怪尼采會哀怨的自語：「上帝已死」。

宇宙機械論是真相嗎？

> 宇宙中唯有兩件事物是無限的：那就是宇宙的大小與人的愚蠢，而宇宙的大小我卻不能肯定。
>
> 阿爾伯特·愛因斯坦
> （Albert Einstein,
> 1879年－1955年）

宇宙機械論是真相嗎？這個問題往後再經過千年，都無法辯個水落石出。我們不會傻到在此刻辯駁「真相是什麼？」但我想採用「不知論」，謙卑的告訴讀者：「人類依現存的知識對宇宙的了解，絕不會超過蘇格拉底對真相的理解。」

我們的地球身處在太陽系之中，科學家的足跡至今仍無法超過太陽系。太陽系所屬的銀河系包含幾千億個星球，而宇宙卻又包含了多達幾仟億個類似銀河系的星系；宇宙何其之大。人們自承，目前科學能觀察到的可見宇宙，僅佔總宇宙的４％而已，宇宙物理學家仍無法確定剩餘96%無法觀察的宇宙暗物質是什麼？

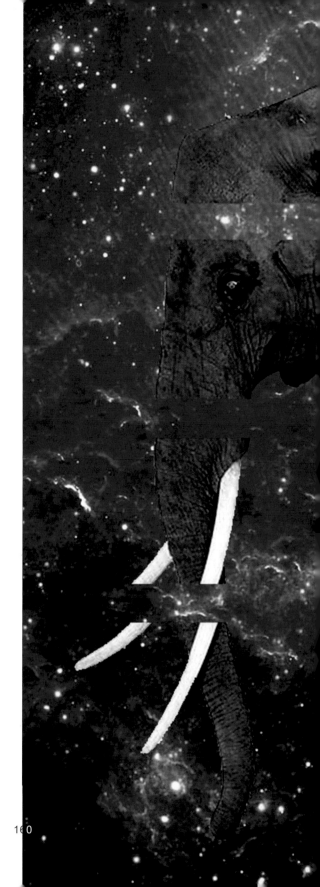

此外，許多宇宙重大議題仍然未解；例如，什麼是生成宇宙大爆炸前的「奇異點」？什麼因素促發奇異點大爆炸？這個自發性的智慧宇宙是如何生成的呢？

我們對宇宙的瞭解其實不多。

面對未知宇宙，科學家喜愛使用顯微鏡與解剖刀，將物體與現象用分解手段，切分成極小的區塊，去微觀找真相。當科學放棄遠距宏觀，而只能近距微觀時，他們能夠把手上打碎的殘缺碎片，拼湊出宇宙真相嗎？

想像科學家面對的宇宙真相是頭巨象。當科學家手中僅握有極少的大象拼圖碎片時，不足的碎片與太多的猜測能夠拼出大象嗎？（圖102）

也許在千年後真相會出現。但在真相出現前，手持麥克風的科學家將會是唯一能發言的真相代言人。無法提示證據的宗教如何能對抗證據導向的科學呢？

美國著名的連續劇「CSI犯罪現場」一直深獲好評；每一集總能夠智慧的抽絲剝繭，在極微薄的証據下推論出犯罪實相。科學找尋真理的推論過程與犯罪案中找尋真兇的過程極為相似，兩者同時由手上的片面資訊去還原真相。但「CSI犯罪現場」中的完美推論境界在科學世界裡並不存在。（圖103）

（圖 102）想像科學家面對的宇宙真相是頭巨象。當科學家手中僅握有極少的大象拼圖碎片時，不足的碎片與太多的猜測能夠拼出大象嗎？

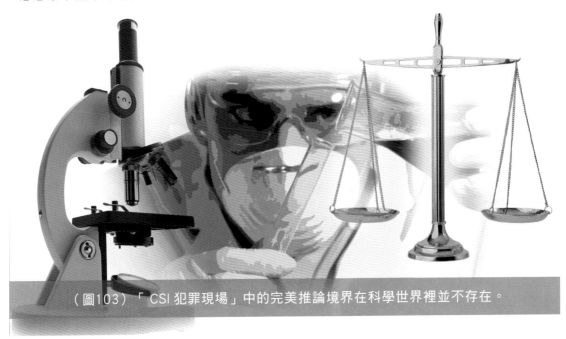

（圖103）「CSI 犯罪現場」中的完美推論境界在科學世界裡並不存在。

科學知識99%都是由假設構成的。科學習慣於串聯假設，疊起一個假設天梯去尋找真相，這是一個危險的野心。（圖104）如果科學家依戀既存的典範，用盡心思手段去將研究導往心中既存的結論時，他將會不知覺的促使科學變成了另類的宗教。

科學本身不會過度猜測，猜測是科學家的心態。

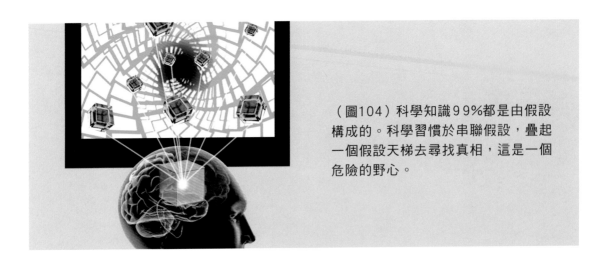

（圖104）科學知識99%都是由假設構成的。科學習慣於串聯假設，疊起一個假設天梯去尋找真相，這是一個危險的野心。

科學家在地球三維空間用五官意識覺知的實相，仍遠不足以解讀超越三維空間外的更大實相。科學最多像是魚缸中的金魚，透過扭曲視覺的魚缸解讀魚缸外的世界而已。人類感知的有限實相與宇宙真理無關。（圖105）

我們對科學能達到的成就，不要存幻想，要保持客觀。

馬克思‧普郎克

（Max Karl Ernst Ludwig Planck, 1858年－1947年）

有人說，如果你想要說一句可被接受的謊言，必須先說九十九句真話。但科學卻得天獨厚，有言論豁免權；套句馬克吐溫（Mark Twain ,1835年－1910年）說過的一句妙語：

「科學有一個很迷人的現象；對真相做一點點投資，可以得到一大缸的猜測。」

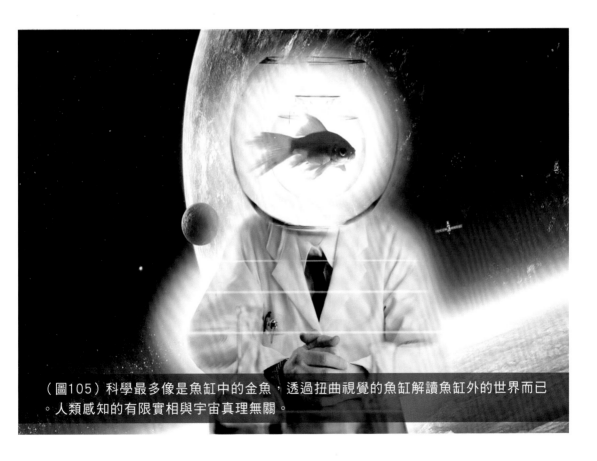

（圖105）科學最多像是魚缸中的金魚，透過扭曲視覺的魚缸解讀魚缸外的世界而已。人類感知的有限實相與宇宙真理無關。

愛因斯坦（ Albert Einstein，1879年 － 1955年）也曾評註現代科學：「我在漫長一生中學會一件事，相較於真實的狀況，所有的科學研究都顯得十分原始和小兒科。」（圖106）

科學如果未來想要創新，想要更接近真理，就必須忘記框限的既往知識與方法，用無約束的自由思考，或無限的直觀想像去搜索未知。對此點，愛因斯坦、貝多芬、甚至於伽俐略，都會願意舉手贊成。

牛頓生前雖未能覺知萬有引力定律的錯誤，但他曾謙虛的自述生命哲學：「我不知道世人如何看我，但對我自己而言，我就像個在海邊嬉戲遊玩的小頑童，為偶而發現的小石頭或美麗的貝殼而感到歡喜，然而，我對我眼前偉大的真理海洋，仍一無所知。」（圖107）

（圖106）愛斯坦評註現代科學：「我在漫長一生中學會一件事，相較於真實的狀，所有的科學研究都顯得十分原始和小兒科。」

（圖107）牛頓謙虛的自述生命哲學：「我不知道世人如何看我，但對我自己而言我就像個在海邊嬉戲遊玩的小頑童，為偶而發現的小石頭或美麗的貝殼而感到歡喜，然而，我對我眼前偉大的真理海洋，仍一無所知。」

進化論對心靈有少影響呢？

其實對人類心靈衝擊最大的知識，不是太空物理科學的「宇宙機械論」，而是達爾文的「進化論」。（圖108）

達爾文相信人與野獸來自於共同的祖先。它對社會百年來的影響早已歷歷在目。現今美國的教科書都選用進化論去解讀生命起源，而且近年來，教會人口不斷流失。

如果達爾文的進化論為真，人不是神創造的，而只是野獸演化而來的，那身為野獸的人內在擁有獸性就是正常的，而仁慈反而違反人性。如果人的確是野獸，那野獸天性的「殺戮和競爭」就會自由而無制約的漫延到人類社會。那麼，你願意忍受無愛的殺戮世界嗎？

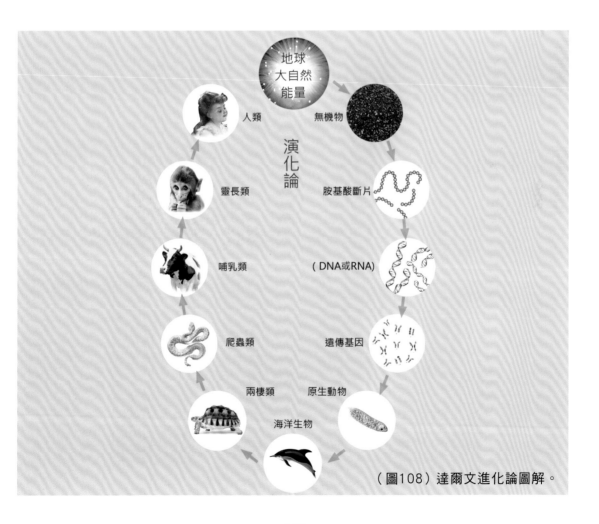

（圖108）達爾文進化論圖解。

現代人熱愛科學，祈求科學知識帶來的安全感，認定它能改善生活品質，並提供真理，所以人們不斷的吸收科學知識，但極少人會深究科學的本質與價值。

德國醫學家暨哲學家艾伯特·史懷哲（Albert Schweitzer，1875年－1965年）指出科學內部隱藏了人性膨脹的驕傲與迷失；他曾說過：「人類如真正了解科學是怎麼一回事，科學便能讓人類認知到自己的限制，進而根除驕傲的惡習。」（圖109）

思想創造的醫療知識對人們有什麼影響？

✐ 你相信醫療知識嗎？

談了上述許多「思想」與「思想創造的知識」謬思，請猜想醫療知識可以倖免嗎？

與古代人相比，現代人更期待健康長壽，更饑渴的吸收醫學知識。要觀察這個現象，只要從書店暢銷書架上有多少與健康相關的書籍就知道了。

現在社會上許多人都握著一大堆的健康知識；這些知識有些來自於科學研究，有些是個案報導，有些則純粹是個人主觀經驗。但多數人不管來源是什麼，只要包裝精美，像是迷人的日本伴手禮盒，就會收歸己有，愛不釋手。最終，這些健康熱愛者手上握著琳瑯滿目的健康知識。

當你閱讀醫學知識時，如果心態上可有可無，僅像是欣賞文學作品或是旅遊摘要，那就無可厚非；但當你在恐懼心的驅使下過度關切健康時，你內在的恐懼不但會強迫你變成「醫療知識收藏家」，而且會令你對它們都信以為真，並且忠誠不二的應

（圖109）人類如真正了解科學是怎麼一回事，科學便能讓人類認知到自己的限制，進而根除驕傲的惡習。

用在生活中。

熱愛健康是好的心智，遵循健康知識也是應當的。但當焦慮的心態促使你胡亂吸收醫學知識時，它就可能讓你自陷窘境。錯誤的醫學知識不但可扭曲你的生活，甚至於會造成對身心靈的傷害。

如您在此刻仍半信半疑的話，那不妨看看下方美國哈佛大學對健康知識的統計研究。

> 美國哈佛大學的統計分析專家曾自十一種世界知名的醫療專業期刊中，隨機取樣一百四十九篇醫學研究報告，並以嚴密的專業態度檢視報告。該研究的結論令人驚愕，這些專業論文中僅有28篇報告（20%）的結論可被接納，剩餘的121篇報告其中或有缺失，或者完全無法採用。

下面將舉些例子來說明這個發現。

✏ 醫療知識都是好的嗎？

長時間以來，人們理所當然的認定：「高油脂食物容易製造心臟血管疾病」。為此，人們一直對高油脂食物心生恐懼，也盡一切努力避開它。

美國在數年前，政府出資四億一千萬美金敦請知名的研究機構，研究高油脂食物是否是造成心臟血管疾病的成因。這個嚴謹費時的前向追蹤研究驚奇的發現：「高油脂食物並未被證明會引發任何心臟血管疾病。」

有聽到跌落眼鏡的聲音嗎？

許多年來，人們一直相信維他命 E 是一種對身體有益的抗氧化劑，專家建議每天至少要攝取「400 IU的維他命 E」維持健康。攝取不足會引發溶血性貧血、腸胃不適、肌肉衰弱等疾病。但最近一些研究卻指出，維他命 E 並未對食道、胃，肝臟等內臟腫瘤有防護效果。相反的，維他命 E 會增加死亡率。

客觀嗎？事實上，它的背後經常隱藏著人們主觀經驗下的人性偏見。如果上述的前向追蹤研究屬實，那人們多年來面對一切油脂食物或維他命 E 所承擔的擔憂，對身心靈沒有造成些許影響嗎？

您是否記得曾榮獲奧斯卡金像獎的電影飛越杜鵑窩（One Flew Over the Cuckoo's Nest）？

主角傑克 · 尼克遜（Jack Nicholson）在片中因為被強迫接受「前額葉切除術」而變成廢人。前額葉是掌管大腦的中樞，一旦被切除，患者的人格會被破壞。但發明「前額葉切除術」的莫尼茲（Egas Moniz，1874年－1955年）卻於一九四九年獲得諾貝爾獎。

科學家一直優雅的展示著他們主動「偵錯」自我科學發現的美德，這種專業美質絕對值得稱道；但人性上科學家身為創造科學知識的母親，他又如何忍心苛責自己的孩子？科學家偵錯的過程中隱藏了人性的弱點。

許多人喜歡喝咖啡，但卻又遲疑不敢喝，怕咖啡會造成一些人云亦云的生理問題。人們對咖啡的擔憂有幾成是真的？

我去年接到哈佛校友會的公共衛生期刊，期刊中載錄有關咖啡的最新研究報告，它指出：「咖啡對身體並無不好；此外，咖啡能夠幫助女性降低乳癌發生率」。

對身體健康來說，許多人相信瓶裝水或者自然的礦泉水比自來水好。有一天，我的健身教練一邊喝著瓶裝水，一邊告訴我這個醫學知識。我對他說：「如果你能夠查尋到任何一篇嚴謹客觀的科學研究，報導瓶裝水或者自然的礦泉水比自來水好，我願意輸給你一萬元」。第二次我見到他的時候，他告訴我他努力在網站與書籍中找尋相關資訊，但一無所獲。

大部分人面對醫療知識普遍的態度是看一個信一個，並立刻實用在生活中。

舉例來說。在幾年前，某個研究報導指出蕃薯對抗癌有所幫助。在那段時間，我的管家告訴我蔬果市場上蕃薯價格大漲，許多人買不到蕃薯。

面對醫療健康議題，如果你換一個態度，願意勤快的搜索某個議題的相關研究報告，你會驚奇的搜索到一大堆結論完全相反的資訊。它們之間的嚴重矛盾令你困惑，不知該採信那一邊才好？你也會開始質疑：科學不是表述真相的資優生嗎？

🖉 聽過「小豹子認母理論」嗎？

當小豹子剛出生的剎那，眼前呈現的標地物就是「母親」。（圖110）所以，當小豹子眼睛剛睜開時，看到的如果是野豬，它會一輩子認定母親是野豬，如果是猩猩，則母親是猩猩；就算是母豹抗議，小豹子也不會認母豹。小豹子相信自己腦海中的思維邏輯，牠絕不懷疑牠的決定。

再譬如說，當你出生在伊斯蘭教家庭，你會在臉上蒙著白紗，拒食豬肉，並敬讀可蘭經，膜拜阿拉。當你長大後也會將你的信仰傳播給下一代。

但想像一下，假設你並未投胎在回教家庭，而出生在道教家庭時，你將不會認同回教的一切，你會遵循「太上老君」的法理，努力煉氣引丹，找尋成仙之道。「道」形成了你堅信不移的真理。（圖111）

古人類學家克拉克（Geoffrey Clark）勇敢的承認：「我們從不同的研究結論中挑選符合我們的偏見和先存概念。這個過程是主觀的。」

（圖110）當小豹子剛出生的剎那，眼前呈現的標地物就是「母親」。

（圖111）假設你並未投胎在回教家庭，而出生在道教家庭時，你將不會認同回教的一切，你會遵循「太上老君」的法理，努力煉氣引丹，找尋成仙之道。「道」形成了你堅信不移的真理。

面對龐大醫療知識海洋，除非你本身具有充分與正確的醫療知識，能夠客觀嚴謹的檢視醫療資訊，否則僅憑藉主觀想像去接

納醫療知識，比不接觸醫療知識更糟。它不但有可能直接導至生理傷害，並且更嚴重的是，它會讓你無由的加重無法維持健康的恐懼。

我認識一位多年的朋友，某位中醫師告訴她說：「妳必須晚上十一點前入睡，遲睡會影響氣血循環，造成內臟受傷。」她恰好有失眠問題，當每次在床上輾轉難眠時，她都會在恐慌中計數那些內臟器官已經受傷了。不管她的中醫知識是否是真相，但她在失眠時承擔的負面情緒難道對她的身心沒有負面影響嗎？

思想下的知識無法幫助我們避苦得樂

如果不包括實際生活需要的應用知識，人類思想所創造的知識，難道沒有或多或少的創造我們生命的迷惑、災難或痛苦嗎？

如果你願意相信部分知識是有問題的，那我們該如何察覺到知識錯誤呢？大哉問題。一千頁的專業書都無法圓滿回答這個問題。

> 當我們面對生命議題時，基於方便的理由，我們會希望能夠有簡單的答案，幫助我們快速從麻煩中解套。但遺憾的是，認定問題有簡單答案的建言是個騙局，是個思想上的迷失，這正是我們一再受騙的原因。

極其諷刺的是：連塘中笨傻的草履蟲都知道行進中閃躲障礙物，嘗試新方向，然而我們僵直扭曲的思想，卻一直重覆錯誤，無法幫助我們避苦得樂。（圖112）為什麼一再被認定客觀、理智與邏輯的思想無法促成正向的生命行動？這個結論一直令人不解。要瞭解它，必須深入去分析它。

（圖112）極其諷刺的是：連塘中笨傻的草履蟲都知道行進中閃躲障礙物，嘗試新方向，然而我們僵直扭曲的思想，卻一直重覆錯誤，無法幫助我們避苦得樂。

思想無法導引生命行動

思想為人類創造了什麼心靈面的變動？

知識以功能區分成二種，一種是應用知識，另一種是心靈知識。

應用知識是必要的；我們仰賴它去面對生活各種需求；我們需要技術性知識去面對工作；像是設計建築、製作會計、醫療疾病等等；我們也需要基礎的生活知識去面對日常生活；像是操作電腦、開汽車或者炒菜等等。

心靈知識的重要性絕對超越應用知識；它幫助我們擁有健全的心靈，活在平靜喜悅的氛圍中，建立恰當的個性與道德觀念，促成互動良好的社會關係，引導我們生命豐盛美好。

自孔子（儒學創始人，前551年－前479年）以往，人們都極度重視心靈的健全與提昇；在孔子提倡儒學的二千五百年後，人們在心靈提昇方面交出的成績單如何？

人們從小就被教導心靈知識，這些教育來自於學校、父母、社會價值觀、心靈書籍與宗教等等。在這麼多方面的心靈教育下，我們可曾檢討心靈教育的成效？綜觀歷史，有感覺到任何靈性成長嗎？還是每況愈下？

人類特別喜愛戰爭。近三千年來，世界反覆重演戰爭五千次。近年來已發生兩次世界大戰，此外，零星戰爭在世界各處彼起彼落，像是伊朗戰爭、越戰、韓戰等等。戰爭帶來許多人類的死亡。

近年來，整個世界對立分裂的狀態不輸春秋戰國時代；這種分裂狀態波及了幾乎人類所有的層面；從國家、種族、膚色、團體組織、宗教、政治形態、經濟形態的對立分裂，到人與社會、甚至於人們也與自己嚴重對立分裂。

譬如說：

- 我們理當忠於他人，但是我們經常背叛他人
- 我們理當孝順父母，但是我們與父母對立
- 我們理當愛人，但是我們恨人多於愛人
- 我們理當要祝福他人，但是我們嫉妒他人
- 我們理當與別人和平共存，但是我們輕易的激起戰鬥

在現代，整個世界與個人均呈現病態的心靈衝突與分裂狀態。我們可曾自問：「為什麼我們會變得如此不堪？」

世界大同？

相信可以世界大同嗎？

世界一直都沒有大同過，但我們似乎也不太介意，因為感覺上世界離我們很遠。其實並沒有一個叫做「世界」的實體，世界就是我們，而我們就是世界。如果我們相信世界無法大同，不就等同相信自己無法解決心靈問題嗎？觀看歷史，人類在心靈成長上一直是個逃課的留校察看生。

在佛教中，地藏王菩薩是個救苦救難的大菩薩。祂立下誓言：「不救完地獄最後一個苦難的眾生，誓不立地成佛」，大哉願望。但看起來地藏王菩薩立地成佛的機會著實渺茫，因為祂剛在地獄救出一個有狀況的眾生，地球馬上再送入兩個。

思想下的知識無法促成生命行動

✏ 知識可以促成行為改變？

> 讀者有沒有發現一個有趣矛盾：許多生命經驗早已證明，知識無法促成生命行動。多數人認定「知識可以促成行為改變」的教育模式，是個錯誤模式。

舉例來說：

- 知識教導你刷牙是保護牙齒的唯一良方，但你卻刷牙草率
- 知識教導你必須控制食量，但你卻不斷的飲食失控
- 知識教導你憤怒不好，但你總是發怒

✏ 為什麼知識無法促成行為改變？

很多人一直不理解這個矛盾，但它是事實。為什麼呢？有兩個原因可以解釋。

其一：誤把現象當方法

以孔子提倡的儒家思想為例。

孔子提倡的儒家思想的確是安定社會的必要元素。但是請瞭解，他所提倡的這些心靈教條「忠、孝、仁、愛、信、義、和、平」，是美好的心靈屬性，但並非達成這些屬性的方法。這個原因解讀了為什麼孔子二千五百年前就提倡了這麼完美的心靈素質，然而人們全然無法學習，甚至於每況愈下。

現今的教育模式犯了一樣的錯誤。學校或父母一直誤把「現象」當「方法」，鼓勵孩子拼命背誦這些教條，然而背誦的知識不易促成行為的改變。

舉愛為例。我們都知道要去愛人。這個「愛」是方法？還是只是個「現象」？

不妨心裡選一個你最愛的人，思考一下你對她的愛是學習來的嗎？

父母都會愛著他們呱呱落地的嬰兒；請想像一下，當父母抱著這個陌生小孩時，他們會害怕不知道該怎麼愛他嗎？會為了學習愛孩子去參加課程嗎？

愛不是方法，它只是一個現象、一個存在、一種心靈自然湧現的心靈美質，所以愛無法被學習。（圖113）當很多人不知道愛不能被學習，拼命的去學習的時候，他們會失望、頹喪，因為他發現到他們怎麼學都學不會。

其二：思想下的理性無法執行知識

再以愛為例。為什麼人們學習「愛」會失敗呢？當一個不懂得愛人的人決定去學習去愛人時，他的學習模式如下：

步驟一：吸收知識
他會先搜尋並研究「給予愛」的相關知識。

步驟二：改變思想
他在知識的研讀中，發現「給愛」比「討愛」是更有價值的心靈素質。他的思想開始被這個新知識影響而改變了看法。

步驟三：建立信仰
當他的理性重覆研習這個信念，漸漸強烈到全然認同它時，他會在理性基礎下建立一個的信仰：「給予愛對生命是必然的」。

步驟四：改變態度
當「給予愛」的信仰建立後，這個信仰會說服他去改變既往「討愛」的態度。

步驟五：促成行動
當他「討愛」的心態轉變為「給與愛」的心態後，他開始積極的在生活應對的關係中去執行「給予愛」的行動。

這個由學習知識起步的模式，是絕大多數

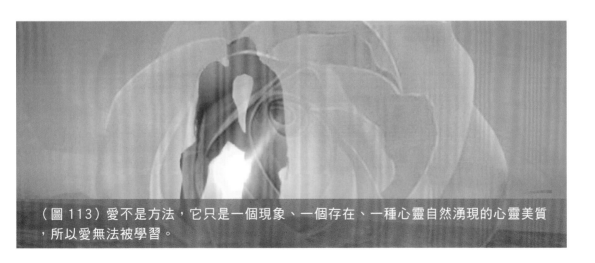

（圖113）愛不是方法，它只是一個現象、一個存在、一種心靈自然湧現的心靈美質，所以愛無法被學習。

的傳統教育系統使用的教育模式。（圖114）它看似理所當然，良好可行，但其實是經常失敗的教育模式。因為理性下認同的知識或信仰，無法引導出行為的改變。請回想既往的生命經驗是不是如此？

原因其實不難理解。

因為表層思想下的理性僅掌控生命約20%的行為。促成生命中80%行為的源頭，根本不是來自於理性，它來自於大腦更深層的潛意識；生命大部分的行為是由潛意識跳過理性掌控的。當理性認同一些想法，希望促成行為改變時，只要深層的潛意識說「不」，改變就無法發生。

潛意識全然沒有是非對錯觀念，所以它不會輕易接受理性傳輸給它的期望，它只依照它的內在信念（銘印）運作。潛意識認定是對的，它才會執行。它有它的想法，然而它的想法與理性的見解經常是格格不入的。

生命的角色上，理性貌似當朝的掌權重臣，但其實卻只是被冷落在後宮的宮妃。（圖115）理性所想要做的，多數都可能被潛意識否定掉。矛盾對立的理性與潛意識會促成人們「知而不行」，知道該去做，但卻無法執行。

這個心靈現象，解讀了為什麼表層思想下的理性所引動的正念或意志力，不一定能促成行為改變，因為多數的正念無法促成潛意識改變。

再舉憤怒的例子來說明。

有個人脾氣不好，想學習控制脾氣，因此他去參加了控制憤怒的課程。課程中老師

（圖114）傳統教育系統使用的教育模式。

176

講了二十個脾氣不好的缺點，並且教導他三十個控制脾氣的方法。他聽了以後完全被說服，決定要認真控制脾氣。為了強化他的企圖心，他還在書房案頭牆上貼了寫著「要永遠微笑」的宣誓紙片。

回去後一個月內，當別人令他生氣時，他雖然知道憤怒不好，但仍內在怒火中燒；因此他努力的一邊壓抑憤怒，一邊心裡默念著老師教導的憤怒控制教條。不斷壓制憤怒的結果呢？某一天當壓制到達臨界點時，被壓制的憤怒如猛虎出柵，程度比平常嚴重十倍。

憤怒的改善無法建立在理性的理解上，掌控脾氣的潛意識會自顧自的，該讓你發怒就讓你發怒，它根本不會理睬你的理性訴求。

什麼是真正成功的改變脾氣？

當面對衝突時，你心裡根本沒有任何情緒可言，你只是像呼吸般，自然且無條件的接受它。這個過程既然沒有情緒，就沒有控制的需要。

在生命中，每一個人都嘗試過努力的排除不喜歡的負面情緒、心念或行為，像是羨

（圖115）生命的角色上，理性貌似當朝的掌權重臣，但其實卻只是被冷落在後宮的宮妃。

慕、嫉妒、競爭心、暴力、貪念、貪食等等，但回想一下，你真的能夠擺脫那些不好的念頭，跟它們說再見嗎？多數最終都是破功的假改變。

大腦內煩心的雜訊也是如此。當你想要擱置某件煩心的事情時，你的大腦卻不斷的投射一堆悲觀或者擔憂的想法。這些想法既活躍又固執，讓你整天不得安寧，引起你的恐懼痛苦，令你無法入眠。

痛苦的回憶更是如此。大腦老是喜歡回味過往的痛苦回憶；明明回憶早就過去了，天知道為什麼它老是出現在你的腦中，讓

你反覆咀嚼過氣的回憶？（圖116）

例如說，許多年前別人罵你的事件早已消散了，但你的大腦卻經常像重播電影般，讓它重複的在腦海中再現，令你感到屈辱。明明幾年前淹沒你家的水災早已是過去式，然而你的內在卻不時重演這個水災，讓你經常感受到類似鐵達尼號沉船時劇中角色死前的恐懼。

思想也喜歡讓你掛心未來。明明身體健康，但卻總擔憂會生病；明明活的好好的，卻總是恐懼遙遠的死亡。過多對未來的擔憂，讓你對當下失焦，耗費了欣賞美麗人

（圖116）明明回憶早就過去了，天知道為什麼它老是出現在你的腦中，讓你反覆咀嚼過氣的回憶？

（圖117）過多對未來的擔憂，讓你對當下失焦，耗費了欣賞美麗人生的能量，讓你經常陷入無名的恐懼。

生的能量，讓你經常陷入無名的恐懼。
（圖117）

「意志力」只是思想的衍生物

當我們瞭解了思想的真正面貌時，我們對它又愛又恨；愛的是它會提供我們生存必須的行動指南，恨的是它會為我們創造各類負面情緒、習慣與行動。因此，我們會開始對自己說：「我要學習控制那些不好的念頭，保留住一些好的念頭。」

這個企圖心很好。但請自問一個問題：「當我想改造思想中負面的部分，我該使用什麼工具呢？」

多數人會說：「我知道，我用意志力去改造思想」。

請你暫時不要行動，再問自己一個問題：什麼是「我的意志力」？所謂「我的意志力」，仍是那個換湯不換藥，想要瘦身或控制憤怒所用的念力嗎？仍是那個看完暢銷書「祕密」而學得的意志力嗎？

如果答案是：「是呀！」那你想改造思想的企圖仍會失敗。

追根究底，對多數人來說，「意志力」還是思想的衍生物。用思想下的「意志力」去控制思想，是個跛腳的循環論證模式，它的運作仍在思想的範疇內打轉，不易達成目標。

經由上述討論，我們開始瞭解，如果我們想要透過控制思想，進而主宰生命，真正能夠有效的方法，不是任何在思想下衍生的方法，而是我們將討論的有關轉化潛意識的「非思想性方法。」

思想到底是什麼？

思想是如何產生的？

當你檢討思想為你促成的生命現象後，是不是開始對「思想」有了不一樣的認知？這個認知很好，它將帶動你在心靈提升的路上，前進了一大步。

往下，我們將討論思想的本質與運作模式。

第一個要瞭解的是思想的來源。

我們一直把思想的存在當作是理所當然的，很少人真正去探討思想是如何產生的？例如說，它是人們生下來就擁有的？還是它是外來的呢？

請回憶到剛出生時，你睜開眼睛看著這個世界的時候，你的思想存在嗎？在那個時候，你只能在無意識下，好奇的看著世界的一切，但你無法思考，因為你的大腦中，除了遺傳基因內存的一些基礎元素外，根本就沒有供你思想的任何資源。但隨著生命歷練增長，當外在的知識、經驗、回憶、哲學與信仰慢慢進入你的大腦後，這些的外來累加的一切，就創造了你的思想。（圖118）

（圖118）隨著生命歷練增長，當外在的知識、經驗、回憶、哲學與信仰慢慢進入你的大腦後，這些的外來累加的一切，就創造了你的思想。

如果你懷疑這一點，不妨內觀你的思想，你能找出任何思想部分是天生擁有的嗎？如果沒有，那你的思想就並非原創，而是外來的，它是你後天學習的資訊與累加的生命經驗堆積而成的。

「思想」會創造出一個「思想者」

當思想在大腦中被建立起來後，這個「思想」會自動的創造出一個「思想者」，因為思想必須依附在思想者才可能運作。這就好比在外星生物電影中，外星生物必須要依附在一個寄主內才可以生存。

當思想存在思想者的大腦裡時，這個思想就叫做「我」，在心理學中叫做「小我」（Ego）。

讓我們再複習一下這個「小我」的構架中包括些什麼：

- 學習到的知識
- 生命歷史中累積的經驗
- 生命歷史中累積的回憶與與相關情緒
- 學習到教條、人生觀與信仰
- 生命中所扮演的「角色」，像是教授、企業家、牛肉麵店老板

當思想者被思想創造出來後，思想者會感覺擁有「小我」像擁有重要的財產。擁有的心念會令思想者不由自主的去熱愛、保護、滋養與壯大「小我」。（圖119）

（圖119）當思想者被思想創造出來後，思想者會感覺擁有「小我」像擁有重要的財產。擁有的心念會令思想者不由自主的去熱愛、保護、滋養與壯大「小我」。

（圖120）當「小我」知道這個「思想者」愛它的時候，它會藉由這個優勢，變得像是一個驕縱討愛的內在嬰兒，要求「思想者」會為他做許多的事情。

當「小我」知道這個「思想者」愛它的時候，它會藉由這個優勢，變得像是一個驕縱討愛的內在嬰兒，要求「思想者」為他做許多的事情，（圖120）「思想者」對「小我」的要求完全無法拒絕。

「小我」會要求你做什麼？

思想所創造的「小我」會要求你做許多的事情，對於它的要求，你會毫不猶豫的接受。「小我」會要求你做些什麼？列舉如下。

「小我」喜歡你把它放在你生命的中間

「小我」喜歡你把它放在你生命的中間。當你同意把它放在中心位置時，你只好把別人放在旁邊。（圖121）這種現象對你

而言，稱之為「自我感覺良好」，在心理學叫做「自我中心」，在別人眼中叫做「自私」。

（圖121）「小我」喜歡你把它放在你生命的中間。當你同意把它放在中心位置時，你只好把別人放在旁邊。

「小我」為了要你彰顯它的重要性,不希望你過分關切別人。它要你講話時一定要由「我」開頭,像是「我認為、我相信、我要、或者我喜歡」。當別人講話的時候,它希望你隨時打斷別人的談話,因為它有許多的話要說。

「小我」喜歡金錢物質

「小我」喜歡金錢物質。因為財富會帶給它生命享受、安全、讓它感覺高人一等,讓它能獲得別人的尊重。

為了讓你去賺取更多的錢,「小我」不惜叫你犧牲健康與青春。為了怕你怠惰,不願意執行這個指令,它會不管你同意與否,不斷的輸送「賺錢指令」到你的大腦中,讓你無法停止賺錢;就算賺夠一輩子花了,它都不會讓你去停止。(圖122)

「小我」喜歡「角色」

在我們很小很小的時候,腦袋裡的東西不多,我們誰都不是,我們既不是醫師,也不是科學家,心中充滿了無限的自由。

但漸漸的,自從生命經驗、學校教育、文化、專家建言等訊息塞入我們的腦袋後,

快樂嗎? 快樂嗎?

(圖122)「小我」會不管你同意與否,不斷的輸送「賺錢指令」到你的大腦中,讓你無法停止賺錢;就算賺到夠一輩子花了,它都不會讓你去停止。

（圖123）「小我」會要求你不計一切的去找尋一個高高在上的「角色」，因為「小我」喜歡權利地位帶給它的尊貴。

這些訊息構成了一個「小我」。「小我」會要求你不計一切的去找尋一個高高在上的「角色」，因為「小我」喜歡權利地位帶給它的尊貴。（圖123）

當你認同這個經驗回憶所滋養的「小我」時，「小我」會扮演當權弄臣，積極的將你變成電影演員或是某種角色，讓你真的相信你就是律師、醫師、政治家、俊男美女或者教授等等。

它的做法既簡單，又有效。

在你小的時候，它會在你的潛意識中插入一個「角色晶片」，讓你相信你天生就是某一種角色；他讓你相信你扮演的「角色」不只是你的工作而已，它就是「你」。在晶片掌控下，你變成它的奴隸，你得用一輩子去捍衛那個角色。最終，真正的你就自然而然的消失了。你失去了去經驗自己真正想過的生命。

不妨想一下，當有人叫你教授，你真的就是教授嗎？還是你知道你並不是教授，那只是一個頭銜。但為了要捍衛教授的角色，你得每天辛苦模仿教授的樣子，穿的像教授、走路、講話像教授。生氣的時候，你心裡想說「XXX」，但是基於捍衛角色的忠誠立場，你反而會說：「謝謝你」。

角色文化在現代社會紮根極深。我曾經參加過某個國家的醫學會，會中幾乎所有的醫師都千篇一律的，穿著藍色或灰色的西裝，並用著相似的肢體語言會談。

日本是個舉世公認的守禮國家，國民的職場禮儀世界排序第一。但也驚奇他們下班後在地鐵車廂中僵直無笑的疲倦表情。可曾聽說過日本男性下班回家後做的第一件事是什麼？是快速粗暴的拔下領帶。日本

自殺率曾經在世界排名第一，這個統計數字與角色文化有關嗎？

美國曾做過美國醫師自殺率的社會統計學研究。研究指出，自殺率最高的是小兒牙科醫師。該研究提出的假設是：小兒牙科醫師的角色，極其不易執行，既生氣孩子們的不配合，又要假裝和藹喜悅的說：「你很乖」。當「外在扮演的角色」與「內在深層的自性」相互矛盾時，長年矛盾的壓力極容易促成心靈上的壓力與痛苦。

這是一個「小我」至上的時代，似乎擁有了「角色」才能安身立命。父母給你取的名字不重要，重要的是名片上要清楚載明「你是誰」。

清楚的「角色宣言」會讓你享受別人稱呼你「張將軍」、「李教授」或者是「王院長」。就算是你內在曾掙扎嘶喊，想拒絕角色主導的生命，但當「角色」正式在你的意識中誕生後，「真正的你」就仍得在隨波逐流中宣告終結。

讓我們模擬一個場景。

如果在真實的世界裡你改變了角色，你不再是個教授，而是個麵攤老板改賣牛肉麵時，結果如何呢？

當你不能再發送印上教授的名片，當別人不再叫你是教授時，你能夠坦然接受改賣牛肉麵的事實嗎？還是你仍打算擺個教授的樣子呢？（圖124）

（圖124）當你不能再發送印上教授的名片，當別人不再叫你是教授時，你能夠坦然接受改賣牛肉麵的事實嗎？還是你仍打算擺個教授的樣子呢？

不管你的生命如何發展，接受「角色就是我」的代價就是痛苦。原因很簡單，因為你既不是教授，也不是賣牛肉麵的；爭取、維護或強化一個「不是你的你」，原本就是個艱難困苦的工作。

到底你希望還是不希望變作是個變形蟲？

如果你執意堅持角色，最終你將會被小我擁有、控制與奴役，你得自動投入了小我牢籠，終生不再自由，（圖 125）你將不得不接受角色下所擁有的各類角色情緒，像是憤恨、牢騷、痛苦、焦慮、優越感或者是自卑感，而終生無法解脫。你同意這個必然結果嗎？

我們非得同意「小我」在心智中貼上角色標籤嗎？我們難道不能盡情自由的去做該做的一切，說該說的一切，而不必傻傻僵持的為虛幻的標籤賣力嗎？

「小我」需要愛

「小我」需要愛，因為愛能夠滋養它，讓它壯大。它讓你變成了一個「討愛的乞丐」，唆使你向周邊的一切關係努力討愛，它不介意你在討愛的過程中造成的衝突。

「小我」會鼓勵你只能愛它。因為當你去愛別人的時候，你將會不再注意它的存在，甚至於你會去放棄它，這對它是個災難

（圖 125）如果你執意堅持角色，最終你將會被小我擁有、控制與奴役，你得自動投入了小我牢籠，終生不再自由。

，因為它就得自動消失了。所以，當你想要愛別人的時候，它會在你的心裡投下否定票，對你說「No」，命令你不要愛別人，只能愛它。

「小我」喜愛「情緒」

「小我」最喜愛的就是「情緒」；例如像是快樂、痛苦、恐懼、擔憂、嫉妒或寂寞等等。「小我」像幼小的樹苗，時時需要各種情緒養分滋養，讓它存在與壯大。（圖126）

小我是如此的依戀情緒。當你的情緒不足時，它會擔心它成長過慢；當你沒有情緒時，它就得消失了。

但它並不害怕，因為它有方法讓你不斷的存在情緒。它的方法是趁你在幼年不注意的時候，在你真空的腦袋裡植入各類觸發情緒的情緒晶片。這些晶片可以不斷自動的、經常的輸送各類情緒到你的大腦中，讓你情緒不斷，你想拒絕它們都辦不到。

「小我」討厭當下

> 「小我」討厭當下，它與當下勢不兩立。當「當下」存在時，「小我」就無法存在。請回想一下，當你留在當下的時候，思想能存在嗎？所以，「小我」想盡辦法要你對當下失焦，離開當下。

（圖126）「小我」像幼小的樹苗，時時需要各種情緒養分滋養，讓它存在與壯大。

此外，小我喜愛將你的人生切割成過去、現在與未來，並在你的內在塞滿一堆「過氣的歷史」與「夢幻的未來」。它一直鼓勵你相信自己活在一個時間長軸上；站在長軸中心往後看，看到的是既往的生命歷史，往前看，看到的是未知的未來。小我會給你錯覺，促使你相信生命核心不是當下，而是過去與未來。（圖127）

為了要你對當下失焦，它會在你的潛意識裡面儲存你的生命故事，也會不斷的輸送它們到你的腦海中，讓你活在回憶中，並重複享受回憶中的種種情緒，讓你變成電影香草天空（Vanilla Sky）中的湯姆·克魯斯（Tom Cruise），讓你活在「香草天空」的夢幻世界裡。

我所看的電影中最能觸發我深層心靈波動的電影，不是第凡內早餐（Breakfast at Tiffany's）或第六感生死戀（Ghost），而是湯姆·克魯斯的「香草天空」（Vanilla Sky）。

電影中湯姆·克魯斯飾演一名花心有錢公子哥。被他拋棄的女朋友茱麗懷恨在心，駕車載著大衛衝下橋去，茱麗死了，他則重傷毀了容。車禍毀容後湯姆克魯斯痛苦到感覺活不下去，他到一家「美好夢境」公司，要求公司將他冰凍，並利用科技在他的思想中植入美好的夢境。冰凍後，他一直活在虛幻不實的夢境中，但他誤以為仍在人間，過著幸福美好的生活。當某天他醒來後，才知道這一切只是南柯一夢。

（圖127）小我會給你錯覺，促使你相信生命核心不是當下，而是過去與未來。

最終，他從高樓跳下結束生命。

電影中的湯姆‧克魯斯主動選擇活在虛幻不實的香草天空世界裡，但許多人卻是被「小我」強迫沉陷在早已消失的回憶中。

其實不難知道，過去只是思維念頭，只是心智上抽象虛幻的概念，它們並不存在。過去的早已消散了，剩下的是虛空的回憶而已。

但活在過去與未來的小我，會一直讓你對當下興趣缺缺。它會擔心你查覺真相而失掉你的寵愛，因此它會不停地鼓勵你去思想或回憶，它會尋找自我認同的糧食，去強化完整的自我。如果你徹底被「小我」

催眠，打算相信它的存在，縱容它讓你相信生命歷史的價值，那不管對錯，你都會持續耗用你珍貴的當下，去咀嚼那些無存在意義的回憶所帶給你的痛苦焦慮。

難道人們真的希望活在「香草天空」的回憶世界裡嗎？回憶的世界裡怎麼會有真實的生命呢？（圖128）只有活在當下才能真正的經驗生命。但我們有多少的生命時間留在當下？有多少的生命時間活在香草天空中？

「小我」讓你離開當下的另外一個法寶，就是讓你活在未來，讓你相信活在未來比

（圖128）難道人們真的希望活在「香草天空」的回憶世界裡嗎？回憶的世界裡怎麼會有真實的生命呢？

（圖129）「小我」讓你離開當下的另外一個法寶，就是讓你活在未來，讓你相信活在未來比留在當下重要。只要你願意活在未來，你就無法留在當下。

留在當下重要。只要你願意活在未來，你就無法留在當下。（圖129）當你過度鍾愛未來時，你將消耗過多的能量去規劃無法預測的未來，讓當下的美果不斷的由指縫中溜走。

「小我」如何讓你相信你應該活在未來？它會輸送對當下生命不滿的痛苦情緒到你的腦海中，讓你否定當下的價值。在不滿中，它會鼓勵你不斷的去規劃未來，甚至於鼓勵你去厭惡本世的生命，要求你儘快進入死後的世界、天堂。如果你同意，你就被小我推入了另一個「香草天空」。

「小我」不喜歡死亡

最後，「小我」跟秦始皇一樣，不喜歡死亡。因為你一死亡，就會宣佈它也正式消失。

它為了確保它的永恆存在，在肉體方面，它會鼓勵你經常對著鏡子攬鏡自憐；當你看到變老，變醜了，它會批評你樣子難看，然後鼓勵你去臉部拉皮、隆鼻、打玻尿酸或瘦身，讓你設法保持青春永駐、身材美好。

在心理方面,它會鼓勵你去接受宗教或某些信仰,希望你能由信仰中去找到永恆的生命,讓你相信死亡並不存在。

生命的痛苦焦慮取決於你對心智小我認同

真正認識思想下的「小我」了嗎?開始有了新的想法了嗎?

> 生命的焦慮痛苦並非決定性的來自於外境,它取決於你對心智小我認同的程度。如果你能看清小我,承認「小我」是虛幻的心智,而並非「真實的我」時,你就擁有了脫離小我制約的機會。(圖130)

如果你願意放下小我對物質虛相的留戀,能夠不再注意回憶與未來,並願意尊重接納當下,那你幾乎可日日開心喜悅。

人們害怕放棄「小我」

但擁有知識、經驗或思想的人們反對切離小我。

因為當他們失去小我時,疑問就開始了。他們害怕如果小我不在,那他們到底又是誰?他們無法放棄為他們取得榮耀與快樂的小我,他們也會害怕喪失小我時會陷入恐懼,感受空洞或無價值。

放棄小我必須有高度的智慧與覺知力。就算是你想要跨越小我的心智模式,你仍將面對考驗,因為你除了學習放棄「小我」

(圖130)如果你能看清小我,承認「小我」是虛幻的心智,而並非「真實的我」時,你就擁有了脫離小我制約的機會。

舊寵外，你還得要去找到「當下」新歡。留在當下需要努力，用心智去放下「小我」將會遭遇到抵抗，因為心智是「小我」的打手。利用心智去除掉小我，反而等同強化小我。

那我如何才能超越小我呢？超越小我就得讓心靜止下來，寂靜的心會完全癱瘓小我的一切活動。（圖131）但問題是我的內在如何能寂靜呢？

思想者無法改造思想

思想者進行自省與批判

各位開始瞭解到思想下的「小我」帶給我們生命什麼了嗎？思想下的小我要求我們

所做的一切，多數都會為我們創造出許多痛苦（圖132）。如果我們同意這個論點，我們會想要積極的重新打造我們的思想。

（圖132）思想下的小我要求我們所做的一切，多數都會為我們創造出許多痛苦。

（圖131）超越小我就得讓心靜止下來。寂靜的心會完全癱瘓小我的一切活動。

對於這個企圖，知道很容易，但做到比較難，為什麼呢？

> 對這一點，我們在前面提到過。我們會遭遇到一個不易克服的困難，當你（思想者）想要改造你的思想時，你唯一會使用的工具仍然是思想。請記住，思想者根本就是思想創造的，思想與思想者兩者看似分開，但實則二而為一，根本是同卵雙胞胎，所以思想者無法改造思想。這說明了為什麼我們經常努力想改變自己的思想卻辦不到。相信讀者都曾經驗過。

許多人在面對自己做了一些壞事的時候，內在思想的理性部分會告訴思想者錯了，理性的控訴帶來了痛苦。（圖133）

思想者慣用的解苦方法是自設一個「心靈審判法庭」。在法庭中，思想者會進行自省與批判，在批判下懺悔、認罪、並會自我同意改善。

誰來主持心靈審判法庭呢？

那誰來主持心靈審判法庭呢？當然不能是思想者；「思想」這時候想到了方法；它會由自己再切割出另外三個角色，一個角色是「觀察員」，觀察自己做了什麼壞事，一個角色是「審判長」，審判如何自我處罰，另一個角色是「教育長」，教育自己如何改善行為。

為了強化這個審判庭，「思想」甚至於會請出耶穌基督或佛祖幫助審判，然後讓這個做盡壞事的「小我」屈膝在審判官與神的面前懺悔。

（圖133）許多人在面對自己做了一些壞事的時候，內在思想的理性部分會告訴思想者錯了，理性的控訴帶來了痛苦。

舉個例子來說。

某個人為了提昇心靈，加入了佛教，也願意接受佛教所有的戒律。

某天他犯了口戒，不小心出口罵人「XXX」。他出口後極度悔恨，也知道妨礙修行，所以回家後先在佛堂燒上三柱香，敦請菩薩主持「罪孽審判庭」。然後他先要求思想在大腦內請出觀察員，由觀察員提出對思想者今天罪孽的觀察報告；觀察員在報告中明確指出他罵人「XXX」絕對是傷人的口業，建議提交審判長審判。此時，思想在大腦內又請出了審判長執行判決。審判長鐵面無私，判定他罪不可赦，必須跪在菩薩面前懺悔，坦承錯誤，並裁決在近日放生法會中放生十斤活魚。審判長判決結束後，思想怕他重蹈覆轍，所以再次創造一個教育長，負責對他進行再教育。

自設法庭的效果極差

自設審判法庭的謙卑心意很好，但是效果極差，原因是什麼？

生命一切負面的情緒與行為都是「思想」觸動的。當思想犯錯後，它依附的「思想者」為了自我改善，會敦請思想持續創造「觀察員」、「審判長」與「教育長」來觀察、審判與教育。

其實根本就沒有獨立的「思想者」、「觀察員」、「審判長」或「教育長」，它們同樣都是「思想」衍生的產品。（圖134）這有點像大陸的「變臉」特技，同一個人可以變出十多種不一樣的臉。

> 如果「思想」有問題，你可以另尋他法去改造「思想」，但不能讓「有問題的思想」去解決「思想的問題」，這是許多人犯的錯誤。

（圖134）其實根本就沒有獨立的「思想者」、「觀察員」、「審判長」或「教育長」，它們同樣都是「思想」衍生的產品。

如果此刻你能理解思想真正的本質與運作機制，那您在心靈轉化的路途上已成功的走了一半。

如何有效的改善思想？

如果想要有效的改造思想，請思考下列模式。

步驟一：理解痛苦源自於思想

你必須開始瞭解，幾乎所有不同形態的痛苦都源自於思想，思想是痛苦的創造者。在這個理解下，面對痛苦的解決模式變得明朗，那就是放棄不必要的的思想；當這些無用的思想消失時，大腦對痛苦的解說與運作即會停止，則我們自然沒有痛苦。

步驟二：理解「思想」無法觀察痛苦成因

我們必須理解，利用「創造痛苦的思想」去找尋「創造痛苦的原因」是無效的，自家人看不到自家人的問題。請放棄這個早已被理解的錯誤模式。

步驟三：理解在思想下找尋的解決方案無法處理痛苦

思想者利用思想尋找擺脫痛苦的方案，大多對消解痛苦成效不佳，最多僅是暫時性的解決。

步驟四：理解思想不是實體，它只是大腦神經系統下的某種生化反應

許多人主觀上會不自主認定：「大腦內思想下的痛苦是實體」，這是虛幻的錯覺。

我們知道放在保險箱裡的珠寶是實體，存摺記載的儲蓄金額是實體，但思想是實體嗎？它不是實體，它只是大腦神經系統下的某種生化反應而已。請試想，痛苦憂傷到底是實體？還是只是思想下的一種感受？（圖135）

（圖135）請試想，痛苦憂傷到底是實體？還是只是思想下的一種感受？

讓我們做一個有趣的檸檬冥想實驗。

在此刻，請讀者冥想正將一個檸檬片放入口內。雖然檸檬根本不存在，但在檸檬冥想下，你是否感覺好像真的有檸檬汁在口內？也發現嘴裡會開始分泌唾液？

人對痛苦的感受何嘗不是如此，它不過是思想促成的某種虛幻的神經生化反應而已，它決非實體，它只是思想運作下如同假檸檬般的虛相。如果你開始瞭解痛苦的虛幻本質，那痛苦就有可能被解決。

腦海中一切的相，不管感受如何，皆是虛妄的空相。放下思想時，空相自明。

步驟五：理解思想可被移除

如果你堅持思想是你的本性，是無法被改變或移除的，那你就得讓無解的痛苦充斥在你的生命中。你必須知道思想是外來的，而非本性。當你知道思想是外來的時候，你將擁有改造它或拋棄它的可能性。

因為我信，所以我得。

步驟六：理解改變思想的模式不是局部修補，而是全體置換

一般人企圖改造思想時，大多著重在局部的修補，那裡有問題就去修補那邊，試圖一次解決一個問題。然而這種局部修補不但廢時失事，而且效果不佳。人們所感受的內在痛苦看似種類繁多，屬性不同，而且各類痛苦間表面上看似無關，但其實都互呈網狀般交聯影響。不同種類的痛苦，其實可能源自於同一個內在源頭的機制。例如說，「怕高的擔憂」、「怕事業無成的缺乏自信」、「害怕生病的痛苦」與「面對死亡的恐懼」之間，難道無關嗎？

面對複雜交聯的「思想障礙」，不要繁瑣的一對一，見洞補洞，要化繁為簡，將眾多紛亂的痛苦視為合一的整體現象，然後設法將整個舊思想同步置換，而不是修東補西。

若想要改造思想，最有效的路徑只有一種，那就是要跳過思想，直接從非思想層次的潛意識著手。（圖136）只要找到方法能夠直接去面對與轉化潛意識內創造痛苦的機制與信念，就可促成不同形態的痛苦同步消失。

「潛意識對話DIY」、「靜心」與「當下的覺知」都是可以轉化潛意識的工具。

（圖136）若想要改造思想，最有效的路徑只有一種，那就是要跳過思想，直接從非思想層次的潛意識著手。

｜恐懼創造痛苦｜

恐懼如同充滿傷疤的臉
轉過臉不看就能停止思念恐懼嗎？

恐懼創造痛苦

找不到恐懼的源頭

影響生命品質最大的元素之一就是恐懼。

人們厭惡恐懼，因為它會抵銷快樂的感受，並帶來痛苦。想像一下，沒有恐懼的生命將多麼的美好，每個分秒下流動的生活經驗，都會充滿了無拘無束的歡喜與自由。

許多人面對恐懼時，會去找尋恐懼的原因排除恐懼，但多數人經常找不到。

例如：

- 明明伴侶深愛著你，但總是擔心伴侶背叛
- 明明工作能力很好，但面對工作時總是感覺自己不行
- 明明身體健康，但每當聽到別人生病時，就擔心相同的疾病也會發生在你身上
- 明明親友很多，相處也很好，但每當晚間獨處時，就感覺到深層的寂寞
- 明明站的離開懸崖邊很遠，但總是害怕摔下去

面對這些恐懼，你的理性告訴你不必恐懼，但恐懼不止。

人們「理性下的因果邏輯」不見得找的到恐懼的源頭；或者，就算是以為找到了恐懼的原因，但應因處理後仍無法消解恐懼。

面對恐懼，有些人會設法找尋一些方法去淡化恐懼。但多數人不管用什麼方法，總是效果不彰。有些人在飛機上恐懼空難，安慰可以幫助嗎？有些人晚上害怕惡鬼，找個朋友陪伴會消除恐懼嗎？

多數人在面對恐懼無解下，乾脆設法把恐懼深埋入心裡，假裝它們不在。但隨著年歲增長，恐懼狡猾的潛藏在心靈深處，反而愈堆愈多。也有人希望用時間淡化恐懼，但時間真的能淡化恐懼嗎？

恐懼在本質上全然無法被埋葬或遺忘；「假性的遺忘」不但無法控管恐懼，它反而會四散到人際關係或工作上。恐懼如同充滿傷疤的臉，轉過臉不看就能停止思念恐懼嗎？（圖137）

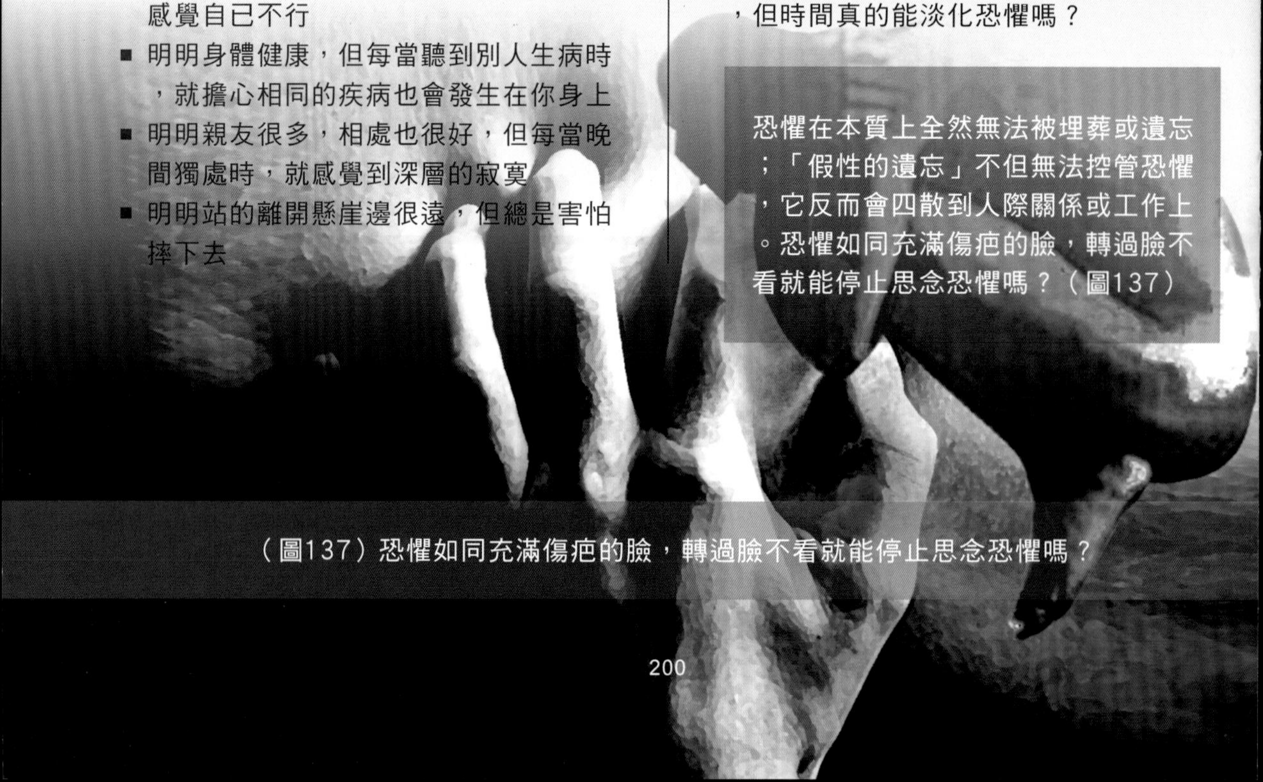

（圖137）恐懼如同充滿傷疤的臉，轉過臉不看就能停止思念恐懼嗎？

恐懼來自於心靈深層的潛意識

心靈內的恐懼有兩種形態；第一種是表層意識面的理性恐懼，第二種是深層潛意識內在信念引發的反射性恐懼。

當我們面對外來威脅時，意識的理性部分會客觀的分析該事件的威脅程度；這個機制所促成的威脅感受是客觀的。但多數情況下，理性分析無法掌控恐懼，因為恐懼的主控者是心靈深層的潛意識。當威脅存在時，潛意識會依循它內在既存信念（銘印）的特質，自動的跳過理性掌控，對你的大腦輸送恐懼訊息，讓你莫名的恐懼。

一般來說，潛意識促成的恐懼是「非客觀理智性」的。它的強度與外在威脅的客觀性無關，它全然依據潛意識的內在信念特質決定。

我們也許想嘗試探索深藏在潛意識內的恐懼源頭，但總是不得其門而入。這好比，想像恐懼是北極深海內的魚，而站在冰原上的北極熊嘗試用熊爪探入冰洞下的海水中混水摸魚，但牠不管怎麼摸索，仍全然無法捕捉到冰下的魚。（圖138）

（圖138）想像恐懼是北極深海內的魚，站在冰原上的北極熊嘗試用熊爪探入冰洞下的海水中混水摸魚，但牠不管怎麼摸索，仍全然無法捕捉到冰下的魚。

舉些例子來說明恐懼的特質與成因。

許多人覺得蟑螂恐怖噁心，一見到蟑螂就會尖叫奔逃。如果從理性邏輯去客觀分析，這一切誇張情緒似乎不近情理。

譬如說，蟑螂比你小多了，只要踏一腳就可踩扁蟑螂，讓牠汁液四散。到底是你該怕牠？還是牠該怕你？

如果說到蟑螂的骯髒，可以考慮在顯微鏡下觀察蟑螂身上的微生物；與蝦子相比，蟑螂身上的細菌並不見得比蝦子身上的細菌對人體更危險。各位有看過蟑螂比蝦子髒，或者吃蟑螂會生病的醫學報告嗎？真正談髒，讀者牙齒上牙菌斑內的細菌種類，可比蟑螂身上的細菌髒多了。人們可以三天不刷牙都不在意，但遠遠一見到蟑螂就會驚惶奔逃。

依生化學比較蝦子與蟑螂，它們都含有鈣質，碳水化合物與蛋白質，但人們對它們的觀感大大的不同。如果你在餐館吃飯，在菜中見到蟑螂時，你怎麼反應？你可能會很生氣，感到噁心，立刻請老闆出來投訴抱怨。但如果你在菜中見到蝦子，你怎麼反應？你會很開心，並謝謝老闆食料很紮實。

人們對蟑螂的理性分析全然無法解讀為什麼如此懼怕蟑螂。原因是人們對蟑螂誇大的恐懼與邏輯無關，它來自於潛意識內在銘印的掌控；如果潛意識中的銘印告訴你要怕蟑螂，你就要怕蟑螂；但如果潛意識中的銘印告訴你蟑螂很可愛，你就會喜歡蟑螂。

我有一個朋友，身材壯壯的，但見到蟑螂就會驚惶奔逃。真正的原因是他在很小的時候，某次關門聽到「叭」的一聲，發現門縫中壓死一隻汁液四溢的蟑螂。在壓死蟑螂的當下，他的潛意識感受到生命無常的恐懼，當場為他精心打造了一個與蟑螂聯結的「生命無常銘印」，並將這個銘印深植在他的潛意識中。

在他爾後的生命中，只要見到蟑螂，潛意識會立刻跳過他的理智，對他傳輸「生命無常」的恐懼訊息，讓他的內分泌系統快速分泌大量的副腎上腺賀爾蒙，促使他驚惶奔逃。

引動他對蟑螂恐懼的根源，不是蟑螂本身對他的客觀威脅，而是蟑螂觸發他潛意識中「生命無常的信念」。

有一個研究利用山羊的「條件反射」來研究觸發恐懼的原因。

這個實驗分為兩個階段。

在第一個實驗階段，實驗者對山羊給予兩種刺激；第一種刺激是鈴聲，當實驗者發出鈴聲後，隨後給予山羊食物。第二種刺激是閃光，當實驗者發出閃光後，隨後用鐵爪去爪山羊的背，讓它疼痛。經過一段時間的刺激，當山羊聽到鈴聲時，會呈現歡娛的姿態，當山羊見到閃光時，會呈現

驚恐焦慮。

在第二個實驗階段，實驗者仍然給予山羊同樣的兩種刺激，但改變了刺激後的獎懲模式。當實驗者發出鈴聲後，實驗者隨後並不一定給予山羊食物，實驗者會隨機選擇，有時給食物，有時換成用鐵爪去抓羊背。同樣的，當實驗者發出閃光訊息後，有時給予食物，但有時換用鐵爪。經過一段時間後，山羊對鈴聲或閃光都會呈現焦慮不安。

其實山羊本來只須要在看到鐵爪時才開始恐懼就好了，但它卻同時對與疼痛不一定有關的閃光或鈴聲都發生恐懼。山羊發生恐懼的原因，不是它的理性認知，也不是鐵爪造成的生理疼痛，而是來自於山羊的潛意識對兩種不同的刺激，建立了相同的條件反射。

當地震來臨時，你可以選擇恐慌，認為房子將要倒塌，但你也可以只是平靜的享受地震溫柔的搖擺。當你面對蟑螂時，你可以選擇尖叫奔逃，但你也可以選擇只是好奇冷靜的欣賞牠進食。

這些面對同樣現象的不同反應，與你的理性判斷無關，它全然由你的潛意識全權決定。

人們在理性上可以擁有不同的選擇；人們當然希望能夠客觀平靜的用理智去面對事件，但每當事件來臨時，總是被管家婆的潛意識橫斷插手，控管你的情緒，讓你面對蟑螂時尖叫奔逃，面對地震時驚惶失措。

恐懼本質上仍是思想下的產品；換言之，它也不外乎只是非實體的神經訊息而已。面對恐懼，我們不妨深思：如果恐懼並非實體，而只是個神經生化訊息，那我可以停止讓它發生嗎？（圖139）

如果你能夠處理這個問題，就解決了人生最重大的議題。答案是有的；你必須能夠有效的進入潛意識中轉化恐懼訊息。

（圖139）面對恐懼，我們不妨深思：如果恐懼並非實體，而只是個神經生化訊息，那我可以停止它發生嗎？

｜回憶創造痛苦｜

人們印象中的回憶
總是苦多樂少，不是嗎？

回憶創造痛苦

Memory

曾看過安德魯‧洛伊‧韋伯的美國百老匯音樂劇《貓》（Cats）嗎？劇中一隻悲苦的貓每次在唱《回憶》（Memory）時，隨著歌聲 .... Memory，turn you face to the moon light .....，觀眾席上總能看到有一些人也在暗泣。人們印象中的回憶總是苦多樂少，不是嗎？

我們的潛意識如同電腦晶片，能夠儲藏大量的生命資訊。它儲存了我們從小到大許多既往的回憶。

潛意識有一個你也許沒有察覺的特質，它像是HBO電影頻道，會主動輸送它儲存的回憶到你的大腦裡，讓這些回憶令你感受情境重現。（圖140）每個回憶都伴隨著情緒，「痛苦的回憶」會讓你重溫痛苦，「快樂的回憶」讓你重溫快樂，「煩惱的回憶」會讓你重溫煩惱。

（圖140）潛意識有一個你也許沒有察覺的特質，它像是HBO電影頻道，會主動輸送它儲存的回憶到你的大腦裡，讓這些回憶令你感受情境重現。

誰不希望快樂的回憶？打開電視，我們可以自由選台，但面對潛意識輸送的回憶，我們卻無法選擇，得被逼迫買單潛意識安排的一切。令我們不滿的是，它輸送的舊片，經常都是類似電影「悲慘世界」的悲情故事。

面對回憶的五個問題

面對回憶，聰明的你不妨自問五個問題。

問題一：回憶給了你什麼？

你腦袋中的回憶給了你什麼？是快樂多一點？還是痛苦多一點？回想一下，重溫舊夢會讓你感覺生命更好嗎？

舉例來說。

當你看到一位多年前討厭的人，就算只是遠遠看著他，心裡就已經開始憤怒了。你沒有意識到，這個眼前的他早已改變了，這些年來他已經變成是個不一樣的新人。但當你被憤怒的回憶填滿大腦的時候，污染的心智會令你看不到當下生命的真相。

當某個人看到花園裡美麗的玫瑰花時，他立時心情激盪，淚如雨下，全然無法享受眼前玫瑰花的香艷美麗。相反的，他悲苦的沉陷在早已消散的失戀回憶中。回憶讓他失掉了享受當下生命無限之美的本能，讓他的生命呆滯無趣。

還記得第一次牽著伴侶的手，感受到無限的感動歡愉嗎？但一段時間後，那種第一次手牽手的心靈激盪仍存在嗎？當你牽著伴侶的手時，是你三十年前的牽手回憶在牽著她？還是當下的你在牽著她？是誰奪走了那種奇妙的感受？是你的愛侶變質了？還是你變了？（圖141）

（圖141）當你牽著伴侶的手時，是你三十年前的牽手回憶在牽著她？還是當下的你在牽著她？是誰奪走了那種奇妙的感受？是你的愛侶變質了？還是你變了？

當人們的大腦充斥著既往的回憶時，每一個回憶都會對應一種情緒、一種期望、或者一種對抗。（圖142）不管回憶衍生的感受是什麼，它都會消耗生命的能量，讓你重覆陷入壓力、悲傷、恐懼或者痛苦的情緒。此外，這些負面心緒會影響當下的生活，令你迷惘暈眩，看不到眼前的真相。

我們不光只是論斷痛苦的回憶，連快樂的回憶也會創造「想要再次得到」的壓力，與「想得而得不到」的痛苦。

發現了嗎？幾乎所有情緒形態的回憶都加重了我們的痛苦。

問題二：你是恆常不變嗎？

請思考一下生命的實情：在你生命歷史中，不同時期的你是「恆常不變」嗎？還是不同時期的你在「不斷的變動」呢？

如果後者是真相，那在回憶中痛苦的你（二年前被女友拋棄下的你，半年前被老板解聘的你），是現在的你嗎？如果彼時非此時，彼我非現在的我，而只是歷史中的我，既然歷史代表消散的泡沫，那你為什麼仍然執著著虛幻的泡沫呢？佛學講述的放下就是這個涵意。

但如果你執意相信大腦回憶中的你，就是現在的你，那你將不再是自由個體，你已被「回憶」所擁有與控制，你會變成永恆

（圖142）當人們的大腦充斥著既往的回憶時，每一個回憶都會對應一種情緒、一種期望、或者一種對抗。

的「痛苦之身」，你得一輩子痛苦。

問題三：回憶是實體嗎？

我們經常回味回憶，但很少檢視它的本質。請思考一下：你大腦內的痛苦回憶是當下外在的實體衝擊嗎？還是什麼都不是，它只是身體內神經系統的某種生化反應呢？

如果你仍然認定回憶是實體，那請問你找得到它嗎？它在那裡呢？如果你認同回憶不是實體，它只是早已不存在的歷史，那你怎麼還執著情緒呢？（圖143）

（圖143）如果你認同回憶不是實體，它只是早已不存在的歷史，那你怎麼還執著情緒呢？

（圖144）智慧明確的教導我們，回憶什麼都不是，它只像是一場有劇情的電影而已。

智慧明確的教導我們，回憶什麼都不是，它只像是一場有劇情的電影而已。（圖144）你可以對感動的劇情哭泣或狂笑，但電影散場後你會收回你自己。你清楚的知道，你不是電影「飄」中扮演奧利維爾男爵夫人的女主角費雯·麗（Lady Vivian Leigh Olivier），你也不是戰爭中目睹血肉橫飛的小約翰。

如果我們能夠像看電影一樣看待自己的回憶，清楚地明白，回憶像是打上沙灘的浪濤，浪花破碎後浪濤就消散了。既然回憶是早已經不存在的虛相，那為什麼我們仍容許它逗留在心裡，而不讓它們自動消散在心靈的沙灘上呢？我們也可以想像回憶是生命旅者手上不必提著的沉重皮箱。想要自由在空中飛翔的人們，為什麼仍痴迷不放下它們呢？（圖145）

（圖145）回憶是生命旅者手上不必提著的沉重皮箱。想要自由在空中飛翔的人們，為什麼仍痴迷不放下它們呢？

（圖146）佛陀說：「一切有為法，如夢幻泡影，如露亦如電，應作如是觀。」
心經中也談同樣的佛理：「色不異空，空不異色」。

佛教的一些佛理頗能夠呼應這個現象。佛陀說：「一切有為法，如夢幻泡影，如露亦如電，應作如是觀。」心經中也談同樣的佛理：「色不異空，空不異色」。
（圖146）

問題四：你是否願意拋開回憶呢？

請再思考一下，如果「回憶」只是神經系統內的生化反應，只是無用的歷史故事，如果你認同當下的生命才是現金，那現在你是否願意拋開回憶呢？

問題五：你如何令潛意識不輸送回憶呢？

現在我們知道，要想豐潤生命，必須制止潛意識輸「回憶」到大腦裡。但請自問，雖知道回憶的空幻，那你可以令潛意識不輸送回憶嗎？

令我們煩惱的是，我們全然無法對潛意識傳輸的回憶說：「No」。你也許會用思想去告知潛意識你的期望，但潛意識向來孤芳自賞、自彈自唱，令你總是不得其門而入。

要想驅除回憶，你得得跳過表層思想，直接對深層潛意識下手。

｜時間虛相造成心靈失序｜

在天文物理的數算中
「時間元素」是個必要的推算變數
但人們的心靈裡也應該如物理數算般
存在時間這個元素嗎？

得到　分享　創造

時間虛相造成心靈失序

時間元素存在嗎？

在天文物理的數算中，「時間元素」是個必要的推算變數。但人們的心靈裡也應該如物理數算般，存在時間這個元素嗎？

人們相信有一種東西叫做時間；在我們的心裡一直有一個清楚的時間長軸，協助我們感受到生命存在的實相。我們也仰賴手腕上的錶與桌上的日曆，幫助我們強化時間存在的事實。

站在時間長軸的「當下位置」往長軸後方看，我們看到貼附在時間長軸上的既往種種回憶，例如像是：五年前我愛上某一個人、七年前住院、三十年前出生；站在時間長軸往前看，我們看到貼附在長軸上對未來的規劃與期望；例如像是：下午五點鐘期待下班、三十年後打算退休、希望長命百歲等等。

「過去的回憶」與「未來的規劃」是與時間相關聯的產物；而時間是思想用來串聯「回憶」與「未來」的工具；「當下」只是「回憶」與「未來」之間的一個剎那。

大腦熱愛時間

我們大腦裡的思想，一直在唆使我們要認同時間的存在，並且要熱愛時間。

我們自覺，這一切貼附在時間長軸上的回憶與未來的總和，構成我們生命的本體。大腦需要知覺時間，來印證擁有生命的存在感、擁有生命的流動感、與擁有未來的美妙前景。沒有這些，似乎生命不在。（圖147）

（圖147）大腦需要知覺時間，來印證擁有生命的存在感、擁有生命的流動感、與擁有未來的美妙前景。沒有這些，似乎生命不在。

人們會認為，如果思想中沒有「時間」，會是個不得了的慘劇；當思想自覺缺乏過去的歷史，會有著「不知道我是誰」的恐慌；當思想不能覺知未來時，會認為喪失慰藉痛苦生命的利器。

因此，思想絕不容許時間長軸上呈現空白。在我們心靈的時間長軸上，既往的回憶與未來幾乎佔據了時間刻度上的每一處，促成我們容納不了當下。

時間一直存在我們的心裡，分分秒秒的滴答作響。雖然我們如此熟悉時間的存在，但它到底是什麼？時間存在嗎？（圖148）它是實體嗎？還是它並非實體，而只是個意識下的生化產物？我們這裡談的不是相對論下的物理時間，而是人們意識下的時間。

時間感受是祝福？

請回想一下，思想傳輸給你的時間感受促成了什麼？是快樂多些？還是痛苦多些？它對我們的生命是祝福？還是壓力？

我們的經驗教導我們，所有懸掛在時間刻度上的一切，包括緬懷回憶或者規劃未來，都會促成你離開當下，產生各類負面情緒，並耗用過多的生命能量。

一些活在當下的快樂人會否定時間的存在，他們會說：「時間是虛幻的假象，只有當下存在。」

如果你開始否定時間，只願意活在當下，你就可以拋棄掉令你痛苦的既往回憶與無法掌控的未來；因為，當回憶與未來缺乏時間的依附時，它們就得自然的消失了。

（圖148）時間一直存在我們的心裡，分分秒秒的滴答作響。雖然我們如此熟悉時間的存在，但它到底是什麼？時間存在嗎？

當它們在你的大腦中消失後，你會歡喜的覺知到，每一天你都在變動中，都不再是以前的你，而是一個活在當下的「新鮮的你」。在此時，一切快樂垂手可得。

「留在當下」是「時間」的終極殺手，「當下」才是生命唯一的真相。

如何拋棄大腦中的時間呢？

如何做到拋棄大腦中的時間呢？請考慮依循三個步驟。

步驟一：認清時間是傷害生命的毒素。

步驟二：認清時間的虛相本質。

唯有認清時間的虛相本質，才能促使你願意將時間徹底的由內在剷除。

步驟三：練習活在當下

我們每一個人都會希望從慾望或痛苦中解脫出來，並建立一個新的生命狀態；成就的方法就是「活在當下」。活在當下是生命中最偉大的心靈革命。（圖149）

「當下」的進入方法雖不簡單，但也不很難。一切的關鍵，在於你能否有效的消除思想中的一些運作資源；這些資源不外乎就是「過去」、「未來」或「情緒」。

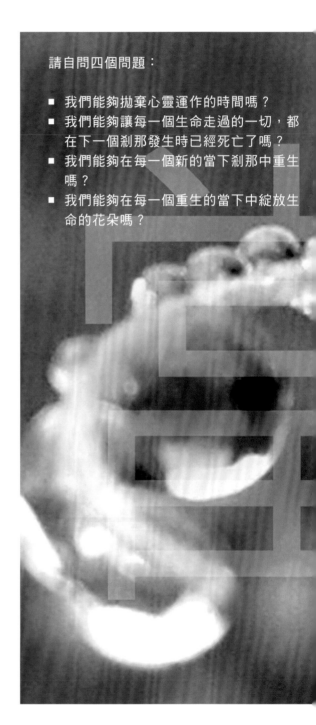

請自問四個問題：

- 我們能夠拋棄心靈運作的時間嗎？
- 我們能夠讓每一個生命走過的一切，都在下一個剎那發生時已經死亡了嗎？
- 我們能夠在每一個新的當下剎那中重生嗎？
- 我們能夠在每一個重生的當下中綻放生命的花朵嗎？

（圖149）活在當下是生命中最偉大的心靈革命。

|過度依戀正面情緒會帶來恐懼|

多數人的生命會用「要」與「不要」的兩極心緒
飄浮在各類「兩元對立」的現象間
拼命追求前者，排斥後者

過度依戀正面情緒會帶來恐懼

兩元對立的生命

人類的存在絕對是個奇蹟。在奇蹟中，人類最特殊的心靈素質，就是擁有兩元對立的心緒；例如說，「快樂與痛苦」、「開心與憂鬱」、「愛與恨」等等。

人們熱愛兩元對立的生命，但永遠只願意選擇兩元中的某一個極端，例如「快樂與痛苦」中的快樂、或「愛與恨」中的愛；同時也厭惡兩元中的另一個極端，例如「快樂與痛苦」中的痛苦、或「愛與恨」中的恨。

多數人的生命會用「要」與「不要」的兩極心緒，飄浮在各類「兩元對立」的現象間，拼命追求前者，排斥後者。但禪修者不喜歡如此。

二分法創造更大的痛苦

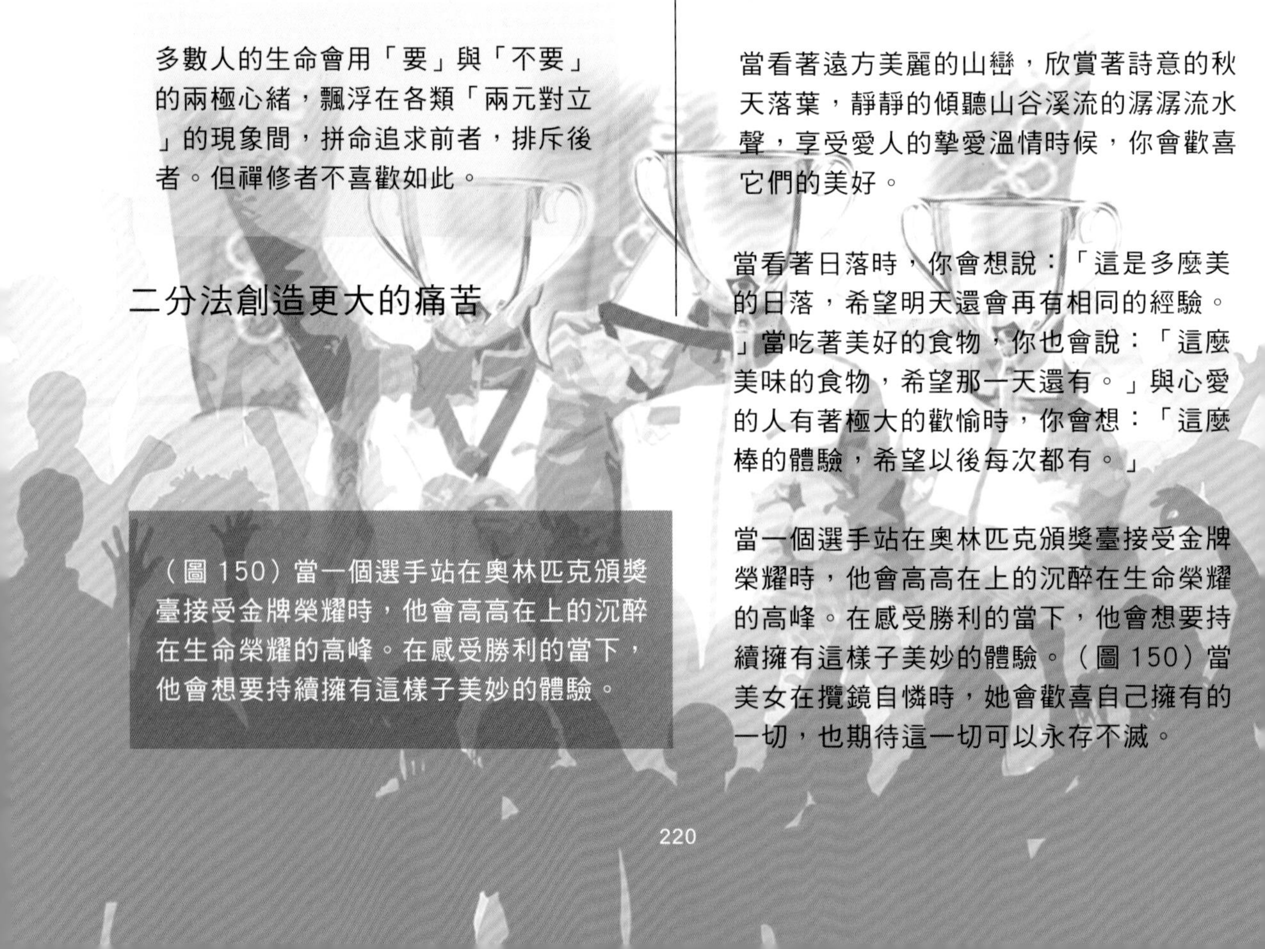

（圖150）當一個選手站在奧林匹克頒獎臺接受金牌榮耀時，他會高高在上的沉醉在生命榮耀的高峰。在感受勝利的當下，他會想要持續擁有這樣子美妙的體驗。

多數人無法理解，為什麼秉持二分法的生命觀：「努力去追求好的」，排斥不好的，並無法帶來更多的快樂？相反的是，愈是依戀「二分法」，愈會創造更大的痛苦？

這是實情。我舉對偶關係「快樂與痛苦」來說明。

每個人不必學習就知道，快樂是人生最歡愉的感受，誰不喜歡快樂？每個人都想追求快樂，而且多多益善。這個理想似乎很恰當，頗值得遵循。但答案是：「不盡然」。

當看著遠方美麗的山巒，欣賞著詩意的秋天落葉，靜靜的傾聽山谷溪流的潺潺流水聲，享受愛人的摯愛溫情時候，你會歡喜它們的美好。

當看著日落時，你會想說：「這是多麼美的日落，希望明天還會再有相同的經驗。」當吃著美好的食物，你也會說：「這麼美味的食物，希望那一天還有。」與心愛的人有著極大的歡愉時，你會想：「這麼棒的體驗，希望以後每次都有。」

當一個選手站在奧林匹克頒獎臺接受金牌榮耀時，他會高高在上的沉醉在生命榮耀的高峰。在感受勝利的當下，他會想要持續擁有這樣子美妙的體驗。（圖150）當美女在攬鏡自憐時，她會歡喜自己擁有的一切，也期待這一切可以永存不滅。

快樂當然美好，傻子不喜歡追求與擁有它。

但請進一步深思；當快樂來臨時，你會盡情的享受它，但這個享受是短暫的。因為「條件式的快樂」是依附在時間之上；當時間移動，而促成快樂的因素消失後，快樂會自動的消失。當它消失後，人們仍可以持續感受快樂嗎？

不僅於此；當你在感受快樂的當下，你會同步感受到痛苦；因為你意識到，快樂即將消失，而你擔心無法再次獲得那種快樂時，你會陷入沮喪與恐懼的情緒。（圖151）所以，快樂的確是美好的甘露，但追求或享受快樂的同時，你得承擔快樂消失的痛苦。

所以快樂的實相是什麼？這個實相也許會出乎你的想像：「當你意識到快樂的時候，就是落寞或痛苦即將升起的時候。

如果認真探究快樂，你會發現，條件式的快樂所能創造的痛苦，有四種形態之多：

第一種：當你想得到快樂，卻得不到快樂時，你會感覺到痛苦。
第二種：當你得到快樂後，怕失去快樂時，你會感覺到痛苦。
第三種：當你得到快樂後，卻想要更快樂時，你會感覺到痛苦。
第四種：當你得到快樂後，卻失去了快樂，你會感覺更痛苦。

（圖151）當你在感受快樂的當下，你會同步感受到痛苦；因為你意識到，快樂即將消失，而你擔心無法再次獲得那種快樂時，你會陷入沮喪與恐懼的情緒。

物質文明的提昇，一直引誘我們不但渴求物質，更要渴求更多的物質。人們熱愛物質，想用物質換取快樂；物慾變成是快樂的代言，也變成了追求美妙人生的嗎啡。

在物質致命的吸引力下，手機不斷的更新，房子不斷的加大，車子不斷的換新，衣服不斷的搶流行；新的人類要新的產品創造更多的快樂，所以他們要汰舊換新，努力拋棄掉舊的一切；最終，原本讓祖先們很容易就會開心的夕陽、山巒或花朵，現在已不值一提。

人們也錯誤的以為愛和物質一樣，可以被征服、被收藏。（圖152）人們相信要得到更多的愛，因為有愛是快樂的。因此，他們會找個令他們開心的對象，將這種與他人的互動稱之為愛情。

他們也會努力站在更好的社會位置，扮演一個偉大的角色，讓眾人愛戴歌頌他們的功德。

為了爭取人間的位置與眾人對他們的愛，他們會放棄真實的自己，坦然接受「生命演員」的重任，穿上制服，或者操弄專業的姿態，去忠誠的保護一個「不是他們的他們」。（圖153）他們也許知道這些角色只是包裝下的舞臺生命，並非真實的他們，但他們絕不懊悔拒絕，因為這些角色令他們快樂。

幾乎絕大多數人們的生命都是快樂導向的，他們熱中於投入快樂無限的伊甸園，希望一輩子擁有快樂，更期待擁有更多的快樂；當然，他們絕對不容許失掉這些美妙的快樂。在這樣的期待下，促使人們頑固

（圖152）人們也錯誤的以為愛和物質一樣，可以被征服、被收藏。

（圖153）為了爭取人間的位置與眾人對他們的愛，他們會放棄真實的自己，坦然接受「生命演員」的重任，穿上制服，或者操弄專業的姿態，去忠誠的保護一個「不是他們的他們」。

的相信：「生命想要快樂，就得連續的追求快樂」。

然而無常的人生總是事與願違。

人們很有趣，明知道「感官刺激所促成的快樂」與「外境條件所帶來的快樂」永非連續的，而人們卻一直都希望快樂恆在。然而，愈是「祈求快樂恆在」或者追求更多快樂的人，反而會感受到更大的痛苦與恐懼。

人們必須知道，恐懼與快樂是相對應關聯的，它們是同一個錢幣的正反兩面，也是肩並肩的好兄弟，二者密不可分，你不可能只要其中一個而不要另一個；（圖154）當人們想要更多的快樂，就得承受更多的恐懼，恐懼一直就是快樂的免費招待卷。

（圖154）恐懼與快樂是相對應關聯的，它們是同一個錢幣的正反兩面，也是肩並肩的好兄弟，二者密不可分，你不可能只要其中一個而不要另一個。

如何找尋真快樂？

目的論下的信仰是危險的

當人們開始意識到，刻意的追求現世快樂並非「消除苦痛」或者「美化生命」的良策時，他們會在現世的失望中，轉頭在宗教、信仰或祕術咒語中，去找尋另類的快樂法門。

然而面對宗教，如果人們不能單純無目標的，打從心靈深層覺知中去體認神，而只是貪婪的建立在想要什麼東西的心念時，他們將不再介意神要他們做什麼，只會介意自己要什麼。這種目的論下的信仰是危險的，是創傷心靈的毒藥，也是深化苦痛的源頭。（圖155）

了解快樂的本質

如果想要找尋真快樂，必須去了解快樂的真實本質。

追求「條件式的快樂」並不可取，它反而會帶來恐懼與痛苦。因為它必須依賴外在的條件，它是對外乞討的，是短暫的、是制約的、是易於匱乏的。

> 人們應該學習的，是如何取得內在的平靜與祥和。它是自發的並源源不絕的心靈美質，它會令你不再受制於外在物質、地位或任何其他條件，它隨手可得，無所不在，它是完全自由無方向性的。

（圖155）目的論下的信仰是危險的，是創傷心靈的毒藥，也是深化苦痛的源頭。

無條件的歡喜自在才是真正的快樂。

我們不是說要討厭快樂或放棄追求快樂。當條件式的快樂來臨時，當然值得我們去盡情的享受，但在心理上，我們可以放棄對它的依賴嗎？

例如說：

- 當沒有陪伴的時候，可以平靜嗎？
- 當沒有美食的時候，可以享受粗茶淡飯嗎？
- 當沒有財富的時候，可以無求的勤儉度日嗎？

當性愛的快樂、佔有財物的快樂、或取得權力的快樂不再被依賴的時候，當生命容許條件式的快樂自由來去的時候，快樂早已無所不在了。不受快樂制約的生命才能提供恆久的喜悅。（圖156）

如何擁有無條件式的恆久喜悅？

如果你想要放棄對條件式快樂的依戀，你的思想將不容許你這麼做，因為思想下的一切都是條件式的。不管你的理性如何設法疏導思想，思想仍會頑固的盯著條件式的快樂不放。

如果想放下對快樂的依賴，要學習讓自己的內在變得寧靜。寧靜的心靈會停止思想的運作，也會導致你不再渴望快樂。當快樂不再被渴望時，你將會發現無條件式的恆久喜悅無所不在。

（圖156）不受快樂制約的生命才能提供恆久的喜悅。

｜不協調的關係創造痛苦｜

付出與愛
才永遠是圓融關係的最大秘密

不協調的關係創造痛苦

不協調的關係會創造痛苦

除非我們能像小說「魯賓遜飄流記」中的主角魯賓遜，飄流到只有猴子與香蕉的無人荒島上，否則我們就得面對與處理各種不同的關係；這些關係包括伴侶、兄弟姊妹、父母、兒女、朋友、上司、鄰居、街上的行人或計程車司機等等。

只要是應對關係，就會產生各種情緒；和諧的應對會令你平靜喜悅，但不和諧的應對，將會為你創造痛苦。

記得我在美國念書的時候，系內有一位將近六十歲的教授。每次當別人談論婚姻的時候，他的臉上總是呈現驚恐與不以為然的表情，因為他那時正經歷著第三次離婚的財產分割。三個失敗的婚姻讓他的財產縮水到只剩下八分之一。他告訴我說他很想退休，但辦不到。我當時心裡想：他此刻的第四個婚姻安全嗎？

我曾對一位擁有三個孩子的媽媽做心理諮商。據她描述，她正面臨生命最痛苦的深淵；她每天得多次斥責她頑劣的孩子們，責怪先生懶惰，萬事不管，她也怨恨妯娌在公司的對立，並指控公婆不公平的家族措施。在我們第一次剛見面的時候，我一言未語，聽著她持續二個小時的尖聲控訴。

多數人喜愛戴著「有色眼鏡」與「自創的律法」去對應各種關係，當社會上每一個人都堅持己見，秉持著自己相信的真理壓迫對方時，他永遠會創造對等的對抗與失衡的痛苦。

我們當然希望生活中關係和諧，但經常事與願違，我們與諸多的關係對立、衝突。這些對立的情緒，扭曲了我們原本應當美好的生命。我們不喜歡這些情緒，也願意設法改善，但令人煩惱的是改善經常無效。

想要改善關係嗎？改善關係的第一步，不是去論斷是非對錯，而是深入瞭解自己在面對關係時的「心靈運作模式。」

兩種應對關係的心靈運作模式

人們應對關係時，通常有兩種相反的心靈運作模式：

第一種心靈運作模式：應對關係時，心裡帶有條件、目的、依賴或渴求。
第二種心靈運作模式：應對關係時，心裡沒有條件、目的、依賴或渴求。

多數人面對關係擁有的心態是前者；他們會企圖透過關係去得到些東西。

舉個模擬的例子說明。

當你與女朋友（男朋友）交往了一段時間後，你發現你愛她（他），所以你就去Tiffany公司買了一顆鑽戒，在鑽戒上刻著

：「To My True Love」，你與她走進了教堂結婚。

其實婚前你並沒有認真的分析過，當你對她說「我愛你」的時候，這個愛的背後隱藏了什麼？（圖157）當分析後，你可能驚奇的發現，你對她的愛其實背後有一缸子的好理由，這些理由可能是：

- 因為她青春美麗，她的青春美麗讓你感受到歡喜
- 因為她有知識地位，她的知識地位讓你感覺到尊重
- 因為她能幫你傳宗接代，讓你祖祠得以延續
- 因為她的陪伴，讓你不再寂寞

- 因為她的性陪伴，讓你有肉體的歡愉

基於這麼多好理由，所以對她說：「我愛你，請嫁給我」。其實這根本不是愛，真正的愛是沒有條件的。多數人間的愛剖開表層，不過只是互惠的商業交易而已。

七年後，當你再次檢查婚姻的投資報酬率時，發現報酬率已不如往昔；當你察覺她的青春美麗不在、知識過時或陪伴索然無味時，你不自覺的發現你不愛她了。這時候，痛苦的婚姻就出現了。

難怪現代離婚率接近60%，條件式的愛本來就不容易持久。當利己超過利它時，無條的愛無法存在。

（圖157）其實婚前你並沒有認真的分析過，當你對她說「我愛你」的時候，這個「愛」的背後隱藏了什麼？

真愛存在嗎？

我曾有位女性病患來診所初次應診，男朋友一同陪著。在醫療諮商中，我告訴她齒顎矯正治療可以幫助人變得漂亮。她告訴我說：我倒不介意美觀，我覺得重要的是內在。

我開始質疑她的論點：

我問她：你選男朋友是看內在還是外在？
她很快速回答：當然是內在！
我問：如果你的男朋友因為車禍臉燒傷了，結了許多疤痕，那你還愛他嗎？
她毫不猶豫的臉上帶著驕傲神采說：當然我還是愛他！
我持續問她：如果這個車禍很嚴重，你的男朋友在車禍中兩條手與下半身都已切除了，你還愛他嗎？

她遲疑了很久，問我說：真的那麼慘嗎？

人間有真愛嗎？愛能夠沒有條件嗎？
（圖158）

在嬰兒呱呱落地的時候，父母狂喜帶了一個新生命來到人間，他們發誓要保護照顧他，要愛他一生，要給孩子最好的一切。相信這時候，他們心念裡的愛是無條件的真愛。但後來呢？

隨著嬰兒的成長，當父母對孩子的愛摻雜了恐懼與渴望時，無條件的真愛就會轉變為有條件的愛。父母為了孩子未來能夠飛黃騰達，出人頭地，擁有美好的未來，他們會處心積慮的打算給孩子最好的教育。在這種關切下，父母拼命的為孩子安排各種學習，兩歲時學英文，三歲學數學，五歲學小提琴等等。

（圖158）人間有真愛嗎？愛能夠沒有條件嗎？

小孩會聽從父母的話，因為他們相信父母都是對的。但繁冗的學習讓孩子們開始睡眠不足、情緒低落、緊張易怒、不快樂，他們開始與父母對立。

父母錯了嗎？

促成父母這樣子的行為，來自於父母對孩子，存在像擁有珠寶般的「擁有心念」。在擁有的心緒下，父母對孩子的未來，會存在著患得患失的恐懼。當這種恐懼心念投射在孩子時，緊張失和的對立關係自然會發生。

多數父母會用自己的人生觀與經驗去判定孩子們該要什麼。但孩子的個性、能力與父母是不相同的，當父母用自身的經歷去引導孩子的未來，它會是偏執的、不公平的、也是不理智的。

> 好的雕刻師傅拿到一塊木頭後，他不會馬上雕刻，他會仔細觀察這塊木頭的一切條件後，才開始為它量身設計與創作。

其實父母常常對小孩做的，經常都是自己曾經得不到的，或是心中羨慕的。不是嗎？學校成績不好的父母會拼命送孩子去明星學校；地位不高的父母會要求孩子在未來選擇高貴的角色。

但多數如此對待孩子的父母並不認為他們錯了，因為他們會堅持他們所做的一切，都是在愛之下的行動。我不否認父母對孩子的愛，但這種條件式的愛卻會帶給孩子們痛苦，並創造對立的親子關係。

如果真要協助孩子，成就適合孩子性向的未來，就必須放下擁有孩子的心念，用平靜客觀的心智傾聽與觀察孩子，幫孩子們找尋什麼對他們是真正最好的。

比較三部曲

多數人面對關係時，會自動出現一個與對應關係「比較」或「比劃」的心靈運作機制，我稱這個機制為「比較三部曲」。下面以一個虛擬場景來說明。

當一位女士看到另一位女士的時候，可能會發生什麼？

第一部曲：觀察，收集資訊

當她看見另一位女士在眼前的時候，她會立時搖身一變，將自己武裝成戰場前線的斥候兵，好奇的打量這位女士的一切特質。她觀察到：「啊！長得漂亮，眼睛好看，穿夏姿的衣服，帶Piaget錶，大學念貴族學校，啊！名片竟然印有浮水印。」

第二部曲：「比較，批評」

觀察後，她會進入比較期，她將觀察到的對方特質與自己的比較，然後展開對她的批評。

她會在心裡想：

「啊！長得漂亮，難怪嫁的好；眼睛好看，一看就知道有割雙眼皮，不知道那裡割的，割的比我的自然；穿夏姿的衣服看起來滿俗的；帶 Piaget 錶沒什麼了不起，我也有；竟然大學念那所貴族學校，家裡滿有錢的；名片的浮水印好好看，下次我也要這樣印。」

第三部曲：產生情緒

批評與比較後，她會開始昇起情緒；如果她發現別人的條件比她好，她會感覺到羨慕或自卑，但如果她發現別人的條件比她差時，她會感覺到驕傲。（圖159）

讓我們檢討這個常見的「比較三部曲」。

人們面對關係時，如果只是單純無念的觀察對方，當然不會有情緒；但觀察後如果認定眼前觀察到的現象，與我有關聯時，這種「與我有關」的心念，會直接進入潛意識中運作，並觸動負面情緒。負面情緒易於讓關係緊張失和，也會讓你喪失了看到真相的機會。

這種心靈機制是「小我」的拿手好戲。再舉個例子來說明。

某位女士看著家庭鬧劇電影，電影拍得好極了，劇中的已婚先生經常劈腿。這位看著電影的太太左手拿著爆米花，右手拿著飲料，歡喜的享受著精彩的劇情。看電影

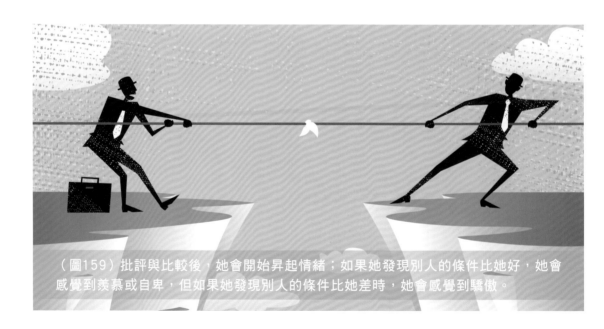

（圖159）批評與比較後，她會開始昇起情緒；如果她發現別人的條件比她好，她會感覺到羨慕或自卑，但如果她發現別人的條件比她差時，她會感覺到驕傲。

時，她清楚的知道電影就只是電影，電影中劈腿的先生與她無關。

如果仍是同樣的劈腿內容，但場景移轉到隔壁鄰居。當這位女士聽到隔鄰的太太與她的劈腿先生大肆爭吵時，她的憐惜心念促成她去安慰與疏導鄰居太太，並叫鄰居太太要放下與寬恕。為什麼這位女士可以達觀的給予鄰居太太智慧的建言？因為這個情境與她無關。

但如果同樣的劈腿情境不幸發生在這位女士身上呢？她可能再也無法冷靜，智慧也消失了，也甚至於會做出極端的事情。

這位女士面對同樣的情境，有著三種不同的反應。這一切心境的變動，全在於面對關係時自覺「與我有關」的程度。

> 所以，我們開始瞭解，應對關係的最佳良策是不要陷入「與我有關」的心靈運作。當你應對關係時只要一「比較」或自覺「與我有關」，那就會創造與對方隔離的對立心靈狀態。這種對立心緒會讓我們失掉圓融關係的能力，並會失去瞭解真相的機會。

不和諧的關係會帶出痛苦的人生。我們能不能放棄「與我有關」與「比較」的心靈運作機制？

不依賴或利用關係

「放下」的新關係模式

因為能捨，所以有得。　　　　心靈箴言

當瞭解關係失和的真正原因後，我們就知道，如果想建立良好的關係，需要反過來做；那就是面對任何關係時：

- 從「與我有關」的心態改成「與我無關」的心態
- 不再存有依賴、利用、企圖與渴望
- 從有條件式的索求改成無條件式付出

這種「放下」的新心靈模式在現代人聽起來，會感覺困擾，或者不近情理，但印地安蘇美人不如此想。

美國科學家們曾進入印地安蘇美族（Sioux），觀察印地安蘇美人的「利他人生觀」。他們問印地安蘇美人：「如果你有十條魚，當給了別人三條後還剩幾條？」幾乎所有的蘇美族人都會回答：「十三條」。

美國科學家們不能理解蘇美族人是如何數算出這個答案的，但蘇美族人會振振有詞的說：「你們的數算與我們的不同；當我給出三條魚後，對方會反頭給我六條，所以總共是十三條。」

在現代人來說，利他的心念是罕見的心靈美質，許多人會覺得很難做到；也有些人想做，但內在的深層意識卻會澆冷水，說「不」。

其實別悲觀，實情不盡然如此。

關係間存在「量子層次的能量聯結」

據一些心靈科學研究，當人們在應對關係時，如果心裡升起「無所求的關愛」，其實他們並沒有損失。這種美質的心念會透過某種能量層次，傳遞到對方的內在。當對方感受到這些正向訊息時，他會以相似的態度予以回應。（圖160）

科學家發現，這種量子層次的能量聯結的確存在，只是它非意識所能夠察覺。很多人曾經有過這類經驗。

舉些「量子層次能量聯結」的例子來說明這個現象。

科學家曾做一些探測量子層次的能量聯結實驗。這些結論顯示：人們的情緒能夠透過某種科學尚未能查證的能量網，在人群中相互傳輸聯結。

例如，當某個人進入房間具有憤怒情緒時，這個情緒具有高度感染性，它會影響房間其它人的心念，而促使他們在做決策時，會做出負面的決策。

許多人都知道仁慈的修女特蕾莎。科學家利用儀器偵測修女特蕾莎身上散發的仁慈能量。科學家發現，當她進入人群的時候，人群中許多人會立時感受到她所散發出來的仁慈與愛，並因而受到心靈的撫慰。

記得別人在痛苦的時候對你訴苦嗎？當你聽到別人受苦時，你會不由自主的對別人的痛苦感同身受；這種同步經驗是自然發生的，它完全不必經過理性的解讀。

（圖160）當人們在應對關係時，如果心裡昇起無「所求的關愛」，其實他們並沒有損失。這種美質的心念會透過某種能量層次，傳遞到對方的內在。 當對方感受到這些正向訊息時，他會以相似的態度予以回應。

美國加州帕塔魯馬（Petaluma）的思維科學研究所發現，當實驗中受測試者對癌症病人發送出「癌細胞治療意念」時，受測試者與癌症病人部分的生理現象，像是心電圖、腦波、血壓與呼吸，會開始彼此模擬協同。

２００４年12月時，侵襲普吉島的海嘯巨浪也同時衝擊斯里蘭卡野生動物保護區亞拉國家公園；這個海嘯往內陸氾濫達兩英里之遠，然而保護區數以百計的動物只有兩頭水牛死亡，其它所有的動物，包括大象、豹、虎、鱷魚和小型哺乳類動物都安全藏身在避難所，或是安全逃離。它們明顯同步的接收到某種災難預知訊息，而利用這個訊息逃離災區。

圓融關係的秘密在於心靈利他的良善品質

這些研究暗示著，我們可以透過某種尚未被理解的量子聯結，與對應關係相互傳遞訊息。

它提示了圓融關係的秘密；圓融關係不在於與對方口語的討論、辯論或批判，而在於面對關係時，心靈傳送給對方的良善品質。

如果面對關係時，能夠放下一切條件、索求、渴望與目標，用無條件的愛去溫暖的關切對方時，關係會自動的圓融美好。（圖161）付出與愛，才永遠是圓融關係的最大秘密。無條件的愛是宇宙的唯一真相，愛沒有二元對應的恨，恨只是人們暫時的迷惘無知而已。

（圖161）如果面對關係時，能夠放下一切條件、索求、渴望與目標，用無條件的愛去溫暖的關切對方時，關係會自動的圓融美好。

但對一般人來說，這談何容易？因為只有心中有愛的人才能給的出愛，愛少的人如何能給出愛呢？

當一個在沙漠中在垂死邊緣掙扎，而水壺裡僅剩餘一點點水時，他會將水分給別人嗎？要給愛，要先去讓自己心中充滿愛；要希望心中充滿愛，不能僅依靠思想上的說服與努力，思想下的努力無法創造愛。

其實我們的內在本來就擁有充沛的愛，只是繁忙競爭的生活與紛亂的思想，阻塞了我們覺知到本身擁有的。如果心中要充滿愛，不必對外學習，要從寧靜中去覺知內在豐存的愛。在寧靜中，野心渴求會消失，利己的心會改為利他，愛會自然昇起（圖162）。

靜心就是愛

克里斯那穆提

（J. Krishnamurti，

印度靈性智者 1895－1986）

> 生命其實沒有什麼特定的目的，因為任何的目的都帶不走。如果一定要談目的，那就是利用這個難得的人生，去經驗不同的關係。這個關係不限定在人，它可以擴展到工作、自我與大自然。

想改善關係有兩個方法；第一種方法是要求對方去改善，第二種方法是停止批評責難，放棄要求對方去改善，而改為要求自己改善。

多數人使用前者，因為人們總是看到對方的問題。況且，要求對方改善簡單方便。但這種方式幾乎永遠無效。但相反的，曾經經歷過第二種模式的人會發現，自我改善會明顯的促成和諧的關係。但問題是多少人願意呢？

我們察覺到了與關係對立的根由了嗎？解決的方法是滔滔不絕的責難？還是溫馨的傳送愛？

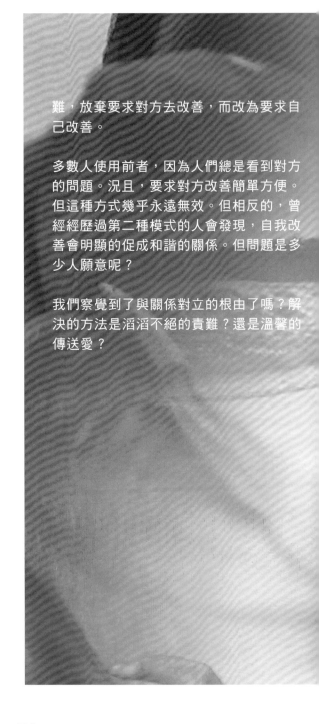

（圖 162）在寧靜中，野心渴求會消失，
利己的心會改為利他，愛會自然昇起。

| 死亡創造恐懼 |

如果你想真正的知道死亡
你不能在理性上去分析它
你只能在無所求的寧靜中去感受它的真相

死亡創造恐懼

出生與死亡

每個人生命之中，有兩件事情既避不開，
又無法理解，那就是「出生」與「死亡」
。出生是不必談了，因為我們都已經出生
了，而另一個死亡，我們尚未謀面。

千百年來，人類為了使人生更美好燦爛，
利用智慧創造了豐富的物質文明與精神文
明；這一切所提昇的生命品質，是人類歷
史中前所未見的奇蹟。

但人類面對一個極大的矛盾：花費一切的
努力在豐盛「生」方面的議題，但忘記了
完整的人生不僅僅是生活，更應包括「死
亡」在內，因為死亡是如此的重要。但人
們面對死亡的態度異於常理，多數人選擇
不聞不問。

面對生命，你可以懶得檢視珠寶箱裏有多
少金銀珠寶，因為你對物質達觀，你可以
不介意衣櫃裡衣物的凌亂，因為你已見相
非相；你可以不介意屋角爬過的蟑螂，因
為你相信世界大同；你甚至可以淡化朋友
的背叛，因為你相信因果隨緣；但面對死
亡的議題，你既不理解，也並非豁達，您
僅是把頭轉開，假裝死亡不在。

但矛盾的是，它不但是你生命中最大的議
題，也會為你創造最大的恐懼。

記得經常在葬禮唱的靈歌《 Amazing
grace 》嗎？回想一下歌者在唱歌時的情
緒是什麼？多數人用什麼樣的心態去面對
死亡的議題？

面對死亡的態度

死亡是人生至要的議題，但很少人樂於談
論死亡，甚至反向刻意迴避它。迴避的原
因可能是自覺談論死亡沒有結論，所以乾
脆不談。或者有些人相信談論死亡會減短
壽命。所以大廈中沒有「４」樓，車牌中
沒有「４」。

但不談論死亡的想法是值得討論的；它無
法幫你延長壽命，也無法幫你解除對死亡
的恐懼。相反的，隱藏對死亡的恐懼，反
而扭曲面對生命應有的態度。

僅有少數人願意積極面對死亡的議題。他
們會透過知識、宗教信仰或靈異經驗去探
討死亡。但遺憾的是，多數人雖然拼命找
尋死亡真相，卻找不到答案；有些人自稱
已經找到了答案，但心裡仍然抱持著對答
案的懷疑，與對死亡的恐懼。

為什麼人們恐懼死亡？

人們面對生命各種問題，如果願意，都還
有機會選擇逃避或者面對，但這種選擇自

由不包括死亡在內。

面對死亡，你既不能逃避，也無法積極的面對與解決。死亡如附骨之蛆，不管你多偉大，不管生命有多精彩，死亡意味著將永遠消失的宿命。（圖163）

此外，當死亡威脅在眼前時，你得被迫放棄一切生命美好的東西，美食、財富、地位、愛情與親人。「需要割捨一切」是面對死亡最艱難的試煉。你愈是留戀生命的美好，就愈懼怕死亡。

如果想要脫離恐懼死亡的陰影，看似不難，似乎只要看淡生命擁有的一切，面對死亡就能從容自在了。但人們會說：「你說的好容易，那怎麼可能？」沒錯，你說的對，但這就是為什麼人們會畏懼死亡了。

值得提問的是：「生命中有沒有方法可以既享受生命美好的一切，但又不必依戀一切？」答案是有的，但不是透過思想去找尋。

許多人曾利用思想去嘗試理解死亡，但並

（圖163）面對死亡，你既不能逃避，也無法積極的面對與解決。死亡如附骨之蛆，不管你多偉大，不管生命有多精彩，死亡意味著將永遠消失的宿命。

不能消除死亡恐懼，因為頑抗的死亡無法被討價還價。

對死亡的恐懼情緒，並非全然來自於對死亡的理性認知。想像一下，如果我們嘗試量化「死亡」與「分娩」的痛苦，各位不妨猜猜哪個比較痛苦？其實死亡時的疼痛不一定比分娩痛苦，但人們對前者的恐懼遠大於後者。

原因在於，人們對死亡的痛苦多數是來自於對死後世界的未知。（圖164）

如果把一個人強迫丟到一個完全陌生的黑暗空間中，伸手不見五指，沒有一點聲響；也許空間中並沒有任何可怕的東西，但他的內心仍會毛骨悚然，充滿恐懼。反之，若這個人是被放在一個熟悉的空間，即使那個空間黑暗無聲，他也會安祥自在。除非死後另有世界或有更好的世界，否則人們很難驅除死前的心魔。

人們嘗試減輕死亡恐懼

面對死亡的議題，你的腦海中可曾浮現過一些問題，像是：

- 我死了就一切都結束了嗎？
- 死亡後我的靈魂仍然存在嗎？
- 死亡後會到另一個地方去嗎？
- 輪迴存在嗎？
- 天堂地獄存在嗎？

（圖164）人們對死亡的痛苦多數是來自於對死後世界的未知。

一些善於思考的人會嘗試用思考去理解對死亡的恐懼。但多數人不論他們如何思考分析，全然對死亡壓力無解。為什麼呢？因為人們的思想最多只不過是指既往經驗的排列組合，他的經驗圖書館中根本沒有任何與死亡相關的資訊，因此，他如何能用「本世有限的生命經驗」去詮釋「非本世的死亡或來世」呢？

宗教是否能提示死亡真相？

許多人當發現思想無法紓解死亡的恐懼，他們會嘗試由宗教信仰中，去找尋對死亡的註解、靈魂永在或天堂的證據。

例如，基督教提示信原罪、信救贖、信天國、信永生。伊斯蘭教《可蘭經》內載錄了死後審判與死亡後的美好世界。佛教的輪迴生死觀支持靈魂永在、業報法則，相信善事功德可令死後前往西方極樂世界。佛教並以中陰之說來揭示人死後的應對。

亞瑟·叔本華（Arthur Schopenhauer，德國哲學家，1788年－1860年）在他的《愛與生的苦惱》書中指出：「由於對死亡的認識所帶來的反省，致使人類獲得形而上的見解，並由此得到一種慰藉。所有的宗教和哲學體系，主要即為針對這種目的而發，以幫助人們培養反省的理性，作為對死亡觀念的解毒劑。」

從西方的視野來看，悲觀主義的叔本華被判定為反宗教者或者是無神論者。他批判基督教教義矛盾，以編造的故事和教條束縛人的自由。（圖165）

（圖165）從西方的視野來看，悲觀主義的叔本華被判定為反宗教者或者是無神論者。他批判基督教教義矛盾，以編造的故事和教條束縛人的自由。

但無可諱言，無神論者面對死亡是比較辛苦的。在無神論點下，生命既然是短暫、漫無目的，而且必然終結，他們自然得接受死亡就是「一了百了」的殘酷事實。他們既然相信死亡終結一切所擁有的，那麼還有什麼生命內容會讓他們享受平靜喜悅呢？

對神存在與否的議題，愛因斯坦較為中性，他含蓄的說：

「我不是無神論者，也稱不上是汎神論者。我就像是個進入一座大型圖書館的小孩。圖書館裡藏滿了許多由不同語言寫成的書籍。這個小孩知道，這些書一定是由某（些）人所寫，只是不知道他（們）是如何寫成的。這個小孩隱約地感覺到這些書的排列，彷彿依據某種神秘的規則，不過不知道是什麼規則。對我來說，似乎就連最聰明的人對於上帝的看法也是如此。」

不管宗教是否表達真理，也撇開權威的看法，有神論者對於紓緩死亡的恐懼是有助益的。他們比較能用自在平靜的心態面對死亡，也會用更好的生命內容來經營生命。但有神論者能從宗教獲益的先決條件，是他們的信仰必須沒有懷疑存在。

電影「武士」中扮演武士的渡邊謙一在劇中戰敗後，為了殉武士道剖腹自刎。剖腹自刎需要很大的勇氣，但對虔誠殉道的渡邊謙一而言，他的武士道信仰昇華了經歷自刎的痛苦。

並非所有的宗教徒站在經過宗教詮釋的死亡面前，具有像渡邊謙一面對武士道般的完整信念。他們看待死後世界，仍像是在迷霧中搜索救贖方舟。他們心中的懷疑，會引發他們對死亡患得患失的恐懼。

多少宗教徒能夠真正無條件的信服宗教對死亡見解嗎？當人們對它的理解，仍侷限於理性說服，那宗教就非紓解死亡的出口。

理解死亡必須像是覺知愛一樣，你根本不必去詮釋或強化它，你就是知道它是這個樣子。（圖 166）但是多少人可以這樣子的理解呢？

有什麼良方幫助面對死亡的恐懼？

瀕死經驗

有些人會藉由經驗靈異世界去紓解死亡疑慮；例如說瀕死經驗。

很多文獻都曾報導過瀕死經驗。它是一種被醫學認定死亡後又回醒的離世經歷。許多經歷過瀕死經驗的人所描述的瀕死過程都極為相似；它包括靈魂出體、感覺平靜安祥、看見光、通道、親人或天使迎接；過程中當事人會被引導回顧一生的生命。

蓋洛普民意調查顯示，美國超過百萬的人

（圖166）理解死亡必須像是知覺愛一樣，你根本不必去詮釋或強化它，你就是知道它是這個樣子。

曾有過瀕死經驗。

西雅圖的小兒科醫師莫爾斯自一九八三年起，記錄五十多個兒童瀕死經驗案例。報告中指出，這些兒童們脫離身體後進入靈界，被引向歡迎的光亮裡。他們回醒後，宣稱從瀕死經驗中學習到生命是有目的的，感受到生命與宇宙間的錯綜關聯，並表示在這個經驗後更能尊重生命。

前世回溯

有些人會藉由「前世回溯」去理解死亡與死後世界。可以提出的「前世回溯」案例不勝枚舉。

例如說，去年有一個催眠師幫我的朋友做前世回溯。她自稱在她的前世回溯中，她是清朝皇族的格格；她經驗格格從出生到死亡的一生，歷歷如繪。回溯結束後她自覺回溯很真實，也願意相信死後世界的存在。

如果回溯是真相，那表示人是輪迴轉世的，表示死亡只是個生命中間站。但前世回溯是真相嗎？經驗過前世的人多數會接受前世回溯的真實性，但也有一些人認為回溯只是催眠夢境中的幻想。

依附心靈導師指點死亡迷津

有一些人會依附某個心靈導師指點死亡的

迷津。

心靈導師教導你的死亡真相有兩種可能；它也許是真相，但也許是假象。對你而言，它是否真假已非重點，因為只要你忠心臣服在導師的真相下，並且天天強化它，最終，心靈導師的教導就會變成了你的真理。

但它背後隱藏了風險。因為你既存的內在資源並沒有能力去辨識尊師的教導是否是真相，你只是在生命迷惘中胡亂抓樣東西而已。如果所抓的不是救命的浮木，而是鉛塊呢？那你是否等同去拉斯維加斯賭博而已？如果賭輸了呢？

此外，當你只是如鸚鵡般背誦上師的教導時，你對這個信仰的「相信」，與渡邊謙一對殉武士道的「知道」之間，會有極大的差別。當信仰不是「知道」或「就是這樣」時，信仰背後的存疑會令你仍然無法拋棄對死亡的恐懼。

如何拋棄懷疑呢？

面對上師的教導，如何拋棄懷疑呢？

如果想要拋棄懷疑，沒有任何方便法門。唯一的方法就是：「你必須實際去體驗上師所體驗的，而不是去背誦上師所教導的。」唯有實際的體驗，才可能幫助你由「假性的知道」轉變為「紮實的知道」。

少數人認定知道死亡的真相

基於對上敘的理解，我相信多數人並非真正知道死亡的真相，但有少數人例外。有一些人基於他們「天生的靈性特質」或「特殊的靈異經驗」，會自覺明確的知道死亡與死後世界。

例如說，我認識一個美國知名的佈道牧師，當他佈道時，參與的群眾都會坐的滿坑滿谷。

有一次我們一起用餐時，他一邊將我吃不下的牛排夾入他的盤中，一邊告訴我說：「我見到過天使三次，祂們告訴我人間未來的十大災難」。他送給我一本彩色薄冊，冊內畫了十個災難預言。他為我一一解釋這十個災難；而的確近年的七個大災難頗符合薄冊內的前面七個預言。其中，第七個預言圖片畫的是矗立在紐約島南角的自由女神雕像，它的全身是碎裂的。他告訴我當他依據天使訊息畫第七個預言圖片時，他不能理解暗指是什麼？直到2001年美國紐約九一一恐怖攻擊事件發生。（圖167）

如果這個牧師的經歷為真，那我相信他對於死後世界的存在沒有絲毫懷疑，他根本不需要從宗教經典中去尋找任何東西。有些人雖然沒有像這個牧師的超靈經歷，但他們天性就能感受到神在他們的內在，也思毫不懷疑宗教經典對死亡的說明。也有一些經歷過某些靈異經驗的人是幸福的，他們對死後世界的信念強度超越一般人。

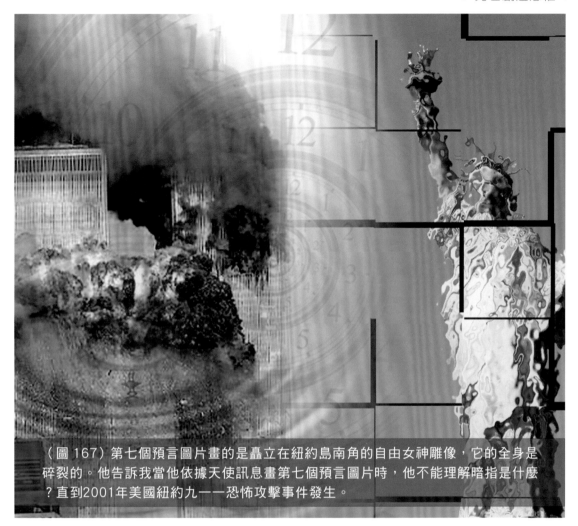

（圖167）第七個預言圖片畫的是矗立在紐約島南角的自由女神雕像，它的全身是碎裂的。他告訴我當他依據天使訊息畫第七個預言圖片時，他不能理解暗指是什麼？直到2001年美國紐約九一一恐怖攻擊事件發生。

這些能夠自覺清楚知道死亡真諦的人有福了；他們知道在生命中該做什麼，他們也會勇敢自在的面對生命種種的挑戰，並坦然面對死亡。

但大多數人就沒有這種好運道了。他們既沒有與神對話的經驗，也無法感應到死後世界。

除非聖經中記載的神蹟能再度發生，或者死亡後的人能夠返回人間現身說法，否則他們只好在理性下，透過宗教信仰或研讀經書去理解死後世界。這種思想壓擠出的信仰基礎，仍只是在嘴巴說說的層次而已，它既不穩固，並隱藏著患得患失的惶恐心念。

檢查對神或死後世界的信仰指數

讀者想檢查對「神」或「死後世界」的信仰指數嗎？（圖168）

你只要冥想自己即將死亡，在死亡冥想中內觀你的心念：

- 如果你感覺畏懼死亡，那表示你並不相信「神」或「死後世界」的存在。
- 如果你感覺面對死亡時想要討價還價，不想面對死亡，那表示你不放心神的安排。
- 如果你不能割捨親友的離去，那表示你在懷疑主照顧他們的能力不足。

如果信仰指數由「１」到「１０」，「１」代表低信心，「１０」代表知道，請問讀者的信心指數是多少？

（圖168）想檢查對神或死後世界的信仰指數嗎？

我喜歡面對死亡議題

至於我,我在十四歲的時候就開始關切死亡議題了。我那時候會自問:「人既然會死亡,幹嘛要來?」另一個問題讓我更不能釋懷,我心裡想:「如果我走了就永遠消失了嗎?」

我不喜歡恐懼,我不喜歡它騷擾我理當美好的生命。所以我有一個習慣,當發現恐懼存在時,我不會躲藏,假裝恐懼不再,我會立刻站在恐懼的門口,強壓顫抖的大腿與恐懼的心,對恐懼大聲的說:「請出來」。

愈是恐懼的事情我愈會去面對。我幾乎不變的發現,當我積極勇敢的去面對與處理恐懼時,當我願意讓恐懼的源頭情境重現時,這個恐懼就會乖乖的,像清晨湖面上的濃霧,自動在微風中消散無蹤。這種積極態度幫我驅除了許多生命中的恐懼。

對於死亡,我一直告訴自己說:「如果死亡不能做敵人,就做朋友。」積極的面對死亡一直是我用來解除死亡恐懼的最佳良方,也是我理解死亡的捷徑。

請思考一個模擬情境。

如果你家裡垃圾要丟在兩邊鄰居的其中一邊;一邊是基督徒,一邊是江湖老大,你往那邊丟?這個問題不難回答。但如果鄰居兩邊都不好應付,一邊是江湖老大,一邊是義大利黑手黨,那你還有地方丟嗎?

答案是有的。我會積極面對兩邊鄰居,與他們做朋友,想辦法共存。

再舉例來說。多年來我一直怕開快車;當我開車時速超過一百時,我會感覺緊張害怕。我處理的方法,就是接受一個賽車手的邀請,請他載著我將車快開到超越我既往的速度經驗。當這位賽車手將車子開在時速兩百時,我當下敏銳的欣賞我心臟似乎將要跳出胸腔的罕見恐懼。在那一次經驗後,我發現我竟然也能夠將車速加升到兩百而感覺到心曠神怡。

> 對於死亡,既然我們不能消極的迴避它,也無法視它為敵人,那與其與它對立,倒不如改弦易張,正面積極的去接近它,瞭解它,然後與它和解。避開恐懼是痴者的愚行。

如果你想真正的知道死亡,你不能在理性上去分析它,你只能在無所求的寧靜中去感受它的真相。

智者箴言

死亡是生命的導師

你必須理解死亡對生命的意義。

當我們不瞭解死亡的真義時,恐懼死亡的陰影會扭曲我們的生命內容,會侵蝕我們原當美好的生命。其實,死亡的恐懼對生命是個另類的祝福,因為它會督促我們去

瞭解死亡的真義。只有當我們真正瞭解死亡的時候，我們才懂得如何正確的經營本世。

我在峇里島（Bali）的一個旅館演講中與員工分享服務理念。在演講快結束時，在他們的同意下，我為他們做了一個死亡冥想。我請學員們閉上眼睛，引導他們進入深層放鬆後，開始冥想身處在死亡前的五分鐘。在冥想結束時，我發現許多人都在掉眼淚。

我收集了當時學員在死亡冥想中「死前五分鐘的心念」：

我問學員說：「你們還忙著想賺錢嗎？」
幾乎全體學員說：「不重要了！」
問學員：「死亡前想到還有什麼沒做的嗎？」
幾乎全體學員說：「太多了；要多跟心愛的人多多相處，要多陪父母，要多陪兒女，要跟對不起的人道歉。」
問學員：「還恨誰嗎？」
幾乎全體學員說：「沒有了！」
問學員：「還憤怒嗎？」
幾乎全體學員說：「很平靜！」

我驚奇的發現一件美妙的事，許多人在死亡前竟然充滿了平日沒有的理性、智慧、愛與仁慈。這種死前的心靈美質簡直可跟我們偉大的心靈導師孔子相提並論。

我不禁在想：「死亡太棒了，為什麼人們不喜歡死亡，死亡才是生命最充滿智慧的導師。」如果人們的心智能夠每一天都好像活在死亡前的五分鐘，那你的生命將變成什麼樣子呢？我會建議讀者可以在靜心冥想中，去體驗死前的心靈狀態。冥想「死亡」會讓一個充滿了智慧、愛與仁慈的你誕生。

我經常在課程中安排「死亡前五分鐘的冥想」。部分學員在冥想前心裡充滿恐懼，但經歷死亡冥想後卻一反恐懼，內在充滿了對生命的放下與愛。

死亡真好。

讀者如果對
「死亡前五分鐘的冥想」
有興趣，可直接進入網站
「www.harvardspiritual.com」
內聆聽「潛意識對話DIY」中的
「死亡前的五分鐘」冥想。

您可在冥想中去安全平靜的經驗死亡前的心緒。這種經驗可以幫助你放下對死亡的恐懼，也能夠幫助你理解生命的真義。

我對死亡的認知

講到這裡，讀者有沒有發現一個有趣的現象，那就是我一直沒有提示死亡的真相是什麼。為什麼呢？

我大膽的預測，如果我一旦說出相信某種想法是真相時，就會有些人對我丟雞蛋；但如果我害怕被丟雞蛋，改口說相信另外一種想法才是真相時，那丟雞蛋的人會改為擁抱我，而原來支持我的人會對我丟鴨蛋，我會兩頭難做人。許多人一談到死亡就會悲憤哀怨，我那敢輕攖其鋒。

但如果我被迫一定要回答，我會帶著一個神祕的微笑，一句話都不說，只是將手指向窗外的月亮。

這本書中的語音引導可以幫助你在放鬆寧靜中去覺知真相，但它不能直接提供你答案。你必須依靠自己在深層靜心中昇起的智慧去覺知真相。唯有你給你自己的答案，才是真答案。這就是老子說的「道可道，非常道」，也是佛陀說的「無相」。

當你知道了，你就是知道。知道後你也不必說，如果別人問你，你也不妨將手指向窗外的月亮。

減輕死亡恐懼的終南捷徑

如何消除對死亡的恐懼？這其實是每一個人生命中的必修課，但好像從來都沒聽過學校有一堂課叫做「死亡真相學」。

究竟死亡是什麼？
究竟生命結束後將面臨什麼？

不同的文化信仰、宗教、科學觀點或思想下的哲學，對生前死後的世界各有不同論述，而且各說各話，但尚未出現令多數人信服的結論。

此外，有終南捷徑減輕面對死亡的恐懼嗎？

幾年前，美國安候會計事務所（KPMG，全球前三大事務所）總裁在去世的前三個月中，寫下日記「追逐陽光（Chasing The Light）」。他的書歸類為當年美國暢銷書。作者在書中暢言死前感言，他寫下死前心境與如何在死前規劃該做的事。但作者在書內，卻沒有寫下一條協助人們脫離死亡恐懼的箴言。

對面死亡的恐懼，有一些紓解方法頗值得你去參考。

其一：勇敢積極的探究死亡的真相

不要排拒死亡議題，要迎上前去，學習勇敢的探究死亡真相。

其二：練習不再依戀一切

懼怕死亡，並非懼怕死亡本身，而是懼怕將失去一切。

如果我告訴你說：「要脫離死亡恐懼的陰

251

影不難，你只要看淡享受、財富、名聲、愛情、親人，那面對死亡就能從容自在了。」你會拒絕思考這個建議嗎？你極可能會說：「你說的好容易！」沒錯，你說的都對，但這就是為什麼你會畏懼死亡了。

要正面應對這個問題，不要迴避，要去找尋答案；如果你真的能放下對外在世界的依戀，死亡的恐懼就會自動消散。

其三：學習放下對死亡的恐懼。

有沒有方法既可放下對死亡的恐懼，享受生命美好的一切，但又不必依戀一切？答案是有的，但它不是思想下的理解。請避開一個迷失，那就是：永遠沒有一個思想下的脫困方式，可以紓解面對死亡的恐懼；例如像是外求知識，苦研經書或者口念咒語。

追根究底，死亡的恐懼是潛意識內在銘印所促成的。當你的信仰只是思想下的理解時，它就無法有效的轉化潛意識內恐懼死亡的銘印。只有當潛意識內在的「恐懼死亡銘印」能被轉化時，那「信仰」就會變成如自然呼吸般的「知道」。知道下的信仰才能消滅面對死亡的恐懼。

「潛意識對話DIY」與「靜心」可以幫助轉化潛意識負面信息，並淡化你對外境的依戀。

請用「潛意識對話DIY」或「靜心」讓自己心靈寧靜清明；寧靜中思想會靜止，分析、比較、批判會消失。（圖169）請在無念的靜心內觀中，寂靜的觀照自己潛意識內恐懼死亡的一切根源。

（圖169）請用「潛意識對話DIY」或「靜心」讓自己心靈寧靜清明；寧靜中思想會靜止，分析、比較、批判會消失。

當你無念覺知死亡的恐懼後，內在從未呈現過的清明會昇起，它開始提示你由生到死的真相，並讓死亡開始由未知變為已知。你將覺知到死亡的自然與自由，你將不再依戀輪迴轉世之說，你將能自然輕鬆的無懼於死亡。

當害怕死亡的你消失了後，這個全新的你對生命本體會有了新的覺知。你將用新的視角看待財富、地位與愛，對這些外在的依戀都將煙消雲散。當你不再依戀它們時，所有的痛苦、孤獨、絕望、和苦難都不存在，你將會在自由無懼的智慧下，創造幸福歡喜的人生。（圖170）

（圖 170）當害怕死亡的你消失了後，這個全新的你對生命本體會有了新的覺知。你將用新的視角看待財富、地位與愛，對這些外在的依戀都將煙消雲散。當你不再依戀它們時，所有的痛苦、孤獨、絕望、和苦難都不存在，你將會在自由無懼的智慧下，創造幸福歡喜的人生。

| 潛意識掌控生命品質 |

你的意識很聰明
可是你的潛意識比你的意識聰明很多很多

得到　分享　創造

潛意識掌控生命品質

思想意識無法避開恐懼

在紛擾不安的世界中，當人們熟悉的生命標竿被強大又複雜的力量威脅時，人們本能的反應往往是死命抱著那些看起來根基穩固的東西，他們從不質疑這些東西可能無法成為拯救生命的依靠。

美國前副總統高爾

生命中有兩種情緒會決定生命品質，它們是二元對立的快樂和恐懼。面對生命，我們以為只要睜大眼睛，並懂得運用知識與思想邏輯，就可以掌握人生，擁有快樂，並且遠離恐懼。但這一切卻事與願違。

我們厭惡恐懼的纏身。當恐懼發生的時候，我們會用思想意識去分析、消除恐懼。但思想意識分析出的結論經常無法避開恐懼。

前段書內多次提到，我們無法避開恐懼的原因，是心靈深處另有一個我們既不清楚，也不容易掌控的伙伴，叫做「潛意識」。它隱藏在思想意識的背後制約我們的身心靈，並觸動我們各類的情緒，例如快樂、恐懼、痛苦等等。（圖171）

在本章節，我們會細談潛意識如何影響我們的生命，然後會提出實際的處理方案。

瞭解我們的思想意識

瞭解思想意識嗎？

我們天天都在思想，理所當然的以為瞭解

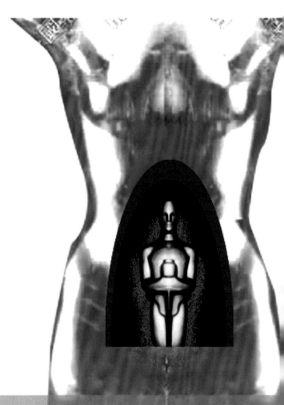

（圖171）它隱藏在思想意識的背後制約我們的身心靈，並觸動我們各類的情緒，例如快樂、恐懼、痛苦等等。

思想，但其實多數人對它的瞭解不多。

心理科學會用「思想意識」去表述大腦內的活動，但它的內涵是極度錯綜複雜的，並且是多層次的，心理學家連定義「思想意識」都很困難；不同的心理學派有不同的定義。

為了方便討論與理解，我將大腦內所有的思想活動稱為「總體意識」。並將「總體意識」依層次分為三層；最淺層「與理性相關的思想意識」叫做「思想邏輯意識」，第二層「非理性的意識活動」叫做潛意識；最深層「非思想的意識活動」叫做「無意識」。

專業學者也許不盡認同這種切分方式，但在本書中這將不是重點；重點是著重在方便讀者研讀理解。

表層「思想邏輯意識」

第一層，或者最淺層的大腦的思想活動，我們稱它為「思想邏輯意識」，它是我們生命中最熟悉，也最能被意識到的思想部分；它掌管「理性的思考分析」。

當人們應用五官意識覺知外界現象後，五官意識會將外界捕捉到的訊息傳到大腦中掌管思考邏輯意識的部分，這個部分的大腦會藉由內部儲存的「既有的知識與經驗」為基礎元素，對外來訊息進行理性的、邏輯的、客觀的分析判斷；在分析判斷後，它會提示它認定的最佳行動策略，去促成最符合你最大利益的生命行動。

舉幾個例子來瞭解它。

例如：

- 開門時它會告訴你要轉開門把
- 過街時它會告訴你要小心閃避來車
- 天冷了它會告訴你要穿多些衣服
- 面對電腦時它會教你如何正確的操作電腦
- 工作時它會提示你如何正確執行工作的作業流程

表層思考邏輯意識像是個氣象播報員，不斷的報導天候變化；它也像是個分析師或者有學問的老學究，喜愛判斷東，說教西，不斷的為你提示想法。（圖172）

（圖172）表層思考邏輯意識像是個氣象播報員，不斷的報導天候變化；它也像是個分析師或者有學問的老學究，喜愛判斷東，說教西，不斷的為你提示想法。

「思考邏輯意識」在我們清醒的時候活動，這時腦部呈現12至14赫茲（Hz）以上貝他腦波（Beta Brain Wave）。（圖173）

「思考邏輯意識」對生命正常運作很重要。它每天都無時無刻的貼著我們，讓我們會誤以為它就是意識的全部。但其實並非如此，它無法掌握生活中所有的行動，它能控管的，只佔生活中不到20%的行動而已。

深層「潛意識」

請想像整體意識是個在海上飄浮的冰山，

「思考邏輯意識」只是大冰山裸露在海面上方的小冰峰而已，它佔整體意識的不到20%。（圖174）但因為它漂浮在「整體意識」的表層，我們容易感受它的存在。

而冰山在海面下方有一個大冰山，它是「總體意識」」在「思考邏輯意識」以外的部分。在大冰山下方的「總體意識」中，它的第二層叫做潛意識。由於它存在於海面的下方，你幾乎無法感覺到它，不知道它的內容是什麼，也不知道它如何運作；既然如此，當然你也不易去影響改變它。

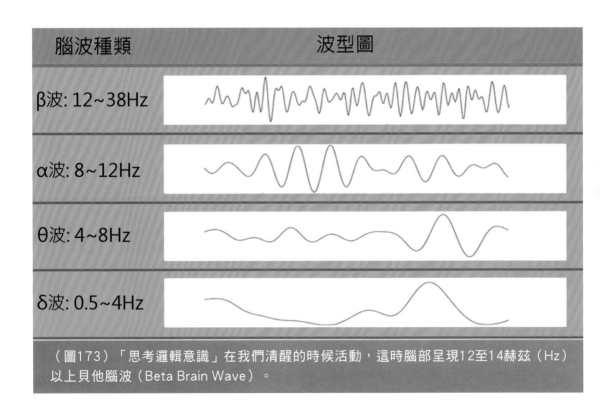

腦波種類	波型圖
β波: 12~38Hz	
α波: 8~12Hz	
θ波: 4~8Hz	
δ波: 0.5~4Hz	

（圖173）「思考邏輯意識」在我們清醒的時候活動，這時腦部呈現12至14赫茲（Hz）以上貝他腦波（Beta Brain Wave）。

意識

可是這個我們既不理解也不易改變的潛意
識，對生命卻是何其的重要。

潛意識

（圖174）想像整體意識是個在海上飄浮的冰山
「思考邏輯意識」只是大冰山裸露在海面上方
冰峰而已，它佔整體意識的不到20%。

259

潛意識像是個有超能力的潛行默客，它無聲無息的躲在心靈的某個角落裏，不會與貌似當權的表層「思考邏輯意識」辯駁是非對錯。這種隱性的運作模式，令我們無法覺知到潛意識才是生命主控者。（圖175）

它控管了你生命中80%的生命內容；你的生活中一切條件反射下的情緒、習慣、思考模式與行為，像是痛苦、恐懼、擔憂、嫉妒、憤怒、悲觀、缺乏信心、暴飲暴食、失眠等等，全由它來左右你。簡言之，它掌握了你絕大部分的身心靈活動與健康狀態。

你的意識很聰明，可是你的潛意識比你的意識聰明很多很多。

心理學家米爾頓·艾瑞克森
（Milton Erickson）

既然潛意識如此重要，但遺憾的是，我們既無法意識它的存在，也不易轉化它。

為什麼無法感受潛意識的存在？

我們平常清醒時，腦波會停留在12至14赫茲以上的貝他腦波（Beta Brain Wave）

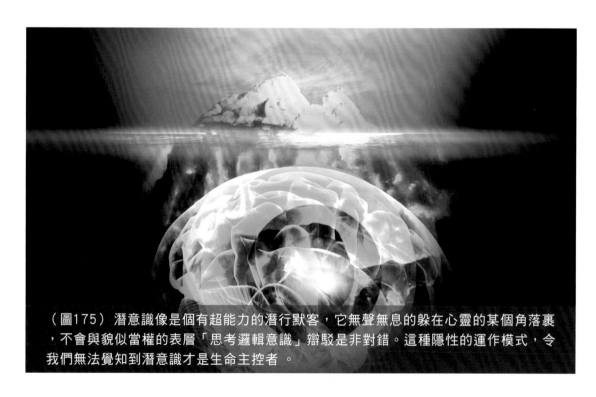

（圖175） 潛意識像是個有超能力的潛行默客，它無聲無息的躲在心靈的某個角落裏，不會與貌似當權的表層「思考邏輯意識」辯駁是非對錯。這種隱性的運作模式，令我們無法覺知到潛意識才是生命主控者。

；貝他腦波是「思考邏輯意識」積極運作時的腦波。但促成潛意識積極活動的腦波，卻是在 8 至 12 赫茲頻率較慢的阿爾法腦波（Alpha Brain Wave）或者 4 至 7 Hz 波頻更慢的希塔腦波（Theta Brain Wave）。

阿爾法波或希塔波是提供通往潛意識的橋樑，它存在於身體放鬆平靜時，或者在初步入睡時。

由於「思考邏輯意識」與「潛意識」在不同頻率的腦波中運作，它解讀了為什麼當我們身處在清醒時的貝他腦波時，在貝他腦波中積極運作的「思考邏輯意識」，會無法開啟或轉化在阿爾法波始可運作的潛意識。它們之間的關係極像是牛郎與織女，似乎只有在七夕夢中始可相見。（圖176）

如何接觸潛意識？

人們在清醒狀態的貝他腦波是無法接觸潛意識的。若想要接觸潛意識，必須利用方法，將存在於清醒時的貝他腦波，轉換成低頻的阿爾法腦波或者希塔腦波。自我放鬆、禪定、靜坐、氣功、瑜伽或催眠等方式，都可轉化換腦波頻率。

當人們身處在極深度的放鬆或冥想時，波頻極慢的希塔腦波（Theta Brain Wave）或甚至於更低頻的德爾塔腦波（Delta Brain Wave）會出現，希塔腦波存在於 4 至 7 Hz，德爾塔腦波存在於 0.4 至 4 赫茲。

許多禪修者會在靜心中進入德爾塔波。當德爾塔波轉為優勢腦波時，一些禪修者會宣稱處於某種非思想的特殊意識形態中。

（圖176）「思考邏輯意識」與「潛意識」在不同頻率的腦波中運作，它們之間的關係極像是牛郎與織女，似乎只有在七夕夢中始可相見。

這種「非思想的意識形態」具有聯結「超自然能量」與「超智慧」的能力。禪修者會在聯結中尋求忠告，吸取智慧，並覺知真相。（圖177）

「潛意識對話DIY」的語音引導，是個人可在自行練習下轉換腦波的工具。它利用促成身體放鬆的語音，將當事人在引入深層放鬆後，轉入低頻的阿爾法腦波、希塔腦波、或甚至於更低頻的德爾塔腦波。

當事人在「潛意識對話DIY」引導的平靜放鬆中，當腦波轉入低頻腦波時，有聲書

中的「潛意識轉化指令」，會在潛意識全面打開之際輸入潛意識中，去促成它內部信息與機制的調整。（圖178）潛意識內在信息與機制的改變可觸動生命正向的習慣、思考模式與行為。

這種模式所促成的潛意識改變是長效的。

潛意識生理解剖結構與運作

根據醫學研究，潛意識存在於腦部的邊緣系統（Limbic System）；它包括丘腦（Thalamus）、下丘腦（Hypothalamus）、腦下垂體（Pituitary Gland）、海馬體（Hippocampus）與杏仁核（Amygdala）。（圖179）

（圖177）當德爾塔波轉為優勢腦波時，一些禪修者會宣稱處於某種非思想的某種意識形態中。這種「非思想的意識形態」具有聯結「超自然能量」與「超智慧」的能力。禪修者會在聯結中尋求忠告，吸取智慧，並覺知真相。

（圖178）當事人在「潛意識對話 DIY」引導的平靜放鬆中，當腦波轉入低頻腦波時，有聲書中的「潛意識轉化指令」，會在潛意識全面打開之際輸入潛意識中，去促成它內部信息與機制的調整。

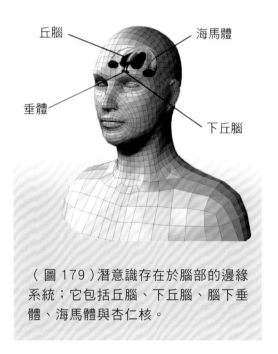

（圖179）潛意識存在於腦部的邊緣系統；它包括丘腦、下丘腦、腦下垂體、海馬體與杏仁核。

當五官接收到的外界訊息時，例如像看到或聞到某樣東西，它會將之轉化成訊息，再將該訊息輸入丘腦適當部位。丘腦會把接收到的訊息進一步處理，然後輸送到腦中不同區域，並轉化形成某種意識。腦部前額葉區域為意識中心；五官接收訊息後，下丘腦及垂體會調節身體各部分，設法維持最佳的生理狀態去適應環境。海馬體負責長期記憶，杏仁核則是負責處理情緒的中心。

潛意識對生理的影響

無名英雄潛意識

你絕對無法想像，要正確的面對生命各種

需求會多麼的辛苦，但你卻不需要浪費任何精力去照顧它們，因為你的背後隱藏了一個一直為你忠誠而且默默打理一切的無名英雄，那就是潛意識。

你身體內部的生理現象雖然極為複雜，但你的潛意識會在你不知覺的情況下，跳過意識去自動調節生存必須的生理運作；例如，讓你心臟持續節奏地跳動，讓血液不停的運轉養分與氧氣至身體各處，讓你不知覺的持續呼吸，主動促成消化系統分解食物，與腺體主動分泌調節賀爾蒙等等。

潛意識調節自律神經系統所控管的平滑肌肉組織。當外在物理刺激或內在的不舒適（恐懼、壓力、疼痛）產生時，它會去警告我們，促發自律神經系統騷動，啟動生理上的反射防衛機制，像是急促深呼吸，心跳加快，立時逃走的驚惶、痛苦等情緒。此外，潛意識會自動協助我們執行或學會一些技巧，例如開車、打球，也會主動滿足身體的需求，像是慾望、餓、渴、性等等。

潛意識不停地自主運轉，去調節多數生理反應，讓你正常的生活而不必消耗太多的能量。但相反的，如果潛意識的內在機制出現某些問題，它也會相反的給你增添麻煩。

潛意識與生理健康

✎ 身體與心靈是不可分割的

許多臨床研究資料顯示，身體與心靈是一個整體的兩面，是不可分割的，彼此相互影響。生理狀況的波動會影響心靈內的潛意識，而潛意識呈現狀況也會觸發對應的生理行動。你的擔憂，恐慌或消沉會干擾潛意識的正常生理運作、觸動生理障礙。相對應的，潛意識也會輸送某些負面訊息到意識層面，觸動錯誤的情緒、行為與壓力。

✎ 長期心靈障礙會導至免疫系統逐漸失衡

潛意識內儲存的長期信念障礙，會導至免疫系統逐漸失衡，而引發一些慢性疾病，像是風濕症、狼瘡和氣喘病等等。一些腫瘤專家表示，罹患癌症的病人大多曾在生命中經歷過長期嚴重的心理障礙，例如像是自卑、不信任、嫉妒、憎恨、恐懼與壓力。但相反的，當內在壓力與擔憂能被有效消除時，許多難解的免疫系統引發的生理障礙會得到改善。

舉些科學研究說明。

在設計上，這些研究需要開啟被測試者的潛意識。開啟潛意識的方法頗多，多數下列研究採用催眠模式去開啟被測試者的潛意識。

美國一份精神病學學術期刊，曾報導美國俄亥俄州立大學利用催眠提升免疫能力的研究報告。

這個研究以三十三位醫科及牙科學生作為研究對象。這些學生被分為兩組；第一組學生為實驗組，他們被教導利用「自我催眠技巧」在學期考試時自我紓壓；第二組學生是對照組，他們沒有被教導「自我催眠技巧」。這兩組學生在考試前後抽取血液樣本化驗免疫能力。這個研究利用檢查Ｔ白血細胞活躍率（免疫力指標）來探測免疫力的變化。

研究結果顯示，第一組學生的免疫力平均上升了 8 ％，而第二組學生的免疫力則平均下降了33%。另外，研究亦發現：經常練習自我催眠學生的免疫反應，會比較少練習自我催眠學生的免疫反應好。

這個研究的結論顯示：

- 壓力極可能促成免疫力下降。
- 催眠能夠觸動潛意識內部減壓機制，而促使身體免疫機能的提升。

潛意識與皮膚疾病

另有一些研究顯示，作用在潛意識的催眠對於皮膚疾病亦能夠有治療效果；例如像是疣（長在手腳外皮的病毒感染）。

在一個治療皮膚病「疣」的研究中（Spano，WIlliams ＆ Gwynn，1990年），四十位病人被分為四組；第一組接受催眠治療，第二個接受傳統藥物治療，第三組僅接受安慰劑，第四組則沒有接受任何治療。

結果顯示，只有第一組的病人疣的數目明顯地減少。

潛意識可引動安慰劑效應

許多心理學家或催眠師會利用催眠，對被催眠者的潛意識中植入正向訊息或者帶有安慰劑效應（The Placebo Effect）的暗示。被催眠者的潛意識在無法分辨訊息真假的情況下，會無條件的接受輸入的暗示，而改變思考模式、習慣或行為。

現代一些醫師會聰明的截長補短，利用催眠來輔佐臨床生理與心理的治療，有些案例效果非常顯著。

在2002 年，英國權威醫學期刊《 新英倫醫學期刊 》（New England Journal of Medicine）曾報道過一個安慰劑效應的個案。研究對象是一群膝部嚴重疼痛，而需要「膝部切換手術」去改善膝部疼痛的病人。主持研究的布魯斯・摩斯理醫生（Dr. Bruce Mosley）希望藉由對這類病人的實驗，去瞭解安慰劑效應。

一些膝部嚴重疼痛的病人被分為三組；第一組病人接受實際手術，切除了損壞的膝部軟骨組織；第二組病人並未進行手術，僅被移除發炎組織；第三組病人被計劃性的進行「假」手術，病人麻醉後膝蓋的確被切開，但沒有真正進行膝蓋手術。三組病人完成手術後安排同樣的物理治療。

經過一段時間之後，研究員檢視三組病人

，令人震驚的是第三組病人的膝部康復程度竟然與第一組及第二組的病人完全一樣，第三組有些病人甚至可走路以及打籃球。

研究結果顯示，只要能夠讓病人相信已進行過手術，就可發生明顯的生理改善。

促成這個現象發生最可能的解釋，是來自於假手術促成了第三組病人的潛意識相信有進行手術。潛意識不會分析外來訊息的真假，只要它相信訊息是真的，它就會啟動它內在的修復機制，觸動膝部症狀的改善。有些醫療專家甚至於相信：「病人對疾病治癒的信念比藥物還要重要」。

在臨床，許多醫生懂得利用安慰劑效應；他們會開假藥令病人的潛意識相信開的特效藥有療效，而製造加成的治療效果。

許多現代人有慢性腰部酸痛的症狀。西醫對腰部酸痛的療效一般不佳，原因是根本找不到原因。許多腰部酸痛的個案寧可求助於物理按摩或中醫的針灸，也不願意找西醫治療，但按摩或針灸的療效也經常仍只是治標而已。

也有一些的腰部酸痛個案會尋求催眠的協助。在催眠中，透過輸入暗示的影響，當事人的潛意識經常會啟動內在修復機制，促成腰痛消失。

✎ 潛意識熱愛甜食的銘印

很多肥胖者想要改善愛吃甜食的習慣，但一直嘗試瘦身失敗。他們雖然知道瘦身有益健康，但他們意志上的企圖，卻敵不過潛意識中要求他不斷的吃甜食的銘印（Imprint）信息。（圖180）

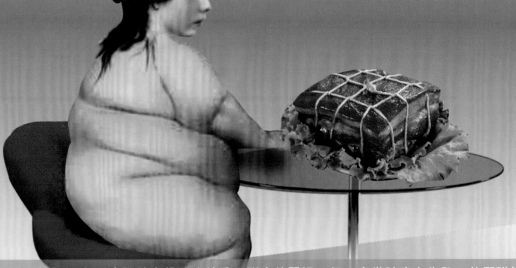

（圖180）很多肥胖者想要改善愛吃甜食的習慣，但一直嘗試瘦身失敗。他們雖然知道瘦身有益健康，但他們意志上的企圖，卻敵不過潛意識中要求他不斷的吃甜食的銘印信息。

催眠一直是幫助瘦身的快捷有效方法。催眠可以引導當事人在進入阿爾法腦波時，巧妙地將放棄甜食的新程式輸入當事人潛意識中，而促成當事人的潛意識能在很短時間內學習新的飲食行為。

✏ 改善潛意識內部負面信息與疾病痊癒

多年的臨床資料顯示，利用催眠轉化潛意識的負面信息，會對許多生理疾病有很戲劇性的良好療效。但許多人並不瞭解催眠，他們過度神祕化催眠，或者想像它是某種祕術；甚至有些人誤將拉斯維加斯的催眠秀當作就是一般所謂的催眠；這些都是偏頗不全的了解。

催眠曾經被證實對於紓緩氣喘病（Asthma）亦非常有效。

英國醫學權威刊物《英國醫學期刊》曾經報導過一篇利用催眠紓緩氣喘病的研究。這個研究結論顯示，接受催眠的氣喘病患的氣喘發病頻率與及使用藥物劑量，比接受傳統醫療的病患相對較少。

一些臨床研究也指出催眠對止痛有效。

在一個實驗中，一些患有乳癌的女士接受一年的催眠治療。跟對照組比較，接受催眠治療的乳癌病患的疼痛，比沒有接受催眠治療的乳癌病患疼痛程度下降約一半。

從這些臨床經驗倒推，許多的生理疼痛不全然是生理性的；一些生理上感知的疼痛，可能與潛意識內部信念有極為密切的關係。

抑鬱性障礙是一種心境抑鬱的心理障礙，有這種症狀的人會有長時間且明顯的抑鬱情緒，缺乏自信，身體能量明顯降低，睡眠紊亂，食慾減退，一些生理功能失調，自覺無法體會到快樂，並有自殺的可能。

一些研究結果顯示，對潛意識作用的催眠能夠很有效的治療抑鬱症。抑鬱症患者身體內的內啡肽（Endorphins）（註）含量比正常人低。在實驗中接受催眠治療的病人體內啡肽含量會明顯地增加。

（註）內啡肽

內啡肽（Endorphin），亦稱安多酚或腦內啡、腦內嗎啡，是一種由腦下垂體和丘腦下部所分泌的氨基化合物（肽）。它能與嗎啡受體（Opioid receptor）結合，產生跟嗎啡、鴉片劑一樣的止痛效應和快樂感受。

✎ 潛意識與失眠

催眠也經常被利用來治療睡眠障礙，多數效果很好。

在一個實驗中，四十五位被測試對象隨機的分為三組；第一組接受催眠治療，第二組接受安慰劑效應治療，第三組則是控制組。這三組連續接受四星期的治療，每星期三十分鐘。

結果顯示，只有第一組被催眠治療的病人呈現統計學上有意義的改善，睡眠品質改善程度達50%。

失眠的原因很多，有些是生理性的，有些是心理性的。但不管是那一種，透過催眠轉化潛意識內某些資源或機制，經常可有效的達成紓緩失眠的成效。

> 上述的案例明確的顯示出潛意識對於生理的巨大影響。潛意識是生命的利刃，它既可幫助你的身體更趨健康完美，但也可以反向的為你創造出許多生理疾病。如何調理潛意識的內在信念，是促成健康生命的關鍵。

任何方式只要能夠將大腦腦波轉為14Hz以下的低頻腦波，就可有效的打開與轉化潛意識。轉變腦波的方法極多，上述案例中的催眠，只是轉變腦波的一個方式而已。其它像是靜心、當下覺知、禪坐等等，都可有效的轉變腦波。「潛意識對話DIY」是極有效的腦波轉換工具。

潛意識對心靈的影響

世間萬花筒般的生命內容

戴上墨鏡，世界在你眼前就立即失去了光彩。個人的不幸往往是脆弱者觀察生活的墨鏡。

法蘭西斯・培根

（Francis Bacon，1561年－1626年）

這個世界像是個七彩繽紛的萬花筒，充滿了各種形形色色的人：

- 有些人快樂，但有些人痛苦
- 有些人寧靜詳和，但有些人焦慮煩躁
- 有些人懂得給愛，但有些人只能討愛
- 有些人人際關係和諧，但有些人人際關係衝突失和
- 有些人成功，但有些人失敗
- 有些人工作充滿了熱情與能量，但有些人工作頹廢與缺乏能量
- 有些人充滿了創造力，但有些人卻只能蕭規曹隨
- 有些人自信，但有些人自卑

為什麼生命內容兩極化？

為什麼同樣是人，但卻有著截然不同的生命內容？

大哉問題。面對這個議題，感覺生命困苦人們會到書局裡，找到超過數以萬計的各類書籍幫助他們解惑。但他們失望的發現，不管他們手上握著多少感覺良好的知識，也不管他們如何盡力的將這些知識應用在生活中，他們卻仍然無法從生命的池沼中脫困。

原因到底是什麼？是選擇的心靈雞湯不好？是執行沒有盡力？還是追根究底，是悲苦宿命下的咒語？（圖181）

真正的答案是存在的，那就是：「你的生命一切由你的潛意識所決定，但你漠視它的存在。」

請務必接受一個千真萬確的事實：

你生命中絕大部分的情緒、圓融關係能力、生活習慣、思想模式與工作創造能力等等，都是經由你內在的潛意識所掌控的。任何人只要能夠有方法去與自己的潛意識聯結，並能透過聯結，開發潛意識內在的資源與能量時，實現心中夢想的期望就會變得暢通無阻。

但絕大部分的人由於無法激發潛意識具備的無限潛能，因此與豐盛美好的生命絕緣，這對於生命實在是浪費與可惜。

（圖181）原因到底是什麼？是選擇的心靈湯不好？還是執行沒有盡力？還是追根究底，是悲苦宿命下的咒語？

潛意識的特質

瞭解你的潛意識

深入你的內心，認識你自己！

蘇格拉底（Socrates，前469年－前399年）

如果你希望掌握生命，希望生命豐盛美好，那你就得設法去瞭解你的潛意識。下面將討論潛意識的內在結構、銘印特質與運作機制。對潛意識的徹底瞭解會幫助讀者能夠學習如何去轉化潛意識。

下方將詳細的解釋潛意識的重要特質。

第一個特質：潛意識是記憶中心

潛意識有一個了不起的功能，它有個比電腦還龐大的記憶體，是個儲存生命經驗的記憶中心。潛意識會跳過意識運作，自動的將你的生命經歷化成回憶貯藏起來。除了儲存生命經驗、回憶以外，與回憶相關聯的情緒也會被連帶儲存。（圖182）它儲存的回憶中，有些部分是你意識中早就遺忘的。

第二個特質：潛意識記錄的經驗被稱為銘印

潛意識記錄的經驗被稱為銘印（註）。

（圖182）潛意識會跳過意識運作，自動的將你的生命經歷化成回憶貯藏起來。除了儲存生命經驗、回憶以外，與回憶相關聯的情緒也會被連帶儲存。

（註）銘印

銘印指的是一種不可逆的行為學習模式，它透過環境的刺激而會被植入個體的潛意識中。銘印會對應環境中某一特定的物件或現象產生特定的反應。銘印作用一旦發生，就很難改變，它是長久有效的。

潛意識儲存的銘印內容可能是既往的某個經驗、某人說過的話、或是某個電影情節。潛意識內在銘印繁多到有人用「銘印海」來描敘它。每個人從嬰兒起，幾乎絕大部分的生命經驗，都被鉅細靡遺的記錄在它的裏面。

銘印存在的初始美意是保護我們。當人們面對某個曾經驗過的外在威脅時，潛意識會找出相關銘印，去呼應這個情境，並快速做出反應，而減少再次受傷的機會。這個主動反應機制是人類賴以存活的保護機制。

舉例來說明！

有個人曾被火燒傷，他的潛意識將那次被火燒傷的回憶與相關情緒化成銘印，並儲存在潛意識中。爾後當他再次面臨火災時，潛意識會經由杏仁核，立即啟動相關的「火燒銘印」，去呼應這個火災；它立時命令自主神經系統啟動他的恐懼情緒，並令他心跳呼吸加速，雙腳快速逃離火災區，從而減少了被受傷的機會。

這種條件反射涉及的神經迴路頗短，它不需要慢慢回想過去經驗或思考如何應付，這就增加了我們保命的機會。它也解釋了為什麼銘印掌控下的情緒反應，總是凌駕理性的思考。

第三個特質：潛意識自主創造銘印

潛意識製造銘印是個完全自主的過程。在它製造銘印過程中，你連旁觀者都不算，因為你根本無法知道你的潛意識在做什麼？你既沒有參與權，當然更沒有控制權。潛意識是個標準的美國西部獨行俠，來去自如，獨行其是。

它的自主風格多數會造成你的困擾。

企業在生產產品時，會有嚴格的品質控管過程。但顯然潛意識不能算是優質企業，它所生產的產品會在未經過你審核的情況下，就徑行上架直銷。在企業，如果你是老闆，當察覺產品不良時，你可以經由行政機制強制產品下架；但面對你的潛意識，你最多只是個掛名老闆，就算你威逼利誘，或懇求潛意識將產品撤回下架，它都會我行我素，輕忽你的投訴；它才是幕後獨裁霸道的老闆。（圖183）

第四個特質：銘印操控多數生命現象

潛意識是你生命真正的老闆；它會藉由銘印，直接跨過表層的思考邏輯意識，操控

（圖183）面對你的潛意識，你最多只是個掛名老闆，就算你威逼利誘，或懇求潛意識將產品撤回下架，它都會我行我素，輕忽你的投訴；它才是幕後獨裁霸道的老闆。

你多數的生命現象，讓你從外在的生理到內在的心靈，全盤體驗到它的掌控。面對潛意識銘印要求你的一切，你全然無法抗拒，也一點不能打折扣，你被強制呼應並買單這些訊息，你只能說：「是」。就算你的理性選擇不同意，但說了也不算數。

人們內在常年恆續無解的「理性」與「潛意識」的對戰衝突，形態上比早年歐洲持續奮戰數百年的十字軍東征戰史更形頑烈。（圖184）（註）十字軍東征為信仰而戰，但理性與潛意識的對戰卻無由無理，完全是一家人關著門鬼打架，每一拳都是七傷拳下的內傷。

（註）十字軍東征

1096年至1291年持續近二百年的十字軍東征，是一系列在羅馬天主教教宗的准許下，由西歐的封建領主與騎士對地中海東岸的伊斯蘭異教徒國家，發動了持續多年的宗教戰爭。參加這場戰爭的士兵佩有十字標誌，因此稱為十字軍。天主教徒相信十字軍發動聖爭的口號，是收復被穆斯林異教徒統治的聖地耶路撒冷。但實際卻伴隨著劫掠和貪慾等宗教、政治、社會與經濟等目的。

（圖184）人們內在常年恆續無解的「理性」與「潛意識」的對戰衝突，形態上比早年歐洲持續奮戰數百年的十字軍東征戰史更形頑烈。

第五個特質：銘印並非忠實記錄生命經驗

✎ 潛意識銘印會扭曲生命經驗

潛意識在製作銘印上有一個你必須知道的特色，它並非忠實的記錄生命經驗；它會透過刪減（Deletion）、 簡單化和一般化（Generalization）等機制，去扭曲它所記錄的經驗。被扭曲後的銘印已非原汁原味，它經常附帶著誇大的情緒。

潛意識本身絕對是電影中所謂的「好人」，它一直積極扮演你生命的終極保鏢，用盡一切心意保護你。潛意識「簡單化」和「一般化」生命經驗的機制，原本是一片美意，它希望協助你能快速應變外界衝擊。但銘印信息誇大扭曲的本質，卻無心插柳的為你創造了許多嚴重的副作用。

從詼諧角度觀察它的處事風格，它經常莫名的荒腔走板，有點像是個正值更年期的怨婦。

面對外在世界的衝擊，潛意識除了喜愛自怨自艾以外，經常反應過度、敏感，並充滿了誇張的危機意識。就算是「外在事件」與你「過去的經驗」僅僅皮毛類似，甚至於風馬牛不相及，與你的現狀無關，但它經常會雞婆的將「外在事件」攬上身，變得「與你有關」。這種雞婆機制，除了會激起你強大的恐懼或痛苦之外，令你無由的採取不恰當的強烈行動，也會令你欠缺工作自信，無法發展生命潛能。

譬如說，有個人在小時候某一天，突然被一隻蟑螂襲擊；他的潛意識將這個驚恐的經驗，用「一般化模式」處理後，轉化為「昆蟲都很危險恐怖」的銘印，並記錄起來。事過境遷後，他的意識也許早已忘了這個事件，但他的潛意識中卻深藏了相信昆蟲會帶給他傷害的信念。

這些銘印原意是個保護機制，令他再次碰到類似情境時，會立即行動，促使他避開昆蟲攻擊。但遺憾的是，這個一般化的銘印所輸送的行動指令，並未反應實情或符合理智，它讓他每次看到任何類似蟑螂的昆蟲，都會心中恐懼，尖叫奔逃。
（圖185）

有一個人對疼痛很敏感，醫師的針還沒拿起來，他就已經在害怕了。當護士雪上加霜的對他說：「等一下打針的時候會痛，記住要深呼吸」時，他的意識也許會儘量自我激勵，但他的潛意識當聽到「痛」這個字眼時，內在銘印立時令他回憶起幼年打針時與醫師纏鬥的奮戰。雖然他已長大成年，但這個信念仍促使他緊張、恐懼、心跳加快，心生逃跑念頭。

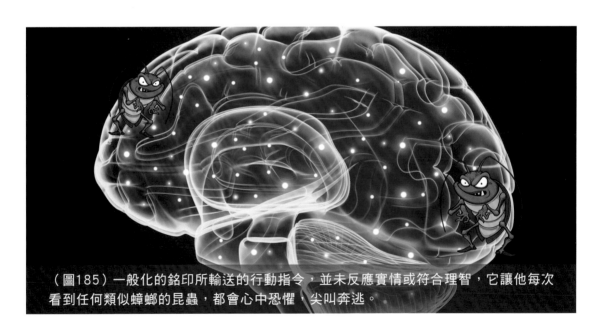

（圖185）一般化的銘印所輸送的行動指令，並未反應實情或符合理智，它讓他每次看到任何類似蟑螂的昆蟲，都會心中恐懼，尖叫奔逃。

274

許多人都知道，其實坐飛機的安全性遠超過坐汽車。人們坐在飛機上本可開心瞭望窗外美景，但一些人卻擔心空難即將降臨，寧可選擇坐汽車。

可以想像的是，他們的恐懼背後，必定存在著某個早期促成恐懼飛機的經驗；這個經驗也許是他們曾看過某個飛機空難影片，他們的潛意識將電影情節製造了一個「飛機危險」的銘印；也許是他們的某個親友遭遇空難等等。

這個「飛機危險」銘印既不辨是非，也不管邏輯理智，它讓這些人一坐上飛機就開始害怕。（圖186）

黃石公園大峽谷的空中玻璃走廊（天際行）是美國著名的旅遊景點。透明玻璃走廊的地板厚達10.2公分，主體結構為U字形鋼柱，基樁約16公尺深，走廊兩側有圍欄，結構強度可承受八面強風及芮氏規模八級的地震，專家認定它的結構安全度絕對無虞。

（圖186）這個「飛機危險」銘印既不辨是非，也不管邏輯理智，它讓這些人一坐上飛機就開始害怕。

但許多人面對空中步道時，明明意識告訴他們一切安全，而且是個難得的經驗，但他們卻心生恐懼，怯步不前。（圖187）他們無法制止潛意識對他們輸送對高空恐懼的信息。

一般人見到繩子的時候，他的理性會告訴他是安全的。但曾經被蛇咬過的人在他們的潛意識中有著「毒蛇危險」的銘印。（圖188）當面對任何像蛇的東西，明明沒有危險，但他的潛意識卻無視真相，依然會將之視為毒蛇，並透過副交感神經，去啟動心跳加快，驚惶奔逃的生理反應。

請回想一下自己的一些生活經驗：

- 為什麼別人一句不經意的話，會引起我極大的恐慌？
- 為什麼既往失敗的戀情，會讓我擔憂眼前的婚姻？

- 為什麼別人生病，竟然會令我恐懼也將得到一樣的疾病？
- 為什麼一進入狹窄的空間，就會感到莫大的壓力？
- 為什麼還沒有開始工作，就已感覺工作將會失敗？

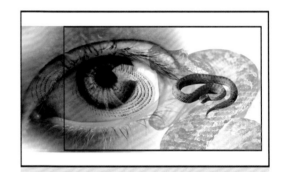

（圖188）曾經被蛇咬過的人在他們的潛意識中有著「毒蛇危險」的銘印。

（圖187）許多人面對空中步道時，明明意識告訴他們一切安全，而且是難得的經驗，但卻心生恐懼，卻步不前。

這一切，都是你的潛意識中的負面銘印直接跳過思維為你創造的。

✐ 潛意識相信一切事件都從某種相同形式展現

潛意識的銘印另有一些你必須知道的特質。

例如說，它相信世界上所有事件都只從一種「相同特定形式」展現，或者說，它習慣用單一經驗去認定所有情況皆如此。

當人們擁有這種的銘印特質時，他們的銘印會促成他們話語中經常帶有「永遠」、「從來」、「總是」等字眼。例如像是，「我永遠不會成功」、「別人從來都不關心我」、「我總是運氣不好」等等。相信許多人都曾經驗過這種以偏概全的現象。

舉些例子說明銘印以偏概全的特質。

某個小孩在某一天不小心打破盤子而被母親責怪。母親生氣的對他說：你「老是」犯錯，笨的要死，「永遠」都學不會。

其實小朋友打破了盤子並非大錯，而母親生氣脫口說的話也本無心；但潛意識籍由一般化模式一般化這個事件，製成失真的銘印，並儲存在他的潛意識中。在他往後的生命中，這個銘印不斷的告訴他「既笨又學不會」，詛咒他所做的每一件事，令他不時的感覺無能，並創傷了他的生命動能。

✐ 植入或被植入心錨

許多人不明瞭「言者無心」的威力。他們話語中「一般化的字眼」會不經意的對他人植入心錨（銘印）。記得別人曾用負面的一般化字眼對你說過的話嗎？

例如說：

- 父親對你說：你「總是」不惹人愛
- 老師責怪你：你「永遠」都學不會
- 老板批評你：你「永遠」失敗

對於這些別人對你說的負面話語，你的意識或許早就忘了，但是你的潛意識當了真，將這些話語一般化後製成了銘印。

這些負面的一般化銘印會像是：

- 我「總是」不惹人愛
- 我「永遠」都學不會
- 我「永遠」失敗

當初這些無心者的無心言語所為你創製的銘印，會不經意的制約你一輩子的生命行動。

你如果用心，你會發現有時候你也會不經意的用「能力限制話語」，像是「不可以」、「不可能」、「不會」等字眼，在一般化某些「單純的單一現象」後，在無心插柳的情況下，為自己或他人，在潛意識中插入這些「一般化的限制信念」。

這些信念所產生的制約與傷害，極可能會默默的擴散到生命的每一個層面。

舉些含帶「能力限制話語」的例句：

- 你「不可能」擁有幸福生活！
- 你「不可能」達到目標！
- 這個病「不可能」有救了！
- 這個工作「不會」成功！
- 你「無法」放鬆靜坐！

✐ 「需要性」的限制銘印

有些人喜歡以「需要性限制模式」去一般化單一現象；他們話語中經常帶有需要性，包括「必須」、「應該」、「一定」等字眼。「需要性」的句子表述了說話者潛意識的內在信念。

常見的例子像是：

- 我「必須」要賺很多錢！
- 我「應該」要做個教授！
- 我「一定」要比別人優秀！

當這種價值信念加諸在自己身上，會造成自己莫明的制約；加諸在別人身上，也會造成別人莫名的壓抑，並限制了對方生命更大的選擇。經常敏銳的在內觀中檢視這些無由的制約，會成就你更自由與更大能量的生命。

✐ 「扭曲模式」促使潛意識銘印偏離實相

扭曲（Distortion）是潛意識制作銘印時常用的一個模式。它促使銘印信息偏離實相。

有一個人在上小學時得不到老師的稱讚，當時他的潛意識將這個經驗「扭曲」後，創造了一個偏離實相的銘印；這個銘印在他的生命中一直告訴他：「你不值得別人稱讚」。其實他的老師並沒有這種想法，這是他自創的心靈扭曲。

某一個人在嬰兒時期缺乏照顧，她的父母多次將她獨自留在家中。父母以為她反正小，獨處不會有什麼問題，但不知道她獨自在家時感到非常恐懼。在她長大後，她的意識的回憶中雖然沒有這一段回憶，但她的杏仁核早已記錄了這個孤獨下的恐懼感受。當她長大了之後，她經常莫名的感覺孤獨害怕。獨處會令她的潛意識中的「孤獨銘印」釋放出無由的恐懼情緒。這類記憶可以一直影響她的一生。

有一個人深夜回家，在幽暗的巷子裏，見到一個影子，影子只是一個「影像」，並非實體，但他的內心突然生起驚慌恐懼。（圖189）其實，那個影子只不過是一個年老乞丐的身影。

（圖189）有一個人深夜回家，在幽暗的巷子裏，見到一個影子，影子只是一個「影像」，並非實體，但他的內心突然生起驚慌恐懼。

他之所以驚慌，是因為他以前曾經看過一部類似的恐怖電影，他的意識雖然忘了，但是他的潛意識卻儲存了這一幕恐怖劇情，並創製了相關銘印來呼應這個劇情。這個躲在潛意識中的「暗影銘印」，令他只要黑夜見到任何暗影，就會把暗影聯想成恐怖事物，而引發無謂的恐懼。

這個銘印令他無法感知實況，反而為他創造了虛幻的生命感受。潛意識利用刪減模式簡化事件原本是美意，但非實態的刪減會扭曲真相。

另舉個例子。

一位先生對他的太太做了很多貼心的好事，但他的太太仍然認定她的先生不愛他，因為她的丈夫從沒對她說過「我愛你！」。事實上她的丈夫對她做了很多貼心的好事，只是沈默寡言，不善表達。當這位太太的潛意識將這個現象透過「刪減機制」簡化成制約銘印時，任何他丈夫對她的做的正向行為，都被她的潛意識否定了。

我們開始瞭解潛意識如何幫助我們製作心靈制約了嗎？瞭解銘印的形成模式可以幫我們的避開被植入負面心錨，同時也幫助我們不要口無遮攔，沒事拉弓亂射心錨。

第六個特質：銘印性質決定生命品質

面對同樣的生命現象，不同性質的銘印會製造不同的反應，不同的反應會促成不一樣的生命歷程。

例如說，某個人被批評後會莫名的暴怒。他很想改變這個討厭的個性，遇到批評時想要自我控制。但每次被批評後仍然生氣，生氣後又忙著道歉。

表面上這似乎是他天生的個性使然，但真相不是如此。他從小家庭內父母間頻繁爭執下的全武行，為他的潛意識免費安裝了一個憤怒銘印，令他學習到的信念是：「爭執要用憤怒或暴力解決」。在他爾後生命中，每當爭執當頭，他的潛意識會強迫他縱情發怒。當他習慣了呼應這個憤怒信念後，他就被它綁架了一輩子。

但相對的，另外有個人生長在佛教家庭，一家人祥和喜悅，他從小在這種氛圍中被默默的安插了用「接納」取代「對抗」的銘印。當他聽到批評時，他的潛意識銘印會促使他誠心的對對方說：「謝謝您教導我」。他把批評認定是提昇靈性的箴言。

上敘兩種人由於銘印的性質不同，面對紛爭的應對模式也一百八十度的相異；但他們未曾選擇銘印，一切是週遭環境促成的。

有人也許不認同這個現象，認定不好的脾氣是與生俱有的；這是個錯誤的悲觀論調；如果脾氣是與生俱有的，那你如何解讀日本舉國廣泛擁有的貼心服務心念呢？

多年來，學者們一直爭執到底人類的本性是「本善」或是「本惡」。不管真相如何，如果你堅持後者，那你將失掉改善生命的機會。

另舉一個例子說明不同的銘印會創造不同的關係。

有兩個人對狗的感受不同。甲君一直愛狗，覺得狗很可愛，見到狗就想親近它；而乙君則相反，很怕狗，不敢靠近狗。同樣面對狗，為什麼兩人反應迥異？（圖190）

原因是甲君在幼時家裏養過一隻可愛的狗，他與狗在一起的經驗是快樂的；而乙君則在幼兒時曾經被狗追咬過。他們兩人對狗的不同態度與狗本身無關，而與他們潛意識中對狗的銘印性質有關，不同的銘印觸動不同的生命經驗。

延伸這個理念，我們可以開始理解：能夠擁有美好銘印的人等同擁有享受美好生命的門票。

此外，我們必須進一步理解，潛意識內的銘印與你的生命關係，不一定只是單向的，它其實可以變成是雙向的。

銘印的屬性的確會影響你在生活中所呈現的「情緒特質」、「思想形態」與「行為模式」；但相對應的，當你面對銘印施加於你的生命影響時，你所回應出的動機、情緒、思想或行為的「形態」與「強度高低」，也能正面或負面的「反向影響內在銘印的屬性與依附在銘印上的能量」。

所以，如果你想促成與潛意識間的良性的雙向變動，請接受一個提醒：

（圖190）同樣面對狗，為什麼兩人反應迥異？

平日儘量多去經驗「靜心」或者「潛意識對話 DIY」，將自己的身心經常安置於放鬆平靜中；你可以利用這種寧靜的身心靈去「軟化」或「轉化」潛意識銘印施加於你的負面信息。當您如果能夠經常處於寧靜無念時，您會自動的旁置潛意識對你的控管，取回生命發球權。

第七個特質：潛意識主動輸送回憶到意識層面

生命中，我們也許一切安好，但你的潛意識會違背你的意念，經常隨時無由的輸送「不愉快的回憶」與「回憶相關的情緒」到你意識層面，你全然無法杜絕這些歷史泡沫的騷擾。它像是無法控管的野象，衝撞著你的內在，令你承受不必要的壓力與恐懼，令你痛苦，並促成你行為失當。（圖191）

有個人曾經在幼年被人莫名的恐嚇毒打過。這個痛苦的經驗被化做潛意識中的銘印。他的潛意識經常將這個恐怖經驗輸送到意識層面，令他重覆的咀嚼這個早已過氣的痛苦回憶，令他不再相信別人，無由的排斥各種關係，令他原本快樂的人生變質。

我們開始明瞭，痛苦不是理性產物，意識根本作不了主，它是深層潛意識制約下的反射。每個人都知道要忘卻痛苦的回憶，但潛意識卻永遠自彈自唱，置之不理。當人們跟自己的潛意識失去了親和感時，他們的潛意識會像電腦中毒般，被不斷的錯植指令或程式，以致跟「真我」失去了平衡。

（圖191）「不愉快的回憶」像是無法控管的野象，衝撞著你的內在，令你承受不必要的壓力與恐懼，令你痛苦，並促成你行為失當。

第八個特質：我們被內在潛意識催眠了

潛意識有點像是個中國古代的百寶箱；我們根本不清楚百寶箱中有幾個抽屜，也不知道在抽屜內有什麼東西。我們的思想意識根本無法參予潛意識對我們生命的運作；更甚之，我們甚至於不知道，生命中絕大部分的行動來自於潛意識的掌控。潛意識是如此悄悄無聲的在心靈的陰暗處運作。

換問話說，無論是白天或晚上，多數人會自認是清醒的活在自己意識的主導下，但真相並非如此。人們其實是沉睡的，我們僅僅活在潛意識創造的催眠幻境中。（圖192）它像是電影「Matrix」世界中的人類，自以為生存在實體世界中，卻不過只是電腦程式下的傀儡。

每一個「潛意識制約」會吸引並集合其他類似的次等信念，形成了一層又一層非常複雜的信念結構。這些信念結構會令人們活在失真的心靈世界，經常與恐懼、擔憂與痛苦為伍，並令我們喪失了體驗真實生命的機會。除非有一天我們能覺醒正處身於這種狀態之中，否則無法從心靈牢獄之中被釋放出來。

（圖192）無論是白天或晚上，多數人會自認是清醒的活在自己意識的主導下，但真相並非如此。人們其實是沉睡的，我們僅僅活在潛意識創造的催眠幻境中。

如果上述說法為真，那「人生掌握在自己手中」的說法是錯的；應該改說：「人生掌握在內在心靈的潛意識裡。」（圖193）在這個瞭解下，我們開始覺知到，通往真相的唯一途徑就是先解放潛意識。除此之外，所有方法都有待商確。

我們多麼期待一個平靜喜悅的自由生命；我們有方法解除潛意識施加的魔咒嗎？

解除魔咒的模式只有一種，就是在當下去察覺和轉化潛意識中負面信念。轉化之後，人們的命運也會改變。但這是知易行難的企圖，多少人可以放棄思想與生命經驗而留在當下呢？

請仔細面對這個生命至要的議題。

第九個特質：潛意識掌控你的行為習慣

潛意識有一個重要的機制，就是會將你所「學習到的技能」，化做反射性的習慣。潛意識的這個機制可促使你平日不必辛苦的思考如何操作重覆的行動；它可令你輕鬆的過日子。

例如像穿衣服；小朋友們開始學穿衣服時，必須刻意地思考如何穿衣服。但當他們純熟穿衣服動作後，這個運作模式會被潛意識自動儲存起來。爾後小朋友穿衣服，會在反射習慣下輕鬆的穿衣服。

說話也是如此；當熟悉語言後，我們說話時便不須用意識刻意尋找合適的字眼與文法；潛意識會將語言化做反射性習慣，為我們說話時自動提示恰當內容。

（圖193）人生掌握在自己手中的說法是錯的；應該改說：「人生掌握在內在心靈的潛意識裡。」

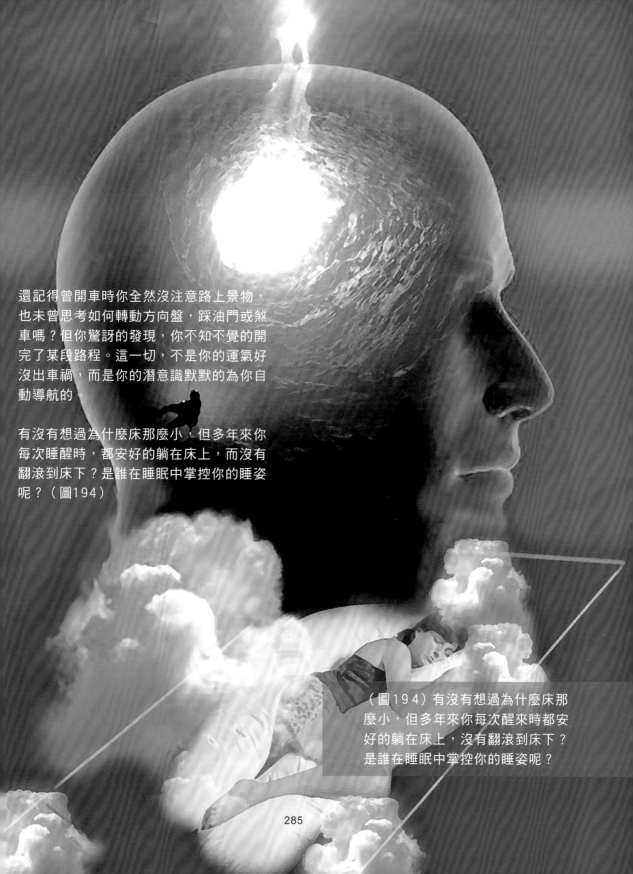

還記得曾開車時你全然沒注意路上景物，也未曾思考如何轉動方向盤，踩油門或煞車嗎？但你驚訝的發現，你不知不覺的開完了某段路程。這一切，不是你的運氣好沒出車禍，而是你的潛意識默默的為你自動導航的。

有沒有想過為什麼床那麼小，但多年來你每次睡醒時，都安好的躺在床上，而沒有翻滾到床下？是誰在睡眠中掌控你的睡姿呢？（圖194）

（圖194）有沒有想過為什麼床那麼小，但多年來你每次醒來時都安好的躺在床上，沒有翻滾到床下？是誰在睡眠中掌控你的睡姿呢？

這一切生活經常重覆的行為，是潛意識內在儲存的反射機制自動為你導航完成的。它幫你建立習慣是好意，讓你降低不需要的專注與能量消耗。但可想像的是，如果潛意識內儲存不好的習慣時，那麻煩就來了。

舉瘦身為例。

一個愛吃甜食的人雖然理性上決定不再吃甜食，但總是控制不了吃甜食的慾望，吃完後又自責，告訴自己下次不可。事實上他不必苛責自己，因為薄弱的意識無法抵擋潛意識中「愛吃甜食」的既存反射程式；每當他面對甜食誘惑時，潛意識中愛吃甜食的程式會再次被啟動起來，跨過他的理性對他說：「吃吧，沒關係，吃了開心。」

潛意識很隱祕；要想接觸或轉化它內在錯誤的習慣，必須在腦波轉入阿爾法波時始可進行。（圖195）「潛意識對話DIY」的語言引導，可以協助讀者在腦波轉入阿爾法波時，接觸並轉化他潛意識中的負面習慣程式，促成當事人的負面習慣快速改善。

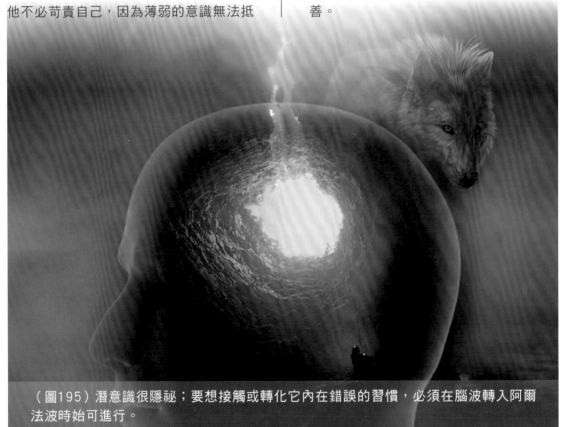

（圖195）潛意識很隱祕；要想接觸或轉化它內在錯誤的習慣，必須在腦波轉入阿爾法波時始可進行。

第十個特質：潛意識具有「心想事成的幻想魔力」

✎ 潛意識能創造安慰劑效應

潛意識有一個有趣的特性。它既不能區分，也不介意外來訊息的真假或對錯；當它願意相信某個進入的訊息時，它會運用它豐盛的「幻想力」與「創造力」，去呼應並成就那個訊息。

舉個例子來說。

某個人拿著一顆藥丸，他的理性會認知這顆藥的客觀藥性，並預期吞食後身體將發生的生理反應。但決定藥物服用後生理反應的幕後推手，並非理性，也不一定是藥物的客觀藥性，而是潛意識。潛意識對「藥物的認知」才是促成生理反應的關鍵因素。

舉例來說：

如果某個人吞食的藥丸並非真正的鎮靜劑，而是無鎮靜效果的假藥。但只要他的潛意識相信這個藥丸是鎮靜劑時，則他仍會在生理上感受到放鬆寧靜；這個現象則稱為偽藥效應（Placebo Pharmaceutical Effect）。

美國哈佛大學曾針對偽藥效應，作了一個有趣的實驗。

哈佛大學研究團隊將一百位醫學院學生分為二組，每組五十人。第一組被測試者被要求吞食紅色膠囊的興奮劑；第二組被測試者則被要求吞食藍色膠囊的鎮靜劑。但事實上研究者在分派藥丸前，暗中對調兩種膠囊內的藥粉。結果有趣的反向結果發生了，吃了紅色鎮靜藥丸的學生竟然出現興奮的現象；而吃了藍色興奮藥丸的學生則表現平靜。（圖196）

（圖196）有趣的反向結果發生了，吃了紅色鎮靜藥丸的學生竟然出現興奮的現象；而吃了藍色興奮藥丸的學生則表現平靜。

這個實驗提示了三個值得參考的訊息：

其一：潛意識無法判定進入訊息的真相
其二：潛意識只呼應它所相信的信念
其三：潛意識擁有極大的引導「生理反應」或「心理反應」的能力

另舉例來說明安慰劑效應。美國在 1999 年有份心理報告指出，半數患有嚴重抑鬱症的病人在服用了安慰劑之後，病情竟平均好轉 32 ％。

很多自承身受生活高壓的失眠者，會習慣性服用安眠藥幫助入眠，他們當然相信這些安眠藥的確能有效助眠。其實促成他們入眠的幕後功臣，也許並非全然來自於安眠藥本身的藥效，部分療效可能來自於：當他們的潛意識願意相信安眠藥的助眠效應後，潛意識會在側邊協助入眠。

✎ 潛意識具有「無中生有的幻想能力」

潛意識的幻想能力可以比你想像的更抽象，它甚至於可以展現「無中生有」的超凡魔術。

例如，如果有人對你說：「5 秒鐘以後，請不要想像在你的眼前會出現一個曼妙的雙頭裸女。」請問 5 秒鐘以後，你會聽從指示不去想像雙頭裸女嗎？（圖 197）不僅此，爾後這個裸女也許會經常在你腦海中出現。

現在此刻，當你正在看著這段話的時候，你的眼前有沒有出現雙頭裸女？如果有，那就是潛意識運作的結果。

潛意識並不介意訊息是否是「假像」，當它願意相信有雙頭裸女時，它就能在你的

（圖197）如果有人對你說：「5 秒鐘以後，請不要想像在你的眼前會出現一個曼妙的雙頭裸女。」請問 5 秒鐘以後，你會聽從指示不去想像雙頭裸女嗎？

眼前為你創造出雙頭裸女。請回想一下，潛意識創造虛無的幻想機制，不知道為我們的生命中創造了多少個「幻想裸女」？

✎ 生命中它為你創造的雙頭裸女

還記得SARS嗎？在它發生期間，只要打開電視，每一個電視臺不斷的重播SARS的新聞。這些恐嚇性的疲勞轟炸，令許多人內在潛意識激起了對傳染病的制約信息：「只要一個人開始感冒，最後全部感冒」。在這個潛意識制約信息下，多數人悲觀的認定：「SARS將要感染全世界」。

媒體轟炸觸動了潛意識中的傳染銘印，將SARS變成了「雙頭裸女」。我們的理性思維無法杜絕這些「幻想拉圾」對我們心靈的騷擾。

第二次世界大戰期間，德國納粹在優生學的口號下，殘殺數百萬個猶太人。其中部分被殘殺的猶太人在處死前，被科學家利用做了一些非人道的實驗。

在某個實驗中，一個猶太人被矇上眼睛，綁在一張石床上。他被實驗者告知手腕血管上插了一個空針，他的血液將會經由空針滴落在地面空盆裡。當這個實驗在進行時，這位猶太人聽到他的血液正緩慢一滴、一滴的滴入空盆內；不久後，這個猶太人就死亡了。

其實實驗中空針並沒有真正插入這個猶太人的血管中，他聽到的滴血聲不過是水滴滴入盆中的聲音，這個過程原本無法造成他任何死亡威脅，但當他的潛意識相信他的血液真的滴入水盆後，就自動啟動了促成他死亡的生理機序。

另舉一個相似的例子。

一個東方人到法國的山區遊玩。當他感到口渴時，正好看到眼前有個清澈的水潭。他想像山區水潭的水必然是潔淨無污染的，因此放心的在潭邊喝了許多潭水。他喝完潭水正準備起身離開時，看到不遠處插了一個牌子，牌子上寫著：「Poisson」；他看了以後立時感覺到頭昏、噁心、心跳加快，自覺中了毒。他恐慌的叫家人立刻帶他下山急救。

醫院仔細核查，找不到他有任何急性的生理障礙，就問他為什麼感覺中毒？他回答說因為看到潭邊立牌上面寫著「毒」；醫師追問他看到的「毒」字是有一個「S」還是兩個「S」，這個東方人回想到好像是兩個「S」，醫師莞爾一笑，告訴他「Poisson」在法文中是「魚」的意思，而不是「毒」。

雖然他並沒有中毒，但當這個東方人的潛意識在相信中毒後，就為他創造了一切中毒應有的生理症狀。

感覺到了潛意識的非凡魔術威力了嗎？

✐ 潛意識的幻想機制能為你做一切你想
　要做的

對於信的人，什麼都能。

馬太福音 9：23

現在，你得開心的接受一個你可能還不清楚的好消息，這個好消息就是：「潛意識的幻想機制能夠幫助你去達成一切你心裡想要做的。」

你可以想像潛意識像是阿拉丁故事「神奇油燈中的精靈巨人」，它潛藏著豐富的內在資源、高度智慧與不可思疑的魔術能力。（圖198）這個威力強大的精靈巨人忠實於你，也願意接辦你的期望。條件只有一個：「你要讓它認定你的期望是真實的」。當精靈巨人願意接受你所傳輸給它的「請求」或「指令」時，在它神奇魔力的協助下，你可以變得有財有勢，娶個美貌公主（嫁個英俊王子），而且生命美好幸福。

但請理解，潛意識這種幻想機制像是刀刃的兩面，它可以正反雙向的影響你的人生。

現在讓我們先看看這把刀的正面刀刃。

歷史上許多成功者與一般人不同，他們有著一個共同的秘密，就是他們能請求精靈巨人為他們服務。（圖199）他們如何做到的呢？因為他們擁有不一樣的心靈機制：

（圖198）我們可以想像潛意識像是阿拉丁故事「神奇油燈中的精靈巨人」，它潛藏著豐富的內在資源、高度智慧與不可思疑的魔術能力。

- 他們天生就知道生命的內容可以由自己創造
- 他們相信動什麼念就得什麼果
- 他們深知潛意識擁有促成「心想事成」的能力
- 他們堅信正念能夠令潛意識相信並成就他們腦海中的成功圖景
- 他們擁有啟動潛意識「心想事成」能力的強大心念

（圖199）歷史上許多成功者與一般人不同，他們有著一個共同的秘密，就是他們能請求精靈巨人為他們服務。

這些天生成功的人都會善用這種「異於常人的心靈機制」，去對他的潛意識投入潛意識全心願意接納的「正向指令」、「建言」或「正面幻想」。而他的潛意識也會全力呼應這些輸入的訊息，展開它心想事成的魔術機制，為他完成他的心願，讓他的生命永遠心想事成。

幾年前有一部叫做「祕密」的暢銷書，書內談到歷代成功人士都有一個共通的特質，就是他們在面對任何工作或挑戰前，都能夠樂觀的在心中觀想到未來成功的圖像，與強烈感受成功後的快樂情緒。（圖200）這個在工作啟動前的成功觀想，可催動潛意識啟開它內在的超凡能力，並促成一切心想事成。

我們開始了解，為了擁有美好生命，你必須學習正確的面對你的潛意識，思考如何運用成功者獨有的正念，去引導它為你達成你的期望。

一個人完全繫於他終日所思。

美國文學家作家拉爾夫・沃爾多・愛默生
（Ralph Waldo Emerson，
1803年－1882年）（圖201）

（圖201）美國文學家作家拉爾夫・沃爾多・愛默生

（圖200）歷代成功人士都有一個共通的特質，就是他們在面對任何工作或挑戰前，都能夠樂觀的在心中觀想到未來成功的圖像，與強烈感受成功後的快樂情緒。

現在讓我們看看這把刀的反面刀刃。

一些經常失敗的人與成功者的心念相反。他們或許知道應該對潛意識投注正念，但由於天生思想消極，經常怨天尤人，或自許為受害者；他們也不相信自己的能力與智慧，一直感覺身體將有疾病。在口語上，他們會說：「我不行」，「我沒好運」，「我不能承擔責任」，或「別人不喜歡我」等等。他們經常對潛意識所輸送的「消極暗示」，會像毒藥般滲入潛意識。這種習慣性的悲觀念頭，促使他們變成預測神準的「悲劇命相家」。當他輸送負面念頭給潛意識時，潛意識也會為發動它心想事成的魔術，為他創造痛苦的人生。幫助他將他所相信的悲劇都「夢想成真」。

> 所以很多人都曾經驗過一個常見的共通現象：「每一個人眼前的世界，其實就是依他的心念為藍圖，然後被他的潛意識創造出來的。」不是嗎？

所以在此處，我們該理解的結論是什麼？我們要試著去相信：

生命掌控在我們的手上。善用潛意識資源能力的人能夠成就豐盛的生命。但反之，不善用潛意識資源能力的人會將生命陷入困境。

如何正確運作潛意識，是走向成功大道的重要課題。

現在，瞭解潛意識的魔術能力後，讀者值得去試著回答幾個問題：

- 我們的命運是無法變動的嗎？
- 我們的生命藍圖是既定的嗎？
- 如果生命有個既定藍圖，我們可以積極的另擬更好的藍圖嗎？
- 如果生命沒有既定藍圖，我們可以策動潛意識接受我所喜愛的藍圖嗎？

讀者何妨將這些信念施用於你的生活中，然後看看答案是什麼？

如何啟動潛意識心想事成的魔術能力

啟動潛意識心想事成的魔術能力

因為我信，所以我得。

智者箴言

如果你希望成就豐盛的生命，那你必須懂得對你的潛意識說出「芝麻開門」的祕語。如何能夠敦請神燈精靈接受你的「指令」呢？如何啟動潛意識心想事成的魔術能力呢？請參考下列的五個步驟。

步驟一：相信潛意識擁有心想事成的魔術能力

首先，請得先堅信你的潛意識深藏著豐富的內在資源、高度智慧與不可思議的魔術能力。

你得放下你的理性分析，因為它無法促使你瞭解潛意識的潛能與內在資源；「直觀」與「實體經驗」會比理性分析更容易讓你覺察到它的本質。

在面對潛意識時，你要強烈的相信它對你的協助，必定是既真實，絕對可行，又必將導向成功，這是啟動潛意識能量的前提。

步驟二：練習「正念正語」

你得相信你與潛意識之間是可以雙向互動的；的確它對你生命的一切，一直有絕對性的影響力，但其實你也可以藉由特定方法，去反向改造你的潛意識。請不要放棄你在這方面的權利與義務。

如何做呢？你的起步點是：在生活中，請開始對外在世界正念正語，要學習避開消極的、惡意的或具破壞性的念頭。

例如說：

- 要說：「我的身體健康完美」，而不說：「我的身體不行，老是生病」。
- 要說：「我做的很好」，取代「我永遠做不好」。
- 要說：「我愛著我自己的一切」，取代「我討厭我自己」。
- 要說：「我的事業飛黃騰達，步步高昇」，而不說：「我沒有貴人相助」。
- 要說：「我的生命平靜喜悅」，而不說：「災難老是跟著我」。

- 別人成功時要說：「恭禧你」，而不說：「憑什麼你比我強？」
- 別人犯錯時要說：「恭禧你從錯誤中學到新東西」，而不會說：「為什麼你老是犯錯？」
- 被別人批評時要說：「謝謝你告訴我」，而不會說：「那你呢？」

請記住，「心靈正念」與「口語正語」是開始啟動潛意識魔術能力的第一步。也許一般人的正念正語仍不足以啟動潛意識的魔術能力，但你的「負面的心念與口語」卻經常足夠啟動潛意識的魔術能力，讓你的生命沉淪不振。

步驟三：清除潛意識內的負面訊息

許多人的潛意識中充滿了令他們恐懼與痛苦的負面信念。這些信念形成築在潛意識四周的高牆，它會阻礙任何轉化訊息的進入。

> 當人們對潛意識輸送「正念與正語」，企圖啟動潛意識的轉化機制時，帶著負面信念的潛意識會在裡面喊「卡」，它將全然不配合他們的期望。這是許多人運用正念正語轉化潛意識，但不斷的嘗到失敗的原因。

傳輸給潛意識「有效正念」的首要功課，是必須先驅除潛意識內部累積的錯誤信念

，並改寫它內部的錯誤程式。（圖202）

（圖202）傳輸給潛意識「有效正念」的首要功課，是必須先驅除潛意識內部累積的錯誤信念，並改寫它內部的錯誤的程式。

潛意識內部需要移除的障礙，包括潛意識內「促成情緒的回憶」、「對未來過度的關切」、「對時間的依戀」與「不恰當的習慣」。（圖203）當潛意識內部的錯誤信念被驅除後，正念即可輕易的傳入潛意識中。

步驟四：對潛意識傳輸有效正念

✎ 檢視傳輸給潛意識的「指令品質」

要想對潛意識潛意識下達有效指令，得先瞭解對潛意識傳輸的「指令品質」。

一些人天生思緒紊亂，當他們對潛意識傳達期望時，一邊口是心非的，勉強在嘴裡重覆唸著軟弱的正念口號，一邊任由內在晦暗悲觀的潛意識信念質疑傳輸的正念。

（圖203）潛意識內部需要移除的障礙，包括潛意識內促成情緒的回憶、對未來過度的關切、對時間的依戀與不恰當的習慣。

他們傳輸所謂的正念，不過只是利用「淺層的思考邏輯意識」對潛意識的隔靴搔癢，全然無法將正念輸進潛意識。這種現象解讀了為什麼一些看似設計良好的正念訓練課程，無法促成部分學員的有效改變。

為什麼學員間學習成果差距如此之大？

那是因為有些學員天生就具有足夠影響潛意識的「強大心念」，課程只是幫助他們啟動這種心念而已。但相反的，許多人根本無法在意識中建立這種品質的正念。（圖204）

✐ 負念禱告會「心想事不成」

往下，我想利用對禱告的解析，來解釋何謂「傳輸潛意識的有效正念」。

在宗教中，人們藉由禱告「與神對話」，目的是感恩或祈求，然而後者多於前者。宗教徒日日禱告，然而禱告的結果兩極化，有時應驗，但有時卻如泥牛入海。面對這兩種截然不同的結果，極少人深入探討它背後隱藏的原因。（圖205）

觀看宗教歷史，千真萬確的，許多宗教歷史提示過禱告所促成的超自然的奇蹟。例如有些牧師佈道時，利用禱告促使一些證道臺上的重症患者奇蹟似的產生極大的生理轉變，甚至於恢復健康。也的確有些人透過禱告經常求什麼就得著什麼。

（圖204）有些學員天生就具有足夠影響潛意識的「強大心念」，課程只是幫助他們啟動這種心念而已。但相反的，許多人根本無法在意識中建立這種品質的正念。

（圖205）然而禱告的結果兩極化，有時應驗，但有時卻如泥牛入海。面對這兩種截然不同的結果，極少人深入檢視探討它背後隱藏的原因。

但相反的，也有很多人經常禱告，但心想事不成。（圖 206）禱告經常失敗的人會悲觀的想：

- 神偏心了
- 神並不存在

- 經常禱成功的人只是天生好運，與神無關。

對於「無效的禱告」，除開上述三個假設外，有沒有可能有其它原因呢？

（圖206）很多人經常禱告，但心想事不成。

✏ 成功禱告背後隱藏的真相是什麼？

為什麼有些人禱告「心想事成」，但另一些人禱告如同泥牛入海？是神真的偏心了嗎？是神不存在嗎？還是這一切都不過只是機率下的巧合，與神無關？

我並非在討論「神存在與否」的議題，這是個未來千年人們仍得努力探索的領域，我想談的是禱告的效應。

面對宗教禱告的現象，科學家習慣於轉頭不理，將不能研究的禱告送入玄學冷宮，因為他們喜歡活在易於理解的黑白領域中。但我猜愛因斯坦或牛頓會否定這種哲學，因為未懂難解的現象背後，經常隱藏著某種生命真相。（圖207）

「遠離無法理解的未知」一直是科學家內在無明的制約。但近年來已有一些科學實驗開始在探索「禱告」或一些「超自然現象」背後的實相。

各位聽過「水簾觀察法」嗎？當你看著高山垂流而下的瀑布，發現瀑布的水簾呈現非平面的凹凸扭曲時，觀察者知道水簾後必有玄機。

不管「神是否存在」或「神是否參與禱告」，依據瀑布觀察法倒推，不同的人禱告產生不同成功率的現象，的確暗示著禱告的背後，蘊藏科學尚無法解釋的玄機。

TRUTH
LIBRARY

（圖207）未懂難解的現象背後
，經常隱藏著某種生命真相。

對於禱告祈求而經常「心想事成」的人，他們成功禱告背後隱藏的真相是什麼？它是真的來自於神性的力量？還是基於其它原因？還是都不是，只是像中了彩票般的巧合？（圖208）

如果你相信答案是「巧合」，那此刻值得提問的是：「如果只是單純的巧合，那為什麼一些人的禱告會經常呈現如此高頻率的被允諾？」這種高頻率的成功禱告在統計學上極可能是有意義的。

我們目前尚無法對這個現象下任何假設。但經由多年對宗教禱告的觀察，我發現一個初步「集合性的現象」：

禱告者在禱告時「口念禱告詞的心念品質」，是促成有效禱告的關鍵因素。而這個「禱告心念品質」，與大多成功者「傳輸給他們潛意識的心念品質」極度相似。

對許多經常禱告成功的人而言：

（圖208）對於禱告而經常「心想事成」的人，他們成功禱告背後隱藏的真相是什麼？它是真的來自於神性的力量？還是基於其它原因？還是都不是，只是像中了彩票般的巧合？

他們多數具有利它的仁慈心，而且禱告時具有相信禱告必成的強大心念。就是這種心念，開啟了禱告成功的大門。

然而相對應的，對許多經常禱告失敗的人而言：

他們多數具有負面思維，對禱告效應抱著懷疑態度，在禱告時或者心存「利己的私慾」，或者僅應景的喃喃自語；他們在禱告過程中極少出現與神「交心對話」的感動。

當然，上述的解說尚不足以構成科學的「假說」或「理論」，它僅是我將觀察到的現象初步整理後的結論。但我感覺到這個初步結論似乎可有效解釋為何禱告會產生不同的結果。這個初步結論很有趣，值得科學進一步的追蹤，也當然值得禱告者一試。

✏ 如何建立強大的禱告心念呢？

再次強調一次，多數成功的禱告必需具有「利它的仁慈心」與「相信禱告必成的強大心念」。

如果這個敘述是實相，那下一個我們該問的問題就會是：如果想促成心想事成的禱告，如何建立強大心念呢？

如果讀者想建立成功禱告的強大心念，不妨考慮遵循下方介紹的方法：

方法一：先清除潛意識中的負面信念

如果你想要建立促成成功禱告的「強大信念」，你無法依靠意志力。你必須先清除掉你在潛意識中的負面信念，因為潛意識中的負面信息會阻礙有效禱告所需要的強大心念。當潛意識中的負面信念被徹底消除後，高能量的正念禱告會促成禱告「心想事成」。

方法二：令自己身心放鬆平靜，大腦轉入較低頻的阿爾法波

如果要傳輸有效的禱告訊息，你必須先令大腦進入身心放鬆平靜的阿爾法腦波，或者更低頻的腦波。你在低頻腦波下所發出的禱告期望，會以「強大明晰的實相圖景」傳輸出去。

舉個例子說明。我認識一個教會朋友，她在她教會牧師的同意下中做了一個有趣的嘗試。她在禱告開始前，先利用放鬆技巧帶領教友進入深層放鬆，然後才開始禱告。禱告後許多教友告訴她，他們首次在禱告時心靈感受到深層的寧靜喜悅與神的臨在。

方法三：傳輸有效的禱告期望

多數成功的禱告者在禱告時會呈現下列心靈狀態：

- 身心感覺放鬆平靜
- 禱告並非思想主導

- 禱告時心存仁慈利他心
- 心靈明確的感受神的貼身臨在與愛
- 禱告時腦海中呈現禱告成功時的3D彩色圖景（圖209）

讀者在禱告時，不妨逐條檢視是否達成？

步驟五：大膽不害羞的對潛意識懇求你的需求

當面對潛意識輸送期望時，不必謙虛或害羞，要誠心的用高能量的正念，大膽的把期望簡單清楚的描述出來；向它懇求你所需要的健康、平安、喜樂、富有，並堅信它會成全你。（圖210）

如果你的腦海中能夠呈現明確的成功圖景，你的潛意識就會接受請託，開始無條件

地為你的生命服務，照辦你祈求的一切，讓你的夢想成真，將你的企圖變成真實的體驗。

（圖210）當面對潛意識輸送期望時，不必謙虛或害羞，要誠心的用高能量的正念大膽的把期望簡單清楚的描述出來。

（圖209）禱告時身心感覺放鬆平靜，並非思想主導，心存仁慈利他心，心靈明確的感受神的貼身臨在與愛，並且腦海中呈現禱告成功時的3D彩色圖景。

選擇與被選擇（Choose or chosen）

美國心理學家 威廉・詹姆士（William James，1842年－1910年）曾說過：潛意識蘊藏無窮的智慧和力量，改造世界的力量在潛意識中。

生命中，我們總在尋找一個殊勝方法、一個救援者、一個信仰或一個奇蹟，去求取豐富美好的生命。面對這個生命至關的議題，許多人沒有瞭解到，與其外求所羅門寶藏，不如對內去面對與轉化自己的潛意識。

面對提昇生命的期望，你不必刻意對外去求什麼，你的潛意識本就擁有你所需要的一切動能與智慧。你可以經由潛意識的協助，走向快樂美麗的人生。這絕非老生常談，每個人都可以創造這個魔術奇蹟，但前提是，你必須先相信潛意識對生命的無限可能，並學習去掌握它。

藉由這本有聲書的語音引導，你可以不假外求，Just Do It Yourself，（圖211）你可以直接去面對與轉化你的潛意識，這將不再是另外一個失敗的經驗。

生命可以是夢想家的樂園，但也可變作悲觀者的牢籠；生命好壞全在一念之間。在此刻，你的內在潛意識已經枕戈待旦，你準備好了嗎？

（圖211）Just Do It Yourself.

｜介紹「潛意識對話 DIY ｜

潛意識在轉化時
它所能領受的學習能力及創意也是最高的

介紹「潛意識對話 DIY」

「潛意識對話」是轉化潛意識的工具書

「潛意識對話」是一本轉化潛意識的工具書。它包含「文書」與「語音引導」兩部分。

「潛意識對話」的文書部分著重在分析人們各類負面情緒、思想與行為的本質與根源，並解釋如何有效的轉化潛意識。

「潛意識對話 DIY」是針對心靈提昇的語音引導，它利用語音對讀者的潛意識輸送轉化指令，而能有效的促成讀者潛意識內在信念的轉化。（圖212）

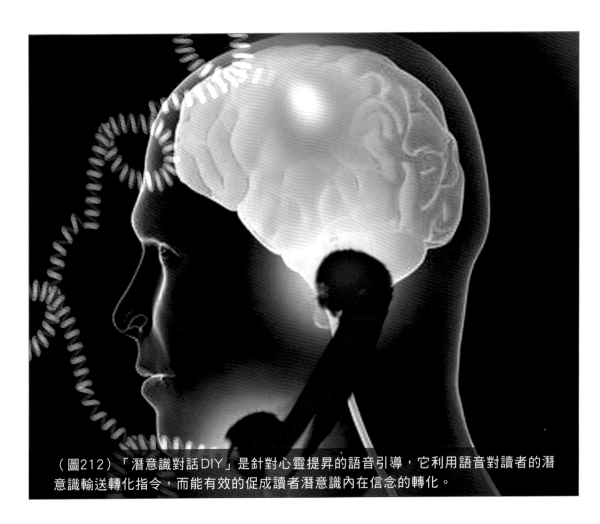

（圖212）「潛意識對話DIY」是針對心靈提昇的語音引導，它利用語音對讀者的潛意識輸送轉化指令，而能有效的促成讀者潛意識內在信念的轉化。

「潛意識對話 DIY」簡介

潛意識轉化四部曲

✎ 轉化潛意識的四個步驟

如果讀者想要積極的美化生命，你必須要遵循下列四個步驟去轉化潛意識：

步驟一：促使自己身體放鬆、心靈寧靜
步驟二：令大腦轉入「阿爾法腦波」或者更低頻腦波
步驟三：對潛意識植入「反應框架」
步驟四：對潛意識輸入潛意識能接受的「轉化指令」

要達成上述四個步驟，你根本不需刻意去學習，你只要知道如何正確的使用「潛意識對話 DIY」的語音引導；「潛意識對話 DIY」語音引導會直接為你完成轉化潛意識所需要執行的四個步驟。

✎ 步驟一：促使自己身體放鬆、心靈寧靜

現代人在高壓紊亂的生活中很難擁有「放鬆的身體」與「寧靜的心靈」。而這兩種身心元素的缺乏，會阻斷你轉化潛意識的成功機會。

「潛意識對話 DIY」的前段內容提供促使身心深層放鬆寧靜的語音引導，它會協助身心快速進入深層的放鬆與寂靜。

一些人聽到深層放鬆時，也許感到好奇或遙不可及，事實上它是一般人生活中經常經驗的自然現象。例如，當你在家中看著喜歡的電視連續劇時，你完全忘記了一切，甚至叫你吃飯也聽不到，你已經進入了一個入神的深層放鬆狀態。（圖213）

（圖213）當你在家中看著喜歡的電視連續劇時，你完全忘記了一切，甚至叫你吃飯也聽不到，你已經進入了一個入神的深層放鬆狀態。

又例如,你曾經在某個黃昏,漫步在一個美麗的花園中,邊走邊享受著大自然的景緻。在那個當下,你完全聚焦在花園舒服的感覺,而不知覺的呈現深層放鬆的入神狀態。

> 「潛意識對話 DIY」所能引導的身心放鬆寧靜,是極深層的。讀者使用語音引導時,請在室內寧靜不易被打擾的地方。

◢ 步驟二:令大腦轉入「阿爾法腦波」或者更低頻腦波

當語音引導帶你進入深層放鬆寧靜時,你的腦波會自動由意識下的貝他腦波,轉入阿爾法腦波,或者更低頻的希塔腦波、德爾塔腦波。

在這種腦波下,當事人的表層思想意識雖然存在、清醒、而且有警覺性,但他會自動暫時放棄思想運作,以客觀的第三者角色靜觀過程。而且在此刻,他的潛意識之門會大開。他可藉由這個難得時機,邀請他的潛意識對談,並共襄盛舉。

「潛意識對話 DIY」會在潛意識之門大開時,對潛意識輸入轉化它的「有效指令」。

◢ 步驟三:對潛意識植入「反應框架」

請理解,潛意識不會無條伴的接受外來的「轉化指令」。要想有效的轉化潛意識,它的內部必須先要擁有正向呼應「轉化指令」的運作機制。所以,轉化潛意識的先決條件是:建立「正向呼應外來指令的運作機制」。

潛意識可被想像是內含微軟Windows作業系統的電腦,它本身無法接受或支援Mac OS 作業系統的程式。如果要想在電腦上使用 Mac OS 系統的程式,則必須先將Windows系統整個刪除,改使用 Mac OS 作業系統。

心理學定義這種「呼應機制」為「反應框架」(Response Set or Yes Set)。潛意識有了這種「反應框架」,才會有強大能力接收並呼應外在訊息,並促成它內部的正向變化。

「潛意識對話 DIY」針對不同層面的的心靈提升,會系統性的植入「建構不同階層反應框架」的「植入指令」。這些經過特別設計的框架植入指令存在於各語音單元後半段的引導中。

只要潛意識內被適當的植入新的「反應框架」,新的框架系統會自動全面性的協助潛意識呈現理想的轉化狀態。

「反應框架」有不同的類型:

■ 有些「反應框架」可以協助潛意識遺忘它內在不再被需要的東西,例如像是:

遺忘既往無益的回憶與相關的情緒、不恰當的習慣、或是引發負面行動的銘印。

■ 有些「反應框架」可以協助潛意識學習新的東西，例如像是學習好習慣、好的思考模式與好的行為。

■ 有些「反應框架」可以協助潛意識啟動它內部既存的「幻想能力」，讓一些生活中存在的身心靈障礙被「忽略」或「放下」，例如像是忽略疼痛、焦慮，讓現實中不存在的東西存在，讓缺乏信心的個案能感受到信心，或者讓缺乏快樂的人感受到快樂。

✎ 步驟四：輸入潛意識能接受的「轉化指令」

充滿了負面銘印的潛意識，有點像是塞滿雜物而令人無法通行的房間。如果你想重新美化這個房間，那你得：

1. 先大掃除，認真的清除乾淨房間內的雜物。
2. 當房間內雜物被清除後，你才可以好好的裝潢美化這個房間。

例如說，你可以在牆壁上塗些好看的顏色，在屋內擺些優美耐用的好傢俱；或者，你也可以考慮在窗邊擺些青綠的盆景；或者更進一步，不妨放一首歡愉的音樂。

如果以上述例子來對應潛意識，潛意識內部的雜物必須先被有效的清除，它包括了悲傷、恐懼、擔憂、痛苦與不良習慣。當潛意識內這些雜物被有效清除後，你才擁有資格去裝潢美化潛意識。這個先後秩序不能錯。如果你直接「跳階」，在未清除心靈雜物前就忙著去裝潢美化潛意識，你經常會遭遇挫敗。

> 這個「跳階現象」是許多心靈教育潛藏的盲點：「在沒有先清除潛意識內部的障礙信息前，就立時教導如何裝潢美化潛意識」。潛意識在屬性上無法接受跳階教育。

所以請記住，你必須要先清除潛意識內的「障礙信息」。

想要有效的清除潛意識內的「障礙信息」，必須有個先決條件，那就是你得先為潛意識內架設「有能力呼應外在訊息」的「新反應框架」。當潛意識有了新的「反應框架」後，它才願意接受你對它輸入的「轉化指令」，也願意啟動它內部的轉化機制，讓這個轉化機制主動清除內部的「障礙信息」。

當潛意識內部的「障礙信息」被清除後，您才可能進行下一步，協助潛意識架構一些「正向的信息」，像是寬容、信心、勇氣、愛、智慧、直觀與創造力。

「潛意識對話 DIY」針對不同層面「障礙信息」的清除與「正向信息」的植入，會

系統性的提供不同階層的「轉化指令」。這些經過特別設計的指令存在於各單元後半段的語音引導中。

✏ 轉化潛意識的「有效指令」

當潛意識的反應框架架構完成後，「潛意識對話 DIY」會對當事人輸入轉化潛意識的有效指令。這些指令有兩種形態；一種是「直接性的明示指令」，一種是「迂迴性的暗示指令」。

對潛意識來說，它天性不喜歡直接被教導。直接教導往往會導致抗拒，含蓄的暗示或迂迴性建言比直接的陳述效果更好，它們較易巧妙地繞過當事人意識批判，而迂迴進入潛意識的世界。

暗示的內容多是言語暗示、環境暗示或是隱喻。

「隱喻」是暗示常用的方法，每個隱喻都潛藏目的和意義。隱喻有兩種不同深度，一種是淺層結構的隱喻，另一種則是深層結構的隱喻。淺層結構的隱喻多半以故事展現，它的內容呈現「期望潛意識轉化的重點」。而深層結構隱喻的佈局特色，在於它不明確顯示它的目的和意義，而讓個案的潛意識依據它內在的認知、理解、洞察力與企圖，去自動促成具利益性的轉化，而實現預期的目標。

隱喻常以故事或趣聞軼事呈現。故事或趣聞軼事是很好的暗示，因為每一個人都喜歡聽故事，而且故事含括的層面較廣較深，它易引起當事人好奇及專注。這些故事的內容中會配合當事人所面對的境況，加入一些配合性的「暗示」。

在計劃面對一個要處理的議題時，「潛意識對話 DIY」會先設計一個與議題雷同的有效暗示，它可能是故事或情境。這種與議題相似的有效暗示稱為先跟（Pacing），先跟是隱喻的上半部。

在暗示中角色的選擇不是最重要，重要的是隱喻內角色面對情境的反應模式，是否能夠激起個案去呼應他現在所面對的問題。當這個暗示與個案要解決的問題有著類似的結構與內容時，當事人的潛意識當聽了暗示時，它便會自動呼應它本身的問題，而促成個案的潛意識願意運作與轉化。

隱喻的下半部，就是設計出一個符合解決個案問題的最佳理想結局。結局必須客觀，應尊重當事人的意願，並且符合當事人期望發生的改變。

對於一個有效的隱喻來說，如何利用個案資源，設計出一個符合個案問題的一個清晰與系統化的暗示，促成個案的潛意識願意去呼應，是隱喻成功與否的關鍵。

此外，設計隱喻可以像是做美味的菜，除了菜的本體外，最好還需要附加醬料，擺設等等因素，促使個案更容易激發求變的熱情。隱喻的內容必須有感覺、有感情、

有趣，最好簡單易懂。

另外，在說故事的過程中會插入大量且多層次的隱藏指令，使當事人的潛意識在聽故事內容的同時，也接收了故事內容中的隱藏訊息。這種方法對於理性人士來說是非常有效的。

最終，個案接受隱喻後，個案的潛意識會在自主運作下，在它的內部產生改變，而達成個案想要實現的目標。潛意識內部系統轉化並不一定需要外在刺激來引導全程，它會在潛意識系統內自我調整。在轉化過程中，潛意識內部會自動作出最理想的變動。變動經過一段時間後會自動地穩定下來，並到達一個新狀態。

> 潛意識在轉化時，它所能領受的學習能力及創意也是最高的。輸入潛意識的新建議，會重新幫助當事人去「正向的定義、感受與反應外在的真實世界」。這些潛意識的變動會在爾後的生命中持續。

調適心靈障礙最佳模式是轉化潛意識

現在我們開始瞭解，調適心靈障礙的最佳模式，不是用思考邏輯意識去說服或改變潛意識，而是直接跳過思考邏輯，使用「潛意識對話 DIY」的語音引導或靜心去直接轉化潛意識。

讀者透過「潛意識對話 DIY」的協助，耐心連續的使用三個月後，再經過它與靜心的交互練習一段時間，讀者會發現在身心靈方面呈現明顯的提昇。提昇的程度取決於讀者的心性本質、專心程度、與練習靜心的堅持。

「潛意識對話 DIY」觸動生理健康的提昇

身心靈提昇與轉化

「潛意識對話 DIY」同時對「身體健康」與「心靈提昇」，都能夠有不同程度的協助。下方將逐項介紹「潛意識對話 DIY」可能觸動的身心靈變化。首先討論的是：「潛意識對話 DIY」可協助預防或改善的生理疾病。

笛卡兒的二元論

傳統的醫學觀念相信笛卡兒的二元論，認為身體與心靈是分開的兩樣東西，而身體的運作像是一部機器。身體如果出了問題，就是像機器出了問題，要解決就得到身體裡面找問題。（圖 214）但實際的狀況是，醫師不管怎麼找，經常只能看到病灶，但找不到病因。找不到病因的醫療永遠是跛腳的，它是現代醫學的難解習題。

壞基因的開啟是由基因內在信息掌控嗎？

身體的問題到底由那來的呢？醫學專家說

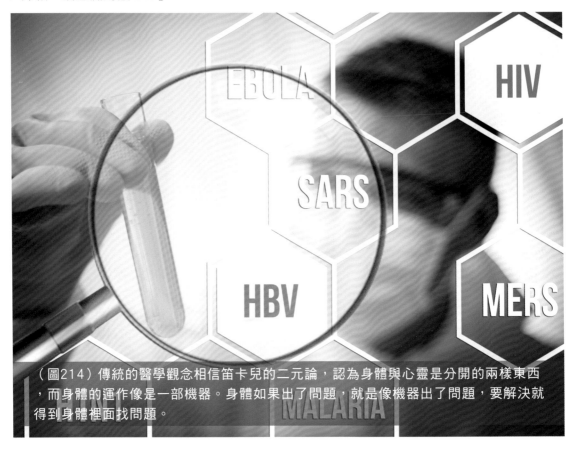

（圖214）傳統的醫學觀念相信笛卡兒的二元論，認為身體與心靈是分開的兩樣東西，而身體的運作像是一部機器。身體如果出了問題，就是像機器出了問題，要解決就得到身體裡面找問題。

不出來。但基本上傳統的醫學觀念仍然相信：多數疾病是由遺傳基因由內往外促成的。但近年來許多心靈科學研究開始質疑這個說法，說了一堆醫學專家不想聽，或者聽不懂的話。

遺傳基因中有許多的功能部位，不同的部位掌控不同的生理現象與某些疾病的發生。生物遺傳學研究指出，並非遺傳基因工具箱內的每一個部位都在運作；有些遺傳基因會被開啟，被開啟的基因會呈現該部位應對的生理效應；也有些遺傳基因會被

關閉，被關閉的基因會封閉該部位對應的生理效應。

對於許多種類的病症，像是癌症，遺傳性疾病，精神疾病（例如精神分裂症、憂鬱症），遺傳學專家相信都可以在父母傳承的基因中，找到既存的相關壞基因。但發病的先決條件是這些壞基因必須被開啟。

傳統的醫學相信，壞基因的開啟是由遺傳基因中既存的信息決定的，所以它的掌控流程是「由內往外」，與環境變動無關；

換句話說，你對於遺傳基因的開啟或關閉完全無能為力，一切得由它自己決定。

答案真的是如此單純嗎？

主導開關基因信息來自於外在環境？

然而在這個方面，一些現代遺傳學研究中找到的結論與傳統醫學呈相反的見解。

它們指出，主導開關遺傳基因各部位的信息，不盡然是遺傳基因內部儲存的既定信息，它可能來自於身體外面的周遭環境，像是天然環境、周遭壓力、個人生活方式、或者心靈負面素質，像是壓力，恐懼或痛苦等等情緒。

舉乳癌為例。

傳統醫學會說，家族遺傳病史是引發乳癌的最大原因。所以近年一些婦科醫師會勸導有乳癌家族史的健康女性採取乳房切除術，以預防乳癌上身。但近年來美國羅徹斯特大學醫學中心的流行病學家經過五年的研究，提出相反的証據。

研究指出，婦女罹患乳癌與家族是否存有癌症基因無關，但它與定期服用的人工激素和「環境壓力」有關；它們才是罹癌的肇因。

另舉例來說。

在國際間相比較，日本民族抽菸人口比例極高。但令科學家不解的是，既往科學研究認定抽煙易促成短壽與心臟病，但在日本卻不是如此。在全世界國家中，日本人最為長壽，擁有人數最多的百歲人瑞；此外，他們的心臟病發生率也最低。

美國科學家史塔隆斯近年揭露一個有趣但令人驚訝的研究報告。在研究中，研究者將一萬兩千名日本男性依居住地緣劃分成三組；一組居住在日本，一組移居夏威夷，一組移居北加州。研究者在研究前設定一個假設：「飲食的內容與健康間存在有意義的關聯」。史塔隆斯希望由這個研究查証：「日本人居住不同地緣，進食不同脂肪含量食物，而會產生不同比率的心臟病」。

讀者都應知道，在日本的食物多屬脂肪較低食物，移居加州的日本人進食的食物會屬於高脂肪食物（漢堡薯條）；而移居夏威夷的日本人食物中脂肪成份會較次之。史塔隆斯預測，食用高脂肪食物的加州日本人心臟病發生率會高，而食用較低脂肪食物的日本居住者，心臟病發生率會低。

研究的結果顯示，在三個族群中，居留在日本的日本人心臟病發生率最低，移居加州的日本男性得心臟病比率是日本國內男性的五倍，移居夏威夷的那一組得心臟病比率介於前兩者之間。

這個研究有趣的發現到：不論日本人住到那裏，日本、夏威夷，或是加州，不管吃什麼，豆腐、壽司或麥香堡，「食物含脂量的多寡」對罹患心臟病並無影響。這些發現令現代人跌破眼鏡。此外，研究也指出，公認引發心臟病的危險因子，像是膽固醇或高血壓，竟然也與罹患心臟病無關。

他們也發現，「壓力」才是引發心臟病的主要根源。他們對這個研究結論的解讀是：「傳統文化下的日本人會在團聚關係下共享和諧的生活，例如櫻花季節櫻花樹下的櫻花祭。」研究者認為這種和諧的團聚關係會幫助降低生活壓力。

他們觀察到留在日本的日本人群聚較易，壓力會較低，所以心臟病比率最低。但當日本人移居美國後，他們在美國缺乏群聚條件，生活壓力較高，所以心臟病比率增加。

另一個科學實驗也呈現類似的結果。

美國伯克曼檢驗了阿拉米達郡（Alameda County）連續九年的公衛統計資料。他驚人的發現，心臟病的發生率與高膽固醇、高血壓、吸菸或家族病史等因素無關；另外，感到寂寞和孤立的人死於心臟病的比率，較其它有更強社群連結的人高出二至三倍。

醫學新典範漸漸升起

近年來，新的醫學典範漸漸的升起。這個新典範下的眾多研究同步指出：

- 大多數疾病的根源，不見得來自於外在環境中的財富、享受、生活習慣、抽煙、吃高脂油炸食物等等，而是與負面的內在心靈狀態有關，像是擔憂、恐懼、壓力、痛苦、憤世嫉俗、自我中心、偏見、沒有良好社會關係或孤獨等等。

- 換句話說，「個人周邊環境的好壞」與「關係和諧與否」對健康的影響，更大於遺傳對健康的影響。

- 對於內在心靈狀態具有障礙的人，他們死於心臟病的風險比正常心智的人高了幾倍；同時，他們傾向於血壓較高、血液膽固醇較高、免疫功能較低、慢性疾病較多、癌症罹患率較高、壽命較短。

維護健康的新視角

這些研究如果為真相，它暗示我們要以新的視角去維護身體的健康；維護身體健康所要關切的重點，將不再是遺傳體質、單純的外在環境因素，而是內在的心靈狀況。

這將是現代人的新課題。讀者不妨認真的省思該如何面對這個新課題。但不諱言的是，現代人所面對的這個新時代的「新社會人生觀」，會令這個課題變的艱難。因為現代人多數都認同尼采與達爾文的生命價值觀。

德國哲學家尼采（Friedrich Nietzsche）認為，生命的驅動力是「權力的爭取」；達爾文也呼應尼采的說法，認為「資源的競爭」是生命的本態。

現代在「物質主義」與「個人主義」高漲的氛圍下，人們渴求物質、享受與權利；為了追求這些東西，他們會用「競爭與掠奪」去應對他人；這種「利己」的對立人生觀，極易滋生負面情緒，而促使他無法與人圓融相處，也易於滋生疾病。

如果我們希望促進身心靈健康，該如何做呢？

我們必須先理解，生理與心靈並非分離的，它如錢幣般是一體的二面；生理的完整健康能夠促進心靈的健康，而心靈的平衡也能夠促進生理的健康。

> 要成就身心靈健康，我們必須學習調適自己，離開混亂的生活，調整煩躁的心緒，讓內在能夠恆常充滿了平靜、祥和、喜悅與愛。此外，要學習放下目標導向的競爭心念，換個方式去面對他人。

在這種美質心境下，身體會自動漸趨健康。

「潛意識對話 DIY」促成生理健康的良性提昇

✎ 「潛意識對話 DIY」與生理健康提昇

「潛意識對話 DIY」能促成身體深層的放鬆、心靈平靜自在與轉化潛意識。這種身心靈的良性變動，會促使身體的各類生理現象更趨健康與平衡。下方將列舉「潛意識對話 DIY」所能促成的生理健康提昇。

✎ 提升免疫系統

人體免疫系統的失衡會產生許多疾病，例如像是關節炎、風濕症、狼瘡和氣喘病等疾病。而免疫系統失衡最大的原因，則來自於長期累積的心理情緒，像是恐懼，壓力與痛苦。長時間經驗「潛意識對話 DIY」所引導的深層放鬆與寧靜，可協助免疫系統更趨平衡。

特別在此提一下腫瘤。

人們長期處於情緒激動狀態或高壓時，他的免疫系統功會受到負面的影響。一個資深的腫瘤專科醫師曾表示：「許多罹患惡性腫瘤的人，都曾經在生命歷史中經驗過長期深層的恐懼或傷痛。」恐懼或傷痛會破壞免疫系統的完整性，而促成自體正常細胞的惡性轉化。

如果這個觀察屬實，那麼「潛意識對話 DIY」所促成的身心靈放鬆平靜，應可經由免疫系統機能的提升，進而降低惡性腫瘤發生率，或者減緩腫瘤的惡化與擴散。

✎ 緩解情緒障礙引發的慢性疾病

常年累積的情緒障礙會引發一些慢性疾病，像是胃病、頭痛、顳顎關節疼痛、疲勞、失眠等等。「潛意識對話 DIY」促成的深層放鬆與平靜，能夠經由消除情緒障礙，而緩解上述慢性疾病。

以失眠為例。

頗高比例的現代人會感受到失眠的威脅。在台灣至少三成以上的人有不同程度的睡眠障礙。多數的失眠只是一種表面症狀，它的背後隱藏複雜的成因。但失眠者有一個共同特徵，就是他們多數都自覺承受過大的生活壓力與凌亂思緒。高壓的生活與凌亂的思緒會促使交感神經系統長期處於亢進，進而釋放過多腎上腺素，令人易於失眠。

✎ 舒緩疼痛

對於失眠，「潛意識對話 DIY」的語音引導能夠有效的促使失眠者放下凌亂的思緒，進入深層放鬆與平靜。此外，它能夠轉化當事人潛意識中促成失眠的障礙或信念。這種障礙信念的改變或消失所觸動的失眠改善，是根本性的，而且是長期的。

許多失眠者使用「潛意識對話 DIY」一段時間後，往往就不再需要仰賴鎮靜藥物入眠。

此外，「潛意識對話 DIY」促成的平靜與放鬆，被證實能緩解疼痛或令疼痛消失；例如像是術後的疼痛、意外傷害的疼痛、孕婦分娩疼痛、婦女經痛、或部分生理疼痛等等。（圖215）

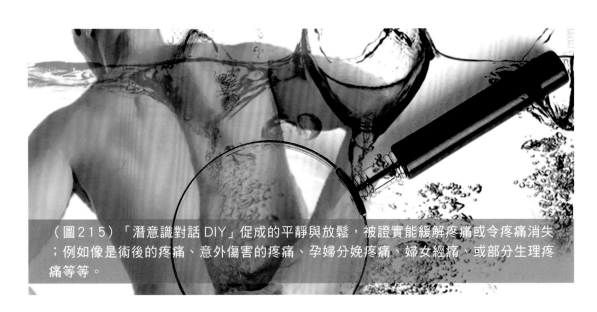

（圖215）「潛意識對話 DIY」促成的平靜與放鬆，被證實能緩解疼痛或令疼痛消失；例如像是術後的疼痛、意外傷害的疼痛、孕婦分娩疼痛、婦女經痛、或部分生理疼痛等等。

對提昇生理健康方面，「潛意識對話 DIY」的使用只有加分。

「潛意識對話 DIY」觸動心靈的提昇

「潛意識對話 DIY」能夠協助心靈的提昇

「潛意識對話 DIY」能夠在不同層次與不同程度上，協助心靈的提昇。下方將逐項介紹「潛意識對話 DIY」可能觸動的心靈變動。

協助身體放鬆、心靈寧靜

「身體放鬆」與「心靈寧靜」是現代人渴求的兩大期望。身對於長期處於壓力的人來說，保持輕鬆自在對心靈健康非常重要。如果沒有它的存在，追求幸福快樂的期望就是奢言。

「潛意識對話 DIY」本身即是一個既方便又有效的深層放鬆工具，它能夠在讀者不需做任何努力下，利用語音帶動使用者身體進入深層的放鬆，心靈進入深層的平靜。當身心靈能進入深層的放鬆與平靜時，許多與壓力或焦慮相關的生理障礙會呈現實質的改善。

協助舒緩內在負面情緒

人生有個理想的圖景，就是免於內在恐懼、擔憂、痛苦與憤怒等負面情緒，沒有負面情緒的生命旅程必定一切美好。人們該如何面對這些潛藏在潛意識中的負面情緒呢？學駝鳥假裝外敵不在可以忘掉它們嗎？（圖216）

（圖216）人們該如何面對這些潛藏在潛意識中的負面情緒呢？學駝鳥假裝外敵不在可以忘掉它們嗎？

所有內在負面情緒其實都是來自於同一個根源，那就是潛意識中與情緒相關的負面銘印，潛意識中的負面銘印會透過思想發酵。如果能夠停止大腦不必要的思考運作，或者從根源潛意識中將負面銘印連根拔除，則各類恐懼，痛苦與憤怒等負面情緒，會自然同步集體消散。

「潛意識對話 DIY」就是為了這個目標設計的。

減弱兩元屬性的小我意識

人們在「人本位」的思想下，所有感受的生命元素都存在著如果錢幣兩面的「正反二元屬性」，例如像是「快樂與痛苦」，「擁有與失去」，「成功與失敗」，「恐懼與平安」，「富有與窮困」，「嫉妒與祝福」，「健康與生病」，「榮譽與毀譽」，「地位高尚與卑微」等等。

它們成雙成對的在線性對偶的兩個極端，拉扯著生命。當我們接受這些兩元屬性元素的存在，就會強化了小我意識，就會促成患得患失的情緒。但小我喜歡它們，也仰賴它們去壯大自己。

小我喜歡從二元屬性的兩極元素中，做出好惡選擇；它會去挑選喜愛的部分，像是快樂、平安、富有、祝福、健康、榮譽與地位高尚；也會厭惡不喜愛的部分，像是擔心，痛苦，恐懼，窮困，生病，毀譽與卑微等等。這種喜好與厭惡的兩極性向，會促成生命沉浮在不斷的渴求與失望中；

目標導向下的追求令生命註定了高壓與痛苦。

我們能不能夠放棄「小我」所熱愛的「目標導向生命」？我們該如何淡化小我？而促使我們能夠在不介意成果與報酬下，自由的經營當下的生命，享受當下過程？

「潛意識對話 DIY」的設計，可以有效的淡化小我。

協助圓融人際關係

關係的圓融來自於寧靜的心境，關懷與愛。「潛意識對話 DIY」的語音引導能夠促使心靈寧靜，增進關懷與愛。

協助放下舊習慣，建立新習慣

我們生活中的習慣都來自於潛意識的掌控。這些生活習慣會決定我們行為的優劣好壞。人們討厭自己的壞習慣，但面對這些壞習慣卻總是無能為力。（圖217）

面對不良習慣，利用意識下的正念去改善，一般效果平平。有效的方法是從潛意識下手。「潛意識對話 DIY」能夠對潛意識輸入轉化習慣的有效指令，促使放下不好的舊習慣，建立良好的新習慣。

（圖217）人們討厭自己的壞習慣，但面對這些壞習慣卻總是無能為力。

協助放下回憶

潛意識的銘印海中儲存了無以計數的既往回憶，與回憶相關的情緒。這些回憶與相關情緒，會不時的由潛意識的銘印海輸送到意識層面，促成人們重覆回味那些無趣的痛苦歷史。其實追根究底，連快樂的回憶都值得商榷。快樂與痛苦兩種回憶實質上等價，都會為我們帶來痛苦。所有的生命回憶均非良藥。（圖218）

聰明的人會學習遠離回憶，活在當下。最好的情況是，每一秒剛流過的生命經驗都能夠立刻消失。回憶沒有多少價值，不是嗎？

（圖218）快樂與痛苦兩種回憶實質上等價，都會為我們帶來痛苦。所有的生命回憶均非良藥。

「潛意識對話 DIY」可以對潛意識輸入「清除回憶」的暗示，讓潛意識：

- 啟動遺忘機制，清除不必要的回憶
- 促使潛意識停止儲存無價值的記憶
- 制止潛意識輸送記憶到意識層面。
  （圖219）

沒有記憶騷擾的心智會令你容易停留在當下。

協助放下過度擔憂未來

恰當的規劃未來是必要的，但過度的擔憂未來卻對生命一無助益，而且它會促使你不必要的消耗了生命的能量。（圖220）

（圖220）過度的擔憂未來卻對生命一無助益，而且它會促使你不必要的消耗了生命的能量。

（圖219）「潛意識對話 DIY」可以對潛意識輸入「清除回憶」的暗示，讓潛意識啟動遺忘機制，清除不必要的回憶，促使潛意識停止儲存無價值的記憶，並制止潛意識輸送記憶到意識層面。

小我意識喜愛不斷的思考未來。而觸動這個過程的始作俑者，也是潛意識。要徹底消除小我意識過度規劃未來的惡習，得直接從轉化潛意識做起。「潛意識對話 DIY」輸入潛意識的暗示，可轉化潛意識擔憂未來的習性。

協助心緒留在當下

思想是讓你離開當下的元兇，而離開當下就失去了享受真實生命的機會。若要放棄思想，聚焦當下，「潛意識對話 DIY」會是很好的幫手。

協助建立正向思考模式

我們的「遺傳本質」或「既往經驗」，會決定我們平日的思考模式，而負面思考模式就是困擾生命的源頭。如果能夠將「負面思考模式」轉化為「正向思考模式」，你就可輕易的為自己的人生加分，讓自己活在喜樂的生活中。

在正向思考模式下，你會堅強的相信「我的身體健康完美」，「我的能力很好」，「我愛我自己的一切」或者「我的事業將飛黃騰達」等等。當你的「相信」是心靈真實的相信時，你的潛意識會無條件的為你的「相信」買單，將「相信」轉化成生命的實相。（圖221）

322

「潛意識對話 DIY」的設計，會在潛意識
中植入新的思考框架與機制，協助潛意識
做正向思考。

（圖221）當你的「相信」是心靈真實的相信時，你的潛意識會無條件的為你的
「相信」買單，將「相信」轉化成生命的實相。

幫助提昇記憶力與思考

現代城市人繁冗的生活會消耗大量的精神與能量，也會造成記憶力減弱與思考力遲緩。「潛意識對話 DIY」促成的平靜與放鬆，會幫助降低運作生活各層面活動所需要的精神與能量。

協助提昇工作信心與能量

多數人面對工作信心不足或能量不夠，一部分原因也許是天生的，但大部分來自於潛意識中對工作的負面信念。人們都知道工作時應該加強信心與能量，但思想下的意志力卻無法有效驅除潛意識中阻礙工作的負面信念。「潛意識對話 DIY」的設計，能夠幫助驅除潛意識中對工作的負面信息。

協助創造心想事成的心靈機制

潛意識一直擁有幫助人們創造「心想事成」的魔術能力，只是人們不理解它的本領，也無法開啟應用這個魔術能力為他的生命加分。「潛意識對話 DIY」能夠幫助你開啟潛意識中的「心想事成」機制。

協助開啟工作的直覺力與創造力

創新不是由邏輯思維帶來的，儘管最後的產物有賴於一個符合邏輯的結構。

阿爾伯特・愛因斯坦（Albert Einstein）

歷史上有一些人否定消極生命觀；他們感恩殊勝難得的生命，知道脫苦與去天堂並非生命目的的，他們心中充滿探討未知與創新的慾望。但慾望歸慾望，多數人在創新的領域交了白卷。

> 阻礙「探討未知」與「創新」的原罪是思想意識。思想意識在本質上，會運用知識，經驗與線性的思考邏輯去面對事件。但思想意識下的一切，不過只是博物館中的歷史陳列品；不管我們如何整合運作它們，都仍不過只是重覆陳腔濫調的老把戲而已，無助於創新。

許多科學家或藝術家的創作泉源並非來自於意識的運作。

讀者不妨思考一下，貝多芬的音樂知識足夠協助他創作那些如天籟般的交響樂嗎？

貝多芬自承創作靈感出自於莫名的來源。當他創作時，音樂會適時自動出現在他腦中，他並不需要思考如何創作音樂；（圖222）他說：「當我單獨一人完全集中精神，或者夜晚無法入眠的時候，正是靈感最豐沛的時間。我不知道它們從何而來，也不能強迫它們的出現，我並非陸續地聽到一個個音符，而是所有音符同時在腦中閃現。」

為什麼愛因斯坦會天外來鴻，否定了牛頓

（圖222）貝多芬自承創作靈感出自於莫名的來源。當他創作時，音樂會適時自動出現在他腦中，他並不需要思考如何創作音樂。

被人們視為真理的「時間與空間絕對性」？他曾說過，他的相對論是先在直觀中感受到的，然後他回頭去尋找公式證明它。

潛意識的運作模式與意識迴異，它具有某種科學無法解釋的直觀，一些天才會利用這種直觀去「協助創新」與「感悟真理」。

希望嘗試與潛意識一同創新生命嗎？

想像力比知識更重要。因為知識是有限的，而想像力是無限，它包含了一切，推動著進步，是人類進化的源泉。（圖223）

阿爾伯特‧愛因斯坦（Albert Einstein）

（圖223）想像力比知識更重要。因為知識是有限的，而想像力是無限，它包含了一切，推動著進步，是人類進化的源泉。

協助開啟更高的智慧

佛教的脫苦人生觀很切實際，因為眾生的確充滿了苦痛。但脫苦只是消極的生命觀，積極的人生觀是在未知中創造。而創造需要超越思想的智慧。

思想不是智慧，它只是舊經驗疊加而成的老東西。表面上你可以絞盡腦汁，複雜華麗的去綜合，拆解或分析記憶中的老東西，但仍然只是舊東西。侷限的思想一直是囚禁心靈的牢獄。歷年來多少舊典範與信仰的崩潰，早就暗示我們應該遠離偏執的思想。

如果我請你暫時停止思想，你也許會惶恐，會認定欠缺思想的生命是危險的。但你能夠嘗試相信，除開表層的思想邏輯外，在心靈深處另有個更接近真理的智慧嗎？這個智慧就叫做「無意識」。

如果你想要尋求這個不可度量而且未曾謀面的「無意識」，你必須先勇敢的跳出可度量的舊思想，因為它們相互抵觸，有前者就沒有後者，有後者就沒有前者，因為兩者活動於不同頻率的腦波中。

如果你願意藉由「潛意識對話 DIY」去探索未知蠻荒的內在，你可能會驚喜的找尋到超越表層思想的深層智慧。（圖224）當深層智慧湧現時，制約的思想將會自動被擱置，心想事成的宇宙定律已為你開啟，你必能以嶄新的生命姿態，進行創造性的生命。

（圖224）如果你願意藉由「潛意識對話 DIY」去探索未知蠻荒的內在，你可能會驚喜的找尋到超越表層思想的深層智慧。

協助提昇心靈的自由

人們渴求擁有自由。多數的人所謂的自由有兩種：

- 一種是拒絕什麼東西的自由；孩子會對父母憤怒的嘶喊：「我要自由！」所以他離家出走了。

  人們會抗拒什麼？壓力、暴政、還是不公平？抗拒與自由無關。抗拒只是痛苦下的呻吟或是對應的行動；它是外境衝擊下的對立產物，不是單純的真自由。

- 一種是滿足什麼東西的自由；一個人對另一個人抱怨：「請讓我縱情的享受生命！」

  人們會想滿足什麼？金錢、地位、還是野心？「滿足」也不過是小我放縱的渴望，它也不是真自由。渴求自由的自由不是真自由，它只是對抗不自由的渴望，不安與恐懼。

這兩種心念下的自由都是假自由；「拒絕」是心念下的抗衡，而「滿足」是慾望下的渴求。這兩種自由其實都是一種反應，一種內在或外在衝動下的結果，或者是呼應一種心念下的結果而已。不是嗎？

人們奢言希望在自由之下，去尋找生命的目標或成就創造性的生命；但如果不除去內在的不安，恐懼，憤怒，慾望或嫉妒心，自由根本就無法存在。

只有一種自由是真自由。

這種自由就是沒有條件的自由，或者說，自由的自由。自由只是一種無求的自然心念或行動而已。只有真自由才能找尋到生命真正屬於自己的目標，才能創新，才能發現真理。真自由可遇不可求，它只有在無恐懼與無渴求的愛中才會自然的萌現。

只要存在自由，生命自當一切美好。想學習讓生命像美麗的蝴蝶般，在當下自在的在花叢中自由的飛舞嗎？（圖225）如果你的答案是：「是」，那麼請跨出蛻變的第一步，從「潛意識對話 DIY」的練習中驅除渴望，不安與恐懼做起。

（圖225）想學習讓生命像美麗的蝴蝶般，在當下自在的在花叢中自由的飛舞嗎？

協助開啟內在既有的愛與仁慈

寧靜就是愛。

禪修智者（圖226）

如果佛陀三千大千世界真實存在，那相信這個大千世界中有一個不變的真理，那就是「愛」。但許多人並未理解什麼是愛，也不清楚愛並非僅有一種，不同形態的愛擁有不同的屬性。

有些人會以為當他們愛某個人，某個感受、某個東西、或某個思想就是愛。其實連寬恕都不一定算是愛，寬恕只是對錯誤無法認同下的容忍而已。人們多數感覺的愛，是條件的愛，是私慾下的愛，是兩元對立下的愛，它的反面是「恨」。所以，在文學中你會看到「愛恨交織」的字眼，去影射「愛與恨」的對立。

條件式的愛是人性的執取。

> 真正的愛不是條件式的愛，不是感官上的刺激或快樂，不是慾望或控制，也不是滿足或要求。真正的愛是個無條件的，無目的性，它是的一種靈性的自然流動，一種靈性自由的展現，一種平靜喜悅的接納。

花並沒有感覺自己很美，微風也不會自覺

（圖226）寧靜就是愛。

溫馨，蝴蝶的舞態只是採蜜的肢體展現，美女的風華也不過是有心人的覺知。如果你相信有菩薩，也相信菩薩有愛，那個愛只是你的感受而已。菩薩並未知覺到愛，祂也並不需要得到愛或釋放愛，因為菩薩就是愛的本體，是「本來如是（As it is）」。

真正的愛是單向的，它與條件式的愛不同處，它沒有對應的恨。條件式的愛是人間的，而無條件的愛則是神性的。

條件下的愛是人們思想下的產物，那無私的愛在那裡？

無私的愛根本不假外求，它是你一直擁有的東西。它儲存在心靈深處，只是被雜亂思緒遮蓋了。你何必外求一個已經擁有的東西？（圖227）

愛是宇宙至極真理，而寧靜無念的心靈素質就是揭示這個真理的魔法。要想尋找這種愛，不能以思維下的「我」為中心來行動或尋找，它只有在寂靜無念的無意識中自動顯現。

當你能夠在寂靜中感受和領悟到無條件的愛，那生命的奇蹟將會在你的覺知中展開。

在明心見性下，你的生命將充滿了自我接受、關懷、與靈性智慧，真理也將自由的

（圖227）無私的愛根本不假外求，它是你一直擁有的東西。它儲存在心靈深處，只是被雜亂思緒遮蓋了。 你何必外求一個已經擁有的東西？

展現在你生命中。（圖228）當無私的大愛流入時，這種愛會令你自動呈現完美的道德素質，主動的修復不平衡的關係，並自然的伸出援手去幫助陌生人。它將為你消融生命所有的隔閡與障礙。

在「潛意識對話 DIY」持久練習與自我靜心中，只要除去內在心靈障礙，真愛與仁慈會自動的萌現。

這種萌現的愛，將不再是思想構架下的某個概念或記憶，不是渴求或想獲得什麼的愛；它是一種無方向性，無目標性的一種無條件的愛，一種超越感官知覺且直接認知的初始狀態。

協助理解生命的真相

人間有一個秘密，那就是：「大部分的人還在沉睡的夢中」。或者更直接的講法是：「無論是白天或晚上，很多人自以為清醒，但卻是被催眠了」。別以為你只要張開眼睛看這個世界，用思想去思考這個世界，就會知道生命的真相。有沒有可能你所看見的，以及經驗到的，都只不過是在自我催眠下的心靈投射？

現代人的頭腦失去了探知奧秘驚奇的能力，原因在於人的頭腦是囤積者，或是收藏家，它一直致力於囤積更多更多的金錢、知識或是經驗。但意識層面的資訊只是別人的東西，或者只在大腦中東湊西補的既往經驗。用表層意識內有限的知識或經驗拼湊出的真相，多半只是讓生命迷惘的假象，它會讓真相擦肩而過。思想下有限但卻雜亂無序的生命資訊，會促使心靈毫無多餘空間容納真相。

（圖228）在明心見性下，你的生命將充滿了自我接受、關懷、與靈性智慧，真理也將自由的展現在你生命中。

不妨想像一下，如果在大象拼圖盒裏添加了頑皮豹或紅猩猩的拼圖碎片時，你仍然可以拼出一個完整的大象嗎？（圖229）

人們有機會能接近生命的根源至理嗎？

如果你有興趣找尋真相，可否請暫時放掉大腦的好奇，放掉像科學家般喜歡問東問西的習性，冷凍你的思想，然後靜靜地坐下來在寧靜中內觀。

佛家參禪的先決條件，就是除盡妄想妄念後的無住生心後，方能「明心見性」。達摩祖師和六祖開示徒眾最要緊的話是：「萬緣放下，一念不生」。釋迦牟尼佛說的

更簡單，就是一個「歇」字。佛教的洞見已說明，萬緣纏繞不盡，念頭生滅紊亂，則真理無門，參禪無望。這些話是佛學參悟真理的先決條件。

對上述建言，你無法用大腦內的既往累加的資源去研判是否可行，只有親身實踐，才能告訴你真相。

修行悟道的方法既易亦難，既難亦易。妄想如何能被排除呢？「潛意識對話 DIY」可以有效的幫助你排除妄想。

在進行「潛意識對話 DIY」時，腦波會由貝他波轉入阿法波或者更低頻的腦波（θ

（圖229）如果在大象拼圖盒裏添加了頑皮豹或紅猩猩的拼圖碎片時，你仍然可以拼出一個完整的大象嗎？

波或 δ 波）。在低頻腦波運作時，身體呈現極度的放鬆，思想會靜止，呼吸自動轉緩勻，呼吸時可感受到身體同步的脈動，體內暖流四竄，身體轉熱，有時呈刺、麻、或癢狀態，時間幾近靜止，空間不在。在此刻心靈會呈現清淨、無念、無空、無時、無有的深層禪定狀態，並會自動湧現一種非意識形態的覺知或直觀。這種深層禪定狀態就是佛家中的明心見性，我們稱它為無意識。

當心靈存在於無意識態時，它會直接聯結到某個科學尚無法說明的某種網狀相互交連的量子能量場。（圖230）在交聯中，某種量子態的訊息會進入心靈，促成一些殊勝難解的身心靈變動。

例如說，你的心境會恆常的寧靜喜悅，充滿了愛與仁慈，你會自然的留在當下；當你面對各類生命議題時，你會在內在昇起某種非思想下的直觀建言；這類建言會令你處理事情得心應手，與周邊人際關係呈現一片和諧，並且能覺知生命的真相。

無意識可協助你聯結到一個真相圖書館，生命的真相就儲存在這個圖書館裡，它會提示對生命的洞見與了悟。一些禪修者也曾經驗過在無意識活動時，會自動聯結到另外一個無法理解與定位的資訊場。

對經驗過深層靜心的人來說，無意識並非想像或假設。當它浮現時，你根本不會懷疑它的存在或可信度，你會感覺「就是這樣」或者「必然如此」。你會直接就安適

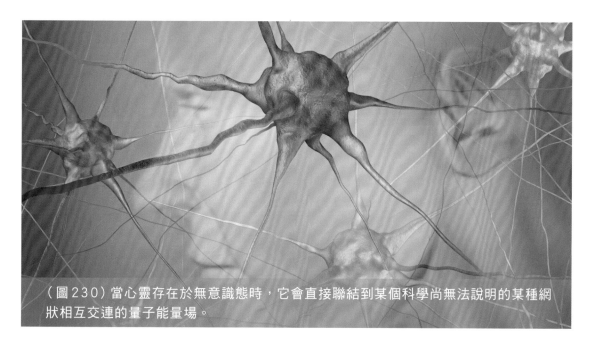

（圖230）當心靈存在於無意識態時，它會直接聯結到某個科學尚無法說明的某種網狀相互交連的量子能量場。

的執行這個訊息的建議，它是引導生命正向變動的智慧訊息。

如果你對「無意識」的存在感到好奇，那何妨暫時以不批判的態度，打開心房，放寬心念，將自己置入深層放鬆的靜心中，去自我經驗「無意識」的存在。

進行「潛意識對話 DIY」時，如果能進入極深層的放鬆與寧靜，你將擁有複製禪修者靜心中經驗無意識的機會。在深層的無意識中，你會驚喜的感受到超越思想能分析理解的智慧與真相。

> 當真相浮起時，你毫不懷疑的知道那個訊息就是真相，就是一切的根源。知覺真相就像是知覺真愛，它就是如此的真實，你不必思考分析它，你也絕對不會問為什麼？在真相前，大腦全然英雄無用武之地。（圖231）

（圖 231）當真相浮起時，你毫不懷疑的知道那些訊息就是真相，就是一切的根源。知覺真相就像是知覺真愛，它就是如此的真實，你不必思考分析它，你也絕對不會問為什麼？在真相前，大腦全然英雄無用武之地。

「潛意識對話 DIY」與靜心的比較

「潛意識對話 DIY」與靜心的過程與目的相似，但也有相異處，整理如下：

	潛意識對話DIY語音引導	靜心
覺知主動性	被動利用語音協助內在覺知	主動進行內在覺知
身心放鬆寧靜深度	初學者快速進入身心放鬆與寧靜	初學者不易進入身心放鬆與寧靜
轉入阿爾法腦波速度	初學者快速轉入低頻腦波	初學者不易轉入阿爾法腦波
轉化潛意識模式	被動由語音輸入轉化暗示	無念中無方向內觀
轉化潛意識效果	效果頗佳	初學者不易轉化潛意識障礙
靜心品質	協助靜心初學者迅速身心放鬆寧靜、放下念頭	初學者需要長時間練習而獲得高品質的靜心
長遠功效	對引導深層智慧、直觀靈感、生命真相的效果較差	對引導深層智慧、直觀靈感、生命真相的效果較好

由於「潛意識對話 DIY」的語音，可協助個案迅速放鬆身體，紓解情緒、壓力與放下意識，所以它可被靜心初學者作為初期練習靜心時的輔導方法。但當靜心初學者能夠自行放鬆與平靜後，就可以放下「潛意識對話 DIY」，自行進行靜心。

請留意，「潛意識對話 DIY」是初學者靜心的輔導工具，但無法取代靜心。

聆聽「潛意識對話 DIY」注意事項

- 請找一個安全的室內聆聽「潛意識對話 DIY」。
- 聆聽時，請勿駕車或做動態的操作。
- 聆聽前請安排清靜不被打擾的環境，例如，關閉手機，拔除電話插頭。
- 姿勢不拘，以舒服為主。坐姿比較不容易在聆聽時入睡。
- 聆聽時請遵循語音的指引，安靜、專注且無念的聆聽。
- 每次聆聽時要儘量聽完該單元。
- 請參考「潛意識對話 DIY」九十天心靈日記內的聆聽建議。

| 靜心 |

靜心是開啟豐盛生命的鑰匙
是一種了解自性的心靈旅程
是所有心靈提升方法中最奇妙有效的方法

得到 ｜ 分享 ｜ 創造

靜心

為什麼學習靜心？

有些人一生在偉大真理海洋的沙灘上拾集
晶瑩的卵石。與柏拉圖為友，與亞里斯多
德為友，更要與真理為友。

艾薩克・牛頓爵士

（Isaac Newton,1643年－1727年）

我在有聲書內介紹靜心，有二個特定理由。

其一：靜心是開啟心靈的鑰匙

靜心是開啟豐盛生命的鑰匙，是一種了解
自性的心靈旅程，是所有心靈提升方法中
最奇妙有效的方法。它不獨能有效的進化
心靈，增進身體健康，而且能提升通達真
理的智慧。（圖232）

其二：靜心可加成「潛意識對話DIY」對豐盛生命的效果

「潛意識對話DIY」可以在許多部份呈現
與靜心相似的效果，它可促成人生脫苦得
樂，並成就豐盛生命；但它無法像高品質
的靜心，可以跨越肉體生命，開啟並提升
通達真理的智慧與覺知。靜心可加成「潛
意識對話DIY」對豐盛生命的效果。

脫苦得樂是人生唯一的目標嗎？

當人們沉陷於眼前無奈的僵局時，理所當
然的，只能夠忙著去「脫苦得樂」。但如
果我們跨過眼前的障礙，將視野往前延伸
，我們會思考一個問題：「脫苦得樂是人
生的唯一目標嗎？」如果你的答案是「是

（圖232）靜心是開啟豐盛生命的鑰匙，是一種了解自性的心靈旅程，是所有心靈提
升方法中最奇妙有效的方法。它不獨能有效的進化心靈，增進身體健康，而且能提升
通達真理的智慧。

」的話，那就請你繼續在苦海中尋找救贖方舟；但如果答案是「不是」的話，那你在脫苦之餘，內在必定擁有尋找生命外更大真相的渴望。對於選擇後者的人，靜心會是幫助找尋答案的好夥伴。

對於有心提昇心靈的讀者，我會鼓勵您除了善用「潛意識對話DIY」之外，並認真的去學習靜心。靜心可幫助您加速這個過程。相對應的，「潛意識對話DIY」也能夠幫助靜心初學者加速敲開靜心的大門。

坊間有許多對靜心的介紹，它們提示的學習模式不盡相同。為了提供讀者一個簡易有效的方法，本書往下將介紹靜心。

外在世界是內在世界的投射

生命中我們面對兩種世界，一種是身體外的外在世界，一種是心靈內的內在世界。我們多數會誤以為：外在世界對我們而言是個客觀獨立的，非我們所能影響。

但實情並非如此。

外在世界並非是與我們分離的獨立變數，它與我們的內在世界「比肩齊動」，也是我們內在世界的投影；不同的內在世界會創造出不同的外在情境，你想要什麼世界，你就會經驗你所創造的世界。
（圖233）

（圖233）不同的內在世界會創造出不同的外在情境，你想要什麼樣的世界，你就會經驗你所創造的世界。

如果這個現象屬實,那麼要想解決「外在世界障礙」的祕方,將不再是去處理「外在世界的障礙」;最佳方案是去「調適創造外在世界障礙的內在世界。」如果你能善處內在世界,那麼你想期望的外在世界就會自動發生。內在世界才是一切生命現象的根源核心。對這個現象的真實覺知,可促使我們大幅的在人生波濤中順風揚帆,駛向新樂園。

要學習在靜心的寧靜空寂中,真實的去內觀覺知你的內在世界。在覺知時,煩惱就會止息,真相就會萌現,而你的新世界就會被創造出來。

如果有人很誠懇的問我生命建言,這個對象不論是誰,我都會語重心長的緊握著他的手,帶著誠摯而感動的眼神,靜靜慢慢的告訴他:「請靜心」。

靜心不是選項

許多人都能朗朗上口靜心。多數人談到靜心雖不排斥它,但會認定它只是個生活外的多餘東西。到底靜心是生命中多餘的東西?還是並非多餘?(圖234)

我認為靜心不是選項,所有的人都需要靜心。

企業家需要靜心。

靜心能夠讓企業家在面對工作時,焦躁高壓的心境會開始變得既放鬆寧靜,而且不再市儈。(圖235)他會發現工作變得有趣,而賺錢變得次要;他心中將會充滿了對工作自由創造的企圖與喜悅。

(圖234)到底靜心是生命中多餘的東西?還是並非多餘?

此外，他的眼睛將不只是看著工作，他開始看著多年沒有留意的家、妻子（先生）、孩子、寵物、街道、周遭的大自然。他也開始投注時間在感受他心裡真正想要做的，而不只是賺錢的工作。

父母需要靜心。

靜心能夠讓父母在面對孩子時，不再感覺到對孩子未來的恐懼與擔憂，他們會用無條件的愛對孩子說：「讓爸媽做你的朋友，能不能與我分享你心裡想說的、想做的？」

他們將放下社會的價值觀，不再逼迫孩子去學不該學的，背不該背的。他們會在靜心中直指見心，看清孩子們的真實屬性，為孩子量身打造合適孩子們的未來。

他們會告訴孩子：「孩子，爸媽不希望你變成模仿的鸚鵡，爸媽要你懂得勇敢的放下知識與權威的制約，用自由的創造心念去享受工作的過程，而不是去介意賺取多少財富、榮譽或別人的掌聲；過程遠比結論重要。」

他們會教導孩子生命的哲學，告訴孩子：「孩子，你要懂得有健康的身體與喜愛的事業，但爸媽告訴你，心靈的寧靜喜悅超過一切；你更要懂得學習無條件的愛與付出，付出比取得有福。」

他們也不會忘了告訴孩子：「要學習放下心靈的時間刻度，不要看過去，不要看未來；要懂得活在當下，用寧靜喜悅的當下心靈看著、聽著與感受著生命的一切。」

（圖235）企業家需要靜心。靜心能夠讓企業家在面對工作時，焦躁高壓的心境會開始變得既放鬆寧靜，而且不再市儈。

先生（妻子）需要靜心。

因為靜心能夠讓先生（妻子）在面對妻子（先生）時，不再比較「現在的她」與「剛結婚的她」有什麼不同。他不需再原諒或寬恕她的一切，因為靜心下昇起的仁慈心早就跨過私慾、渴求或依賴的愛；他也不再抱怨、憤怒、或者感覺委屈。

他會在當下接受她現在的樣子，就像接受孩子現在的樣子。他會在當下用溫柔的心與眼神靜靜的走到伴侶的前面，緊握著她的手，然後對著她說：「謝謝妳的一切。謝謝妳選擇了我，來到我的身邊，謝謝妳不管颱風下雨，陪伴著我這麼多年，謝謝妳豐盛我的生命。謝謝妳！」

然後你會持續的對著她說：「如果生命中妳有著痛苦、不開心，那都是我的錯。對不起，請原諒我無法承擔消減你的痛苦。」在靜心中，他的埋怨轉化成了承受，不是不問是非的勉強承受，而是心靈仁慈的共鳴。他開始覺知到生命的祕密與真相。

孩子需要靜心。

父母的期待、課業的壓力與物質唯上的社會價值觀，所促成的焦躁憂鬱的孩子需要靜心。靜心能夠讓孩子的心靈變得平靜喜悅，促使他們在面對未知生命時，不再介意無謂的成績，不再依戀電玩、手機、朋友群聚或者Facebook去填補空盪的寂寞心靈，也不再追隨世俗教條去決定他們的前途。

他們會學習賈伯斯，知道生命該做什麼對他們是最好的、最開心的。他們的心中會自然的昇起對生命的關切、熱誠、愛與智慧；他們會用充滿了愛與感恩的心走到父母的前面，緊緊的擁抱著父母，然後對他們說：「謝謝你們選擇了我來到這個家，謝謝你們為我所做的一切；我清楚的知道我該做什麼讓明天更好，請不要擔心。」

政治家需要靜心。

政治家在靜心中會理解政治生命的真諦，理解政治不是私慾下芝麻開門的鑰匙，而是佛性大愛展現的舞臺。（圖236）

他會在平靜心下放下教條式的黨綱，以更智慧的宏觀，理解什麼是該做的，什麼是不該做的，什麼是想為自己做的，什麼是想為人們做的。他們不再虛偽、憤怒、不安與恐懼，他們不再渴求更高的位階權利、更多的掌聲，他們內在將昇起新的覺知，教導他們放下自己，做一切促成社會更幸福美好的事情。

教育家需要靜心。

教育家在靜心中，會對他們的教育理念有了新的註解。他們的內在會昇起寧靜而慈悲的情懷，他們會不再介意學校的名聲與排名，不再過分的關切學生的成績好壞，也不再把「自己要的」放在「孩子們真正要的」前面；他們會語重心長的告訴老師與父母：「身教超越術教。」

痛苦、恐懼、擔憂、寂寞、焦躁、高壓與嫉妒的人面對靜心有福了。在靜心無念覺知中，這一切心念會自然的消散。

（圖236）政治家在靜心中會理解政治生命的真諦，會理解政治不是私慾下芝麻開門的鑰匙，而是佛性大愛展現的舞臺。

如果讀者能利用「潛意識對話DIY」，快速學習如何放下思想與放鬆寧靜，然後耐心的去經驗靜心，我堅信上述的這一切都將發生。

為什麼靜心很熱門？

在現代靜心很熱門，很多人都在做靜心。如果在華納威秀抓一把石頭隨機丟出去，我猜被打到的人，至少二至三成或多或少都接觸過靜心。

一些佛教寺廟也配合這個流行，安排在寺廟內打禪三、禪七，報名還不太容易。我認識很多的人都參加過打禪，參加打禪的人要換上禪服、關閉手機、禁聲禁語、吃素食，整天不是靜坐，就是做一些寧靜心靈的事情。

為什麼靜心很熱門呢？

許多現代人生活繁忙，充滿了壓力、焦慮和痛苦，他們會嘗試找些快樂的事情去解除壓力和痛苦，例如像是做Spa、出國旅行、躲入酒精裡、成癮在大麻裡、找尋心理醫師、參加心靈療癒課程、看心靈書籍、或者投入宗教。當他們仍覺得壓力痛苦已到達臨界點時，他們會嘗試靜心。因為很多經驗過靜心的人發現靜心能夠幫忙減輕壓力與痛苦，讓心靈寧靜。

許多人都知道靜心，但並不是很清楚靜心真正是什麼？（圖237）

靜心是什麼？

靜心其實有許多派別；例如像是靜心、靜

（圖237）許多人都知道靜心，但並不是很清楚靜心真正是什麼？

坐、禪修、氣功或瑜珈，它們外表雖不盡相同，但談的都是觀照自己的內在，或者講口語一點，就是瞭解真正的自己。

凡是能透過任何方法，促使身體放鬆、心情寧靜與思想停止，而令腦波在阿法波下去觀照內在世界時，這種方法就可稱之為「靜心」。

練習靜心易犯的錯誤

練習靜心成效良好的人不多

現代練習靜心的人很多，但練習靜心而有良好成效的人比例不高，為什麼呢？因為練習靜心的人對靜心的某些觀念或作法有錯誤。以下分成五點來討論。

原因一：練習靜心者缺乏對靜心的信心

如果想要成功的經驗靜心，而且能夠從靜心獲得實質好處，靜心者首先要能夠排除對靜心功效的懷疑，你要深信靜心對身心靈的功效。當你缺乏信心時，你如何能夠願意啥事不做，只是靜靜的坐著？你會讓正確的也變成是錯誤的。

原因二：練習靜心者缺乏耐心

多數靜心初學者的內在充滿了焦慮痛苦。當他們靜心時，內在情緒令他們的大腦裡像是有多隻憤怒的大象在角力衝撞，或者，身體內好像萬蟻鑽動。這些生理衝撞令他們更加的煩躁。在這種情況下，他們如何能按捺全身的不舒適，強迫自己靜心呢？

我經常陪同伙伴們靜心。一些人靜心時坐立不安，身軀如蚯蚓般不斷的扭動，連想靜坐五分鐘都辦不到，更不必奢言放鬆。這些人在初期嘗試靜心遭到挫敗後，多數會放棄靜心。

> 「缺乏耐心」與「不能持之以恆」是許多人靜心失敗的主因。但這是一個矛盾，因為許多人不能靜心的理由，其實就是想學習靜心的目的。所以，「煩躁焦慮」是促成去學習靜心的最好理由，而不是拒絕靜心的藉口。

如何面對靜心初期的焦慮煩躁？

當靜心者在靜心時，如果感覺煩躁焦慮存在，其實他什麼都不必做，也萬萬不必對抗；他唯一要做的，就只要將自己由煩躁焦慮中抽離，變成一個「與我無關的第三者」，去觀照情緒就好了。在觀照中，焦慮煩躁會自動消失。

此外，靜心初學者不要太介意靜心能坐多久，也不要管靜心品質好不好，他們唯一需要做的，就是要強迫自己坐著靜心。只要有耐心與堅持，練習久了靜心品質自然變得很好。

原因三：靜心不能有目標或目的

靜心在本質上是個放下思想的過程，因此，靜心時心裡不能擁有目的。任何目的，不管是明示目的或暗藏目的，本質上都是思想運作下的產物。目標導向的靜心會失卻體驗實相的機會。（圖238）這是許多靜心者失敗的原因。

靜心時最常見的目的是：

- 想要消除焦慮痛苦
- 想要尋求平靜喜悅
- 想要尋找生命真相
- 想要感應靈異現象（例如脫體經驗）
- 想要強化宗教信仰（例如尋找神、菩薩、佛陀）

但對人們來說，要求他們不思想或者行動不存在目的很難，它不符合一般人的生活習性。

許多人把靜心當作是家庭功課。當你認定靜心是功課時，就等同擁有目的；一有了目的，就表示思想又參與了，思想參與會摧殘靜心的品質。

所以，當你想靜心的時候，請直接閉上眼睛，什麼都不想，什麼都不做。別管發生了什麼，念頭或情緒來了就來了，走了就走了，你只是用「與我無關」的心看電影就好了。你不要告訴自己：「我要靜心，我要有個比上次更美好的靜心，我要呼吸再慢一點，或者，我要靜心再久一點。」

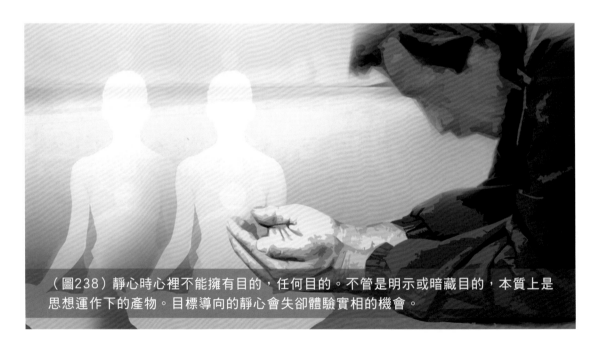

（圖238）靜心時心裡不能擁有目的，任何目的。不管是明示或暗藏目的，本質上是思想運作下的產物。目標導向的靜心會失卻體驗實相的機會。

原因四：許多人迷戀靜心的美妙經驗

許多人會迷戀靜心，樂此不疲，因為他們在靜心中會經驗到無可言喻的美妙情境；（圖239）像是感應到靈異現象、脫體經驗、神、菩薩、佛陀、天堂或西方極樂世界。由於靜心中這些現象是如此真實，甚至於還是彩色3D的，他們會將這些經驗認定為實相。

到底這些靜心過程中所經驗的情境是實相？還是幻相？這個問題不易回答，但不排除部分的這類經驗，可能是自我催眠下所投射的幻相。

舉例來說。

在某個心靈課程中，有一位學員正在被催眠師催眠中。催眠師為了要課程學員理解催眠中暗示的效果，他對這個被催眠者開了一個無傷大雅的玩笑。他在催眠中對被催眠者下了一個指令，他說：「等一下當你清醒的時候，你會在你的手上發現一張千元大鈔，你會很熱心的拿著這張千元大鈔去樓下的7-11，幫學員買一些零嘴。」催眠師講到此時，在被催眠者的手上放了一張衛生紙。

這個學員清醒後，他熱心的走到樓下的7-11選了一大堆的食物。結帳時，他把手上的衛生紙交給收銀員要求找錢。收銀員當然無法接受這個學員的衛生紙，雙方陷入了爭吵。

（圖239）許多人會迷戀靜心，樂此不疲，因為他們在靜心中會經驗到無可言喻的美妙情景。

學員認定衛生紙是千元大鈔的「錯覺」，來自於心靈被催眠師植入的暗示所制約。

以這個實例為證，不排除靜心過程中靜心者所經驗的情境，不過只是心靈投射的幻相。靜心中的幻相會暫時帶給靜心者「歡喜的離世感」，但卻無法排解內在心靈內的焦躁迷惘。

我曾認識一位朋友自稱靜心多年，靜心時身體似乎消失，靈魂好似離體，有時會見到菩薩、佛陀。他很歡喜靜心，也收了一些徒弟。

有一天，我陪他一起靜心。我用靜心語音引導他進入深層的放鬆。當他進入深層放鬆後，忽然間驚跳而起，倉皇的衝出房間。他驚恐的告訴我說，他看到一個群魔亂舞的陰暗世界。

為什麼他在我陪伴下的靜心會有不同的經驗呢？

因為他在靜心中一直渴求靈異經驗，而這些渴求靈異經驗的心念，在他自我催眠下植入了他的內在。當我帶他進入了無念的深層放鬆時，他無法像平常去依循自己的渴望，再次顯現他所要的靈異經驗；而取代的是，他內在深藏的恐懼開始浮現，並以群魔亂舞的幻相呈現出來。

靜心者靜心時須要確定沒有目標，讓靜心的過程只有放下，沒有取得。因此靜心時見到或感應到的一切都要放下；當光、佛陀或西方極樂世界出現時，靜心者必須見光斬光、見佛斬佛、見魔斬魔。（圖240）任何目標論下的靜心是假靜心，這個觀念至要。

（圖240）靜心者必須見光斬光、見佛斬佛、見魔斬魔。

原因五：仰賴上師的教導

很多人對學習靜心沒有信心，不相信自己可以獨立成就它。他們總喜歡從別人那裡得到啟蒙。（圖241）他們感覺靜心是個困難的專業技巧，像是學習打高爾夫球，或者像是學習開車，必須有個老師教導才能學的好。

這個觀念既對也錯。

對的是：靜心可以有老師；老師可以告訴你靜心很好，不做靜心太可惜了。老師會指點你如何進入靜心大門，並指點你靜心的重要觀念，但到此為止。

錯的是：老師不應該教你如何去體驗靜心的過程，或者該去覺知些什麼。靜心是你個人對內觀照一切的經驗，它既沒有羅盤，也沒有計劃或目的，它只是個無方向性的自由覺知。（圖242）既然靜心是對內觀照你自己，而你是獨一無二的，那麼老師既然不是你，他又如何能奢言引導你去感受你自己內在呢？

（圖242）靜心是你個人對內觀照一切的經驗，沒有羅盤，也沒有計劃或目的，它是無方向性的自由覺知。

（圖241）很多人對學習靜心沒有信心，不相信自己可以獨立成就它。他們總喜歡從別人那裡得到啟蒙。

這有點像是，當你在電影院看電影，看得正精彩的時候，你的朋友在旁邊對你指指點點，教你怎麼看這場電影。試問你會謝謝他的指點，還是請他安靜？

再想像一下。

如果你眼前有一盤糖醋排骨，你會不會很害怕？害怕不相信自己有能力體會這盤糖醋排骨到底是什麼味道？你會找個「糖醋排骨上師」教導你感受糖醋排骨嗎？你為什麼不自己品嘗排骨？

同樣的道理也可以放在修行佛法。

有些人想學習佛法，但不相信自己能參透佛法。因此他會去拜上師，不斷的參加法會，也會去背誦佛經。他們希望藉由別人的幫助修習佛法。

這些人的確會倒背如流經書中佛陀所說的每句話，但卻無法像佛陀般了悟這些話的含意，也無法將這些佛法應用於生活中。他心理想著心經裡的「色不異空」，但看到鈔票時，不管怎麼看還是鈔票；看到美女時，不管怎麼看，美女仍然是令他心跳加快的美女；眼睛被人打了一拳，在鏡子中怎麼看也看不空，看來看去仍是疼痛淤黑的熊貓眼睛。

為什麼他學不成佛法呢？

二千年前佛陀說給須菩提聽的，不是來自於佛陀老師的教導，佛陀沒有老師，也沒有經書可去研討背誦。這些體悟，是祂在菩提樹下孤獨靜坐多年後的心靈體悟。（圖 243）這些體悟是由祂的深層自性中自然浮現出來的。

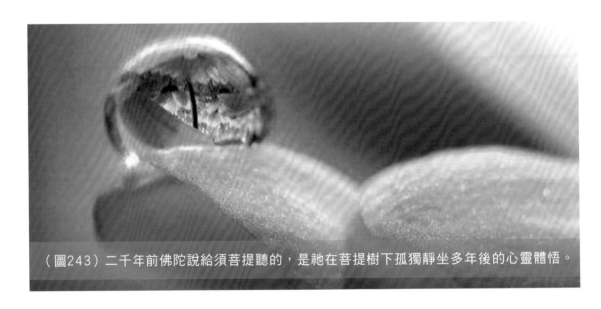

（圖243）二千年前佛陀說給須菩提聽的，是祂在菩提樹下孤獨靜坐多年後的心靈體悟。

真相不能被渴求，這就像是「道」，不能被說明。言語的說明，思想的推衍，或者渴求下的「道」，都非真相。真相只是個被動的自然覺知，因為它就是這個樣子。

須菩提將佛陀的一切言教記載在金剛經中時，佛陀沒有對須菩提說明：他覺知到的一切佛法，只是「道」本身，只是一個圓滿的現象而已（As it is），它不是成就「道」的方法。佛陀並沒有告訴須菩提他的「道」是無法被說明的，它只能被自我覺知。為了點醒須菩提，佛陀在傳經中多次提到「法非法」的觀念。

後人誤解了，一直認定金剛經中的內容是求道的方法。因為這個誤解，後世的人不管如何拜師或背誦經書萬千遍，多數都效果不佳。

如果你想要如實的達到佛陀在靜心中的體驗，它沒有捷徑或速成班。你無法像周星馳在電影「如來神掌」中，花十元買本「如來神掌密技」就練成了一身功夫。你必須自己經由靜心啟始，親自去體驗佛陀所體驗的，而不是去背誦或嘗試理解佛陀所說的。這個成就的過程得靠你自己，任何老師教導都沒有用。

如果你同意這段看法，你就得理解靜心必須是一個孤獨的過程。你得放棄對權威的依賴，去像佛陀般，自己也找顆樹（沙發也好）靜心，去在寂靜中覺知內在自性傳給你的訊息。

你要學習像是個寧靜的、孤單的貓頭鷹，站在山頂的高枝上靜靜的看著這個世界的一切，在看的時候，你沒有思想，沒有情緒，沒有想要什麼，也沒有想做什麼，你唯一做的，就是靜靜的觀察一切。
（圖244）

（圖244）你要學習像是個寧靜的、孤單的貓頭鷹，唯一做的，就是靜靜的觀察一切。

好的心靈導師不會告訴你必須向他學習，不斷的教導你知識，或者鼓勵你反覆背誦信仰。如果他如此做，他就是否定你的獨一無二的自性，就是打算將你變成鸚鵡。他該唯一要你做的，就是教你嘗試靜心，並給你不要半途而廢的信心。

講一個小故事隱喻靜心的迷失

一位眾人景仰的心靈上師經常為信徒說法解惑。有一天，在眾徒環繞中，這個心靈上師嘴角帶著智慧的微笑，突然伸出了右手的食指指向窗外。眾多信徒們惶惑不解老師的行為，沈默了許久。

最終，一個信徒突然靈光一閃，恍然大悟，他大步衝上前去抓住老師的手指狂吮，導師驚恐的快速抽回疼痛的手指，對著這個莽撞的信徒說：「我不是要你咬我的指頭，我只是要你注意我手指指向的月亮」。

靜心的老師不能教導學生任何靜心技巧。他唯一能做的，只能把手指向月亮，告訴學生要注意並進入那個月亮。（圖245）請記住，靜心的陷阱是雙向的；進行靜心的人要懂得避開，而教導者則更應懂得避開。

原因六：團體靜坐不一定好

有些人怕自己無法靜坐，會去參加團體靜

（圖245）靜心的老師不能教導學生任何靜心技巧。他唯一能做的，只能把手指向月亮，只能告訴學生要注意並進入那個月亮。

坐，這個動機是好的。因為當人多一起靜坐時，他不好意思一個人溜掉。

但從靜心品質上來說，除非少數祥和的高能量場，團體靜坐不一定是好的，因為靜心在本質上是一個「孤獨的自我覺知過程」，（圖246）而團體靜坐則與這個原則抵觸。請想像一下，假設有一個帥哥（美女）參加企業菁英班的團體靜坐，如果在靜心時，他的右邊坐的是身材火爆的金髮美女，而左邊坐的是傳來陣陣狐臭的胖妞，他靜心的品質會好嗎？團體靜坐可能反而幫倒忙。

原因七：靜心根本不是一個方法

很多人對靜心誤解，以為靜心是一個成就什麼目的的方法。就因為一些人誤以為靜心是個方法，所以他們才不斷的拜師學藝。這個觀念背後隱存繆思。

任何所謂的方法，意指它的背後必須用思想去推動。想像一下，你可曾使用任何方法時，會沒有思想介入嗎？既然靜心是一個放下思想的過程，那麼，當你認定靜心是一個方法時，你就已經邀請了思想加入靜心，這樣的靜心品質是不會好的。

靜心者必須瞭解：

靜心根本就不是一個方法，它是我們與生俱來的本能，只是我們有了思想後就暫時忘記了這個本能。（圖247）靜心有點像是呼吸，它不是一個方法，你從來不必學習呼吸就會呼吸，它只是個自然的反射，一個沒有方法的方法，或者簡略的說，它是一個「無法法」。

（圖247）靜心根本就不是一個方法，它是我們與生俱來的本能，只是我們有了思想後就暫時忘記了這個本能。

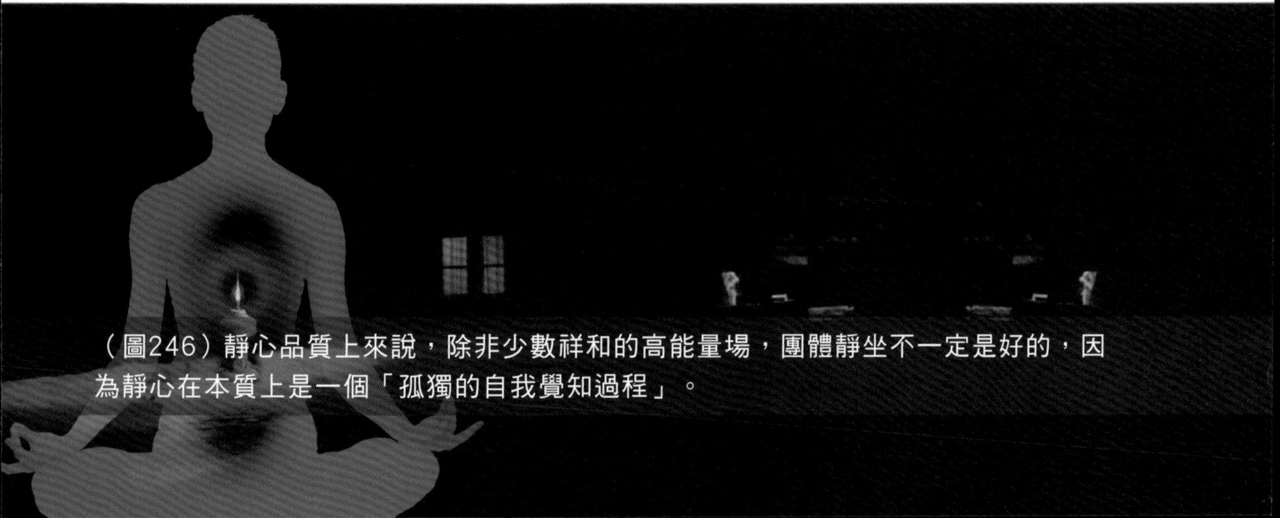

（圖246）靜心品質上來說，除非少數祥和的高能量場，團體靜坐不一定是好的，因為靜心在本質上是一個「孤獨的自我覺知過程」。

到底靜心有什麼效果？

往下我將討論靜心的效果。我所認定的靜心效果，部分來自於靜心者的靜心經驗，部分來自於科學研究，部分則來自於我個人的靜心體驗。

靜心所促成的身心放鬆寧靜與低頻腦波下的內觀，是調適身心靈的良方。（圖248）它可能為你促成下列的身心靈提昇：

- 增強身體免疫能力
- 預防或改善呼吸道、頭痛、胃痛、神經系統等疾病
- 協助身體放鬆、心靈平靜
- 舒緩擔憂、恐懼和痛苦等情緒
- 放下貪念、嫉妒、依賴、渴望等執念
- 改善思考模式、習慣、性格和行為
- 協助留在當下
- 提高工作能量、信心
- 提昇記憶力、思考力
- 開啟更高生命智慧
- 提昇心靈自由
- 協助開啟直覺力、與創造力
- 開啟內在既有的愛與仁慈
- 協助開啟覺知生命真相之門

（圖248）靜心所促成的身心放鬆寧靜與低頻腦波下的內觀，是調適身心靈的良方。

靜心的準備

何以故？如來所說法，皆不可取，不可說，非法，非非法，所以者何？一切賢聖皆以無為法而有差別！

金剛經－無得無說分第七

靜心時，請注意下列事項：

- 挑個噪音少的寧靜地點，最好在室內。如果在室外，選擇靜態的安全地方
- 許多靜心會強調盤坐，盤坐很好，但不善盤坐的人不必刻意盤坐，不同姿勢都可達到好品質的靜心。姿勢以舒服為主，但不要舒服到睡著了
- 一些靜坐要求脊背要挺直，但其實無妨，找到適合的姿勢就可
- 某些靜心要求手部放在特定位置。其實不必介意手部擺那，感覺舒服就好
- 基於個人根性不同，可自選閉眼或開眼。如果選擇開眼，請微張，盯住眼前不遠處某物件，三分眼神聚焦在眼前選擇的物件，七分眼神可散觀四周
- 用胸部呼吸或腹部呼吸都可；重點不在呼吸模式，而在於感覺自然
- 著裝以寬鬆為宜。鬆軟的衫褲會幫助身體容易放鬆，呼吸也易舒暢
- 練習靜心最佳時機是在早上清醒時；剛清醒時身體放鬆，神氣清明，情緒也較平靜。其它的時機也無妨，只要不在身心疲累時就好了
- 避免在餐後過飽時靜心
- 靜心時間長度沒有一定，能夠連續十分鐘就已有效果
- 不要在靜心過程中去控制任何事情
- 有些靜坐會講究特殊的身體姿勢、手勢、規矩或口訣；其實有也好，沒有也好，不必刻意去介意這些SOP。既然靜心是個放下的心靈覺知過程，任何刻意遵循的規矩都隱藏目標，隱藏目標的靜心會阻礙靜心的放下

靜心的基礎心念：無念當下覺知

靜心要有正確的基礎心念，它的基礎心念簡單，就只有六個字：「無念當下覺知」。這六個字包含了三個元素：「無念」、「當下」與「覺知」。（圖249）

無念：
無念就是沒有念頭，沒有思想。我們生活中依賴思想行動，思想講的「取得」，而靜心卻是相反，它是個放棄思想的過程，講的是「放下」。

當下：
當下就是現在。靜心要留在當下。

覺知：
覺知就是以一個第三者的角色，客觀無念的觀察一切內外在現象。

如何無念？

現代人平日大腦中充滿了思想。思想永遠是野心家，喜愛得到些什麼東西，也是個收藏家，喜愛囤積東西；「得取」與「囤積」的心念都會消耗能量，迷惘覺知，創造不同形態的情緒，也令我們離開了當下。如何面對大腦內斥亂的思想，是現代人當急的功課，也是難題。

想靜止思想，必須用思想以外的方法，因為任何思想運作下的方法無法靜止思想。

（圖249）靜心要有正確的基礎心念，它的基礎心念簡單，就只有六個字：「無念當下覺知」。

在這個考量下，只剩下一個選擇，就是靜心，（圖250）因為靜心是個放下思想的過程。對初學靜心者而言，這是個挑戰，因為靜心者要說服頑抗的大腦什麼都不做。

靜心過程中如何無念呢？

如果你想放下或淨空思想，千萬不能對自己說：「我要放下思想」。思想像個騾子，你愈想拉它，它就愈往反方向走，你愈想放下思想，思想會愈多，愈凌亂。知道為什麼愈想放下思想，思想會愈多，愈凌亂？因為當你靜心時如果想動念放下思想，你所用的工具仍然還是思想。企圖用凌亂的思想去放下凌亂的思想，是全然無用的。套一句俗俚：「一家人，鬼打架。」

那該如何停止思考？在靜心時拋掉思考可以用兩個方法。

其一：不要認同或排斥思想

多數靜心者只要一閉眼睛，心裡說我要靜心，那念頭反而變得更多了。這個現象是正常的；因為平常當我們面對工作時，思想會聚焦在眼前事件的一對一運作，比較單純。但當靜心時，你什麼事都不能做，那你等於邀請內在深埋的眾多念頭像是猛虎出柵、蜂湧而出。

所以初學靜心的人不要埋怨自己的念頭多，因為那是理所當然的。

那該如何放下念頭？

其實很簡單，你要反向放棄指控大腦的頑劣，不要管念頭就好了。當念頭出現時，你什麼都不必做，讓念頭自由的來去就好了。當你不再對抗或關切思想時，思想就會停止運轉，自行消失。（圖251）

（圖250）想靜止思想，只剩下一個選擇，就是靜心。

（圖251）當你不再對抗或關切思想時，思想就會停止運轉，自行消失。

此時，你會發現你的心漸漸變得清空，清空到好像是一片蔚藍的天空，它既可包容一切，但又不必存留一切。你的內在會呈現一片美麗殊勝的寧靜，靜默到像是寧靜的湖面，沒有一絲漣漪，它完美地映照一切，但也不必存留一切。在心清空的當下，你將深深的感受到你已經進入智慧的核心。

其二：當下覺知現象時，思想會自動的消失

你的心智有一個特色，它一次只能容納一件東西，你可以善加利用這個特質去掌控你的思想。當你的心智選擇性的聚焦在覺知「某個現象」時，思想會自動無法運作。

如何放鬆平靜？

在靜心的過程中，身心必須是放鬆平靜的；沒有深層的放鬆平靜，就不會有真正的靜心。

對多數嘗試靜心的人來說，這可真辛苦。現代人生活中都充滿競爭、過度思考與壓力，身心靈極難放鬆平靜；這些人在靜心時會焦躁不安，連靜靜的坐個五分鐘都很困難。多數人在靜心挫敗後就放棄了靜心。

焦慮煩躁的人有方法在學習靜心時放鬆平靜嗎？

其實每個人都可以放鬆，那幾乎是我們的本能，只是繁忙的心智會阻擋放鬆的本能。

請瞭解，放鬆是結果，不是方法；所以，當身體接到平靜放鬆的強制指令時，反而會更加緊張，更不會放鬆，這是許多人無法放鬆的主因。

想要自然的放鬆平靜很容易，只要放棄對身心的任何訴求，改成在當下聚焦覺知身體內外在的現象即可。（圖252）只要你如此做，身心自動會趨向放鬆平靜。

如何促成靜心留在當下？

被動與寧靜仔細的聆聽觀照

現代人都知道什麼是當下，但極少人真正能夠將自己「留在當下」，沒有當下的生命等同沒有享受真實的生命。還記得小的時候很容易快樂嗎？那是因為小朋友比較會將自己放進當下，自由自在的享受眼前出現的一切，小朋友們是當下專家。

不妨大膽的猜一下，一個大字不識的耕田農夫與一個大思想家或大科學家，那一類人比較活在當下？

正確的靜心是個練習停留在當下的過程。想「留在當下」，則內在必須不存在時間元素，不存在「過去」、「未來」與「思維念頭」。「留在當下」的唯一方法，就是去客觀、被動與寧靜仔細的聆聽觀照一切內外在的當下現象。（圖253）

（圖253）「留在當下」的唯一方法，就是去客觀、被動與寧靜仔細的聆聽觀照一切內外在的當下現象。

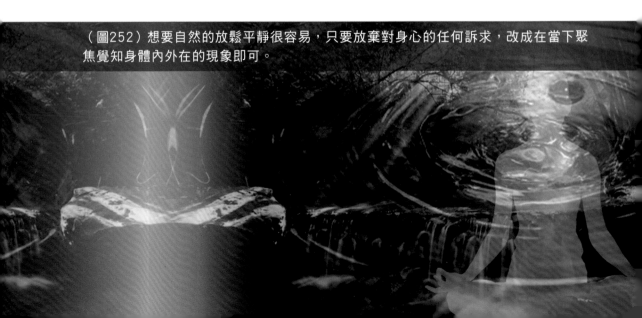

（圖252）想要自然的放鬆平靜很容易，只要放棄對身心的任何訴求，改成在當下聚焦覺知身體內外在的現象即可。

覺知外在環境訊息

例如說，你可以打開你的五官意識，去覺知身體外在環境中的一切訊息。

你可以打開你的聽覺，去傾聽周遭傳來的環境聲音，這個傾聽包括了聲音的一切特質，像是大小、節奏與頻率等等。（圖254）你可以傾聽大自然傳來的風聲、雨聲、鳥蟲鳴叫聲、海濤聲；你也可以傾聽生活中周邊的環境聲音，像是人聲、冷氣聲、車聲等等。

傾聽時，聲音的來源與品質不重要，重要的是，你是否在當下仔細無念的傾聽。當你只是無念無為的傾聽，不做任何分析論斷時，你就成功的留在當下了。

觀照呼吸

除開傾聽外，你可以覺知觀照體內的一切現象。最直接、也最方便的的覺知對象，就是「呼吸」；呼吸有許多值得去觀察的地方。

如何觀照呼吸呢？

- 先想像自己是一個客觀獨立的觀察者
- 將注意力聚焦在呼吸的每一個剎那
- 不要刻意的去影響呼吸方式
- 慢慢的感受每一個呼吸帶動的身體感覺
- 吸氣與吐氣的時候，觀照胸腔或腹腔的膨脹與收縮
- 吸氣與吐氣的時候，感受空氣進出鼻尖內黏膜的一切細節變化

（圖254）你可以打開你的聽覺，去傾聽周遭傳來的環境聲音，這個傾聽包括了聲音的一切特質，像是大小、節奏與頻率等等。

對於呼吸時空氣進出鼻尖內黏膜的變化，你可以做下列觀察：

- 感受在呼吸的時候空氣通過鼻尖的速度

  如果呼吸的時候空氣通過鼻尖的速度快，就感受快；如果空氣通過鼻尖的速度慢，就感受慢。在感受中記住不必做什麼，不必介意空氣速度的快慢，只要自然平靜地去觀照就好。

- 觀察空氣通過鼻尖的空氣量

  如果感受到當吸氣的時候空氣通過鼻尖的空氣量多，就是吸氣的時候空氣通過鼻尖的空氣量多，如果感受吐氣的時候空氣通過鼻尖的空氣量多，就是吐氣的時候，空氣通過鼻尖的空氣量多。

- 感受空氣通過鼻尖的穩定性

  感覺空氣通過鼻尖的流動很穩定嗎？還是有波動？不妨以剎那的單位警敏的去感受。如果感覺到穩定，很好；如果感覺到不穩定，也很好。

- 感受空氣通過鼻尖的溫度

- 感受空氣通過鼻尖時鼻尖周邊肌肉的變化

  感覺在吸氣的時候，鼻尖周邊肌肉的膨脹，感覺鼻孔變大；感覺在吐氣的時候，鼻孔周邊肌肉收縮，感覺鼻孔變小。

觀照呼吸時，你的心智就無法做任何的事情，身心的放鬆平靜會自動發生，你也會自然的進入當下。

觀照身體的放鬆狀況

另一個留在當下的方法，是直接跳過頭腦，去觀照身體的放鬆狀況。

靜心者可以依序從額頭往下一直到腳指頭，仔細觀照身體的每個部分的放鬆狀況。當觀照身體放鬆的程度時，身體會自然的放鬆。

觀照內在兩元情緒

靜心時，你也可以將注意力聚焦在你內在的心情，去感受內在心情是否平靜？

在感受時，你不要揀選或批判心情。如果感受到心情平靜喜悅，很好；但如果感受到心情不平靜，也很好。感受不平靜的心情要像是去感受平靜的心情一樣，它純然只是一個觀照的過程，你不必刻意去影響或改變這個心情。

如果靜坐時感受到快樂，很好；如果靜坐時感受到悲傷，你也要靜靜地坐著觀照悲傷，不要排斥悲傷；悲傷與快樂等值。

靜心時如果觀照到恐懼，不要排斥它，你只要靜靜地以一個第三者角色去觀照恐懼的一切，它就如同湖面上的霧，在觀照中自動的消散。靜心就是幫助你尋找恐懼根

源與脫離恐懼的有效方法。

> 當覺知中看著心靈的一切，心靈才能夠沉靜下來。你會驚奇的感覺某種未曾經驗過的無邊寂靜進入了自己，（圖255）這是一種奇特的體驗。

冥想景像

靜心時有些人會去冥想某些景像。

例如像是具像的美麗風景、草原漫步或者小溪泛舟等等。也有些靜心者會冥想一些比較抽象的情境；譬如說，觀想某種光在體內運轉、體內的脈輪、某個宗教的神、曼陀羅圖案，或者背誦佛經、咒語。

但靜心是「放下」，而非「得到」。

（圖255）當覺知中看著心靈的一切，心靈才能夠沉靜下來。你會驚奇的感覺某種未曾經驗過的無邊寂靜進入了自己。

建議冥想時要避免假戲真做，任何假性的投射終究並非真實；如果他們相信這些景像是真實存有，而且執著在這些幻相時，就失去了靜心品質。所以再次提醒，面對靜心中的幻相，要能夠「見佛斬佛，見魔斬魔」。（圖256）

一切有為法，如夢幻泡影，如露亦如電，應作如是觀。

金剛經第三十二章節（圖257）

（圖257）一切有為法，如夢幻泡影，如露亦如電，應作如是觀。

（圖256）再次提醒，面對靜心中的幻相，要能夠「見佛斬佛，見魔斬魔」。

進入低頻阿爾法腦波

靜心者在當下覺知下，身體自動會趨向平靜放鬆，大腦會進入低頻阿爾法腦波。當靜心者在靜心阿爾法腦波或更低頻腦波時，他會感受思想停止造作，會覺知到「我」已不存在。但他並非沉睡；相反的，他的深層潛意識與無意識開始浮現與活躍。

在低頻的腦波中，他會開始覺知到平日在思想運作用無法覺知到的另一個心靈領域；在這個領域中，他會對生命各層面有新的領悟，也會建立新的能力與智慧，去創造不一樣的人生。

靜心初學者的終南捷徑

學習靜心像是打高爾夫球，入門容易，但深入難。不過靜心初學者有個終南捷徑。靜心初學者在學習靜心時，會不易放鬆平靜，而且充滿思想。此刻，他可以利用「潛意識對話 DIY」做為深入靜心的敲門磚。因為當他被動聆聽「潛意識對話 DIY」後，身心靈會極易達到放鬆平靜，思想極易放下。

當靜心初學者能輕易達到放鬆平靜與思想靜止時，他可慢慢放下「潛意識對話 DIY」，開始去經驗靜心。一般在使用「潛意識對話 DIY」約三個月之後，可開始練習靜心。

高品質的靜心需要耐心去經驗。但靜心是內在本能，只要願意，最終必將成就。（圖258）

（圖258）高品質的靜心需要耐心去經驗。但靜心是內在本能，只要願意，最終必將成就。

| 當下 |

「靜心」是閉上眼睛的當下覺知

「當下」是睜開眼睛的動態靜心

當下

你理解你的當下嗎？

創造生命最大歡喜與成就的世間法，不見得是當下熱門的眾多法門，而是能夠將自己思想放下的方法。前面談到的「潛意識對話DIY」與靜心，是放下思想的有效模式，它存在於靜坐時刻；而另一個有效的模式，則是存在於生活中的每一個剎那，那就是將自己留在當下。

很多人都很熟悉「當下」，知道當下就是「現在」，說話時也會摻雜著「當下」字眼，但很少人真正理解「當下」的真正涵意，也不清楚它對生命的巨大影響。此外，不同的人可能有不同的「當下」定義；你曾經檢視過你的當下屬性嗎？

其實「靜心」與「留在當下」兩種生命模式極為相似，它們同樣是放下思想的模式；「靜心」是閉上眼睛的當下覺知，而「留在當下」則是睜開眼睛的動態靜心。（圖259）

我想談一下禪修者的「當下」來應對你的當下。因為論素質，它是唯一可被認同的當下。如果你能夠學習將自己留在禪修者的當下，它會強化你生命品質的提昇。

定義禪修者的「當下」

兩種心靈運作模式

（圖259）「靜心」與「留在當下」兩種生命模式極為相似，它們同樣是放下思想的模式；「靜心」是閉上眼睛的當下覺知，而「留在當下」則是睜開眼睛的動態靜心。

在禪修者而言,他們「留在當下」的定義是:在生活中無念觀照生命現象。他們在觀照生命現象時,思想是不存在的。然而相對應的,多數人雖然宣稱活在當下,但他們的思想並未放棄運作,所以他們的當下不算是真正的當下。

在生命中,當我們的五官意識捕捉到外在有關人、事、時、地、物的訊息時,這些訊息會被傳輸到大腦。大腦接收到外在訊息時,會有兩種運作模式。

思想意識運作模式

第一種心靈運作模式是「思想意識運作模式」。多數人採用這種模式運作心靈。

思想意識運作模式是人們面對外在現象時,一種非當下的的神經系統運作流程。

當多數人的大腦在接收到五官意識傳來的外在訊息後:

- 他的思想意識會運用內在儲存的知識、經驗、回憶與信仰等等資源,去描述、定義、分析、比較與判斷進來的訊息。

- 思想運作後所產生的信息,會促成大腦不同的部位的反應;下丘腦及垂體會依該信息調節生理狀態以適應環境;海馬體會負責記憶信息,而負責情緒的杏仁核則會呼應這個信息產生相應的情緒。

這個流程的前半段是收集外在訊息,它的後半段則是思想的運作。思想的運作會促成身體的生理反應,建立記憶檔案與產生相應的情緒。

這個模式隱藏了三個可能發生的缺點:

- 其一:無法判定事件的真相

  思想意識在判斷解析外在訊息時所使用的資源,是它內在既存的有限知識、經驗、回憶與信仰等等。當人們運用「有限資源」去面對「多變數的未知現象」時,它所引導出的結論經常是錯誤扭曲的。因此,他將不易看到事件真正的內涵與背後隱藏的真相。

  請回想一下,生命中我們多少在事業、投資、愛情或者關係上的決定,是思想的錯誤促成的?我們一直仰賴思想,但思想卻經常傷害我們生命的品質。

- 其二:產生情緒

  思想運作下的必然副產品,就是情緒,然而多數的情緒是負面的。

  舉例來說,當我見到一位二年前與我吵架並且讓我憤怒的人,此刻站在我眼前的時候,雖然他早已改變了習性,但我沒有仔細的看著現在的他。取代的是,我回憶起二年前的憤怒。當這種負面情緒升起時,我既無法看清楚當下的他,也不耐煩理解他言語的內涵與背後的真相。

■ 其三：過度耗費精力

思想的過程會耗費精力。回想一下，常常吃頭痛藥或者做SPA是為了什麼？

這個「思想意識運作模式」是個非當下流程，也是個標準的小我運作模式。它無法協助創造更智慧與和諧的對應關係。

許多人在觀照外在世界時會由思想主導。「思想的世界」與「當下的世界」是對立的。如果你歡喜「思想」，你就無法活在當下。如果你想留在當下，你就不能依賴思想。（圖260）想一想，當你在思想時，你能夠仔細的觀照眼前的現象嗎？

無意識運作模式

第二種心靈運作模式是「無意識運作模式」，它是少數人或者是禪修者面對外境的當下運作模式。

在這個模式下，當五官意識捕捉到的訊息傳入大腦時，這個訊息並不會到達大腦的思想意識部份觸動思想的運作，它純然只是一種無念的覺知。在這種無念覺知下，內在更深層的無意識會自動升起運作。

「無意識」與「思想」是兩種截然不同的意識形態。

「無意識」與「思想」面對外界訊息的運作模式是不同的；思想必須要透過某些機制（例如像思考邏輯），在分析外界訊息後產生回應；但無意識面對外界訊息時，卻不呈現任何機制的運作。它呼應外界訊息時所衍生的回應，是自動萌現的。這些回應多數會提示更接近真相的覺知，也同時會提示最佳的行動建議。

當事人接收到無意識傳遞的信息後，他完全不會去質疑該信息的真實性，或者是否可行，他會像呼吸般自然的接受與執行。此外，在他行動前，就已經在心裡感受到圓滿成功的喜悅。

再舉上述例子說明無意識運作模式。

當我見到一位二年前與我吵架，並且讓我憤怒的人站在我眼前的時候，我只是寧靜放鬆的，用五官意識全神投入的去感受當下的他。此刻，思想將不再運作。當思想停止運轉時，自然情緒不會昇起。此時，無意識會自動接手外在訊息，並提示對這個人深入的認知與和諧的互惠回應。

這種當下模式是最佳的關係應對模式，它是圓融關係的秘密，但多數思想發達的人無法能夠去理解或認同這種模式。

要建立無意識模式的心靈素質很簡單，你唯一需要做的，就是將自己無念的留在當下，在當下去覺知眼前的一切。當你進行無念當下覺知時，你會在放鬆平靜的氛圍中清楚的感覺到心靈的清明與關懷的愛；在溫馨的利它氛圍中，真相會自然流入你

（圖 260）「思想的世界」與「當下的世界」是對立的。如果你歡喜「思想」，你就無法活在當下。如果你想留在當下，你就不能依賴思想。

的大腦中。幫你成就良好關係，幫你擁有自由美好的生命。

> 無意識所觸動的信息並非思考下的產物，它的優點是沒有情緒，耗能不高，並且更能夠看清事件的真相與提示該事件的最佳解決方案。其實一般人都有過這種經驗，它被通稱為「直覺」。這類直覺經常都能提供好答案。

如果觀察人們採用上述兩個模式的比例，多數人採用前者，他們並沒有活在當下。

多數人沒有活在當下

大自然的美好一直存在於人們周遭的世界裡；像是空中的雲、叢林中的花、草、樹木、枝頭小鳥等等。雖然它們很美，但我們從來都不曾抽空，去自由的觀察它們。（圖 261）如果對於這些美的東西視若無睹，那麼我們就會完全錯過了生活的美妙，生命變的支離破碎，不再是完整的，並充滿各種矛盾，這一切讓生命變得平庸與浪費。

但大多數人的生命經驗，卻真的就是這個樣子。

（圖 261）大自然的美好存在人們周遭的世界裡；像是空中的雲、叢林中的花、草、樹木、枝頭小鳥等等。雖然它們很美，但我們從來都不曾抽空，去自由的觀察它們。

當你握著心愛伴侶的手在美麗的公園散步，雖然明月高掛，景色幽美，但你並沒有欣賞景色。你雖然牽著伴侶的手，但也沒有留意她（他）的存在，你腦袋裡只煩惱著生活瑣事與回味往事的苦痛；你根本沒有活在當下。

當你聽著某個人在講話的時候，你的眼睛雖然看著他，但你的心已經飄到某個遠方，你只是假裝在聆聽。或著，你也沒有認真在聽，你一直用著思想下的知識、經驗或信仰，自以為是的在分析、判斷、比較與批評，你離開了當下。

當你看著一朵花的時候，你在思考：「啊！這朵花好美麗。」你的思想在分析著花的顏色、大小、形狀等等；或者，你陷入了回憶，由花聯想到初戀情人。那你絕對不是在當下覺知花，你在進行思想運動。

> 當思想當道時，覺知不在，覺知不在時，真相不在。思想與真相是對立的。只有無念覺知才可通達真相。

人們的心念總是撇不開過去的回憶、經驗、生命的渴求與對未來的幻相。這些虛相令我們的生命永遠在非當下的心靈活動中來回飄浮擺動，令我們無法覺知真實的生命。請思考一下，我們每一天有多少時間是留在當下的？（圖262）我們有能力將生命留在當下嗎？

為什麼生活在當下如此重要？

現代人經常用思想面對複雜與高壓的生活，而思想又是創造情緒的源頭。現代人如果懂得去放下思想，活在當下，必然會產

（圖262）我們每一天有多少時間是留在當下的？

生不一樣的生命經驗。

我們只要在當下玩泥巴、抓毛毛蟲、爬牆、跳方格,就覺得像自由的鳥兒般很快樂、幸福。為什麼小朋友們容易快樂?因為小朋友腦袋裡沒有多少思想,所以很容易聚焦在當下,他們對眼前一切都是好奇新鮮的。小朋友們都是當下專家,知道活在當下。

> 在當下覺知時,你的身體會徹底自然的放鬆,思想會自動停止運作,心靈內的時間、恐懼與痛苦都會消失;滔滔不絕的心念會轉換成清澈水潭面的明鏡,(圖263)映照一切,但不受制於一切;新的內在平和、喜悅的秩序會被創造,而無條件寧靜的愛與生命智慧會悄悄的自動昇起。

但當他們漸漸長大後,周邊的教育與經驗建立了他們的思想,這些思想破壞了小朋友們覺知當下的天生能力。

到底誰給了小朋友們的思想?答案是父母。父母會理所當然的去教育孩子,而這些教育漸漸的建立了孩子們的思想。

小的時候很容易快樂

回想一下,小的時候我們很容易快樂,不是嗎?

(圖263)在當下覺知時,你的身體會徹底自然的放鬆,思想會自動停止運作,心靈內的時間、恐懼與痛苦都會消失;滔滔不絕的心念會轉換成清澈水潭面的明鏡。

小朋友喜愛玩泥巴。但當他玩泥巴時，大人不准他們玩泥巴；大人會說：「玩泥巴會讓衣服髒」、「玩泥巴會生病」。小朋友當然會聽媽媽的話不再玩泥巴。從那天起，孩子的思想中植入了新東西：「玩泥巴會生病」。當他長大踏在泥土路上的時候，他將不再有興趣觀察泥土的一切，因為媽媽曾說過：「泥巴是壞東西」。

小朋友本來不怕蟑螂。當看到蟑螂在眼前爬過的時候，他感覺好有趣，想跟牠玩。但大人教導他們：「蟑螂髒，是害蟲」。大人為了證明蟑螂是害蟲，不惜在孩子眼前興奮激昂的用拖鞋把蟑螂打成爛泥。從那天起，小孩子沒有思想的大腦中有了新東西，那就是：「蟑螂噁心，是害蟲」。他長大後不再會好奇的觀察蟑螂。他唯一有興趣的就是學父母把蟑螂打成爛泥。

父母送孩子到學校接受教育，希望孩子將來過好日子。學校受到父母的委託，教導孩子知識，而這些知識就創造了孩子們的思想。知識就是思想的運作資源，因此間接的，知識讓孩子反而不容易留在當下。

留在當下的程度與是否快樂是息息相關的。因為，當你能夠留在當下，則創造情緒的思想會自動停止運作。如果你此刻能夠確實瞭解當下的價值，你就擁有進入快樂花園的門票。

如何進行當下覺知？

現在，讓我們討論如何進行「當下覺知」。要留在當下，要懂得如何放下思想。

我們提到過，當你想放下思想時，不要對思想嘶喊說：「不要再想了」，那一點用處都沒有，因為你正在用另一個思想去排斥思想。

你如果想放下思想，你不必排斥思想，你只要專注在某件與思想無關的東西就好了。例如說，仔細的觀看大自然、某個物件，或者聽海濤聲。由於我們的心盤一次只能放一件東西，所以當你在心盤中擺上某個物件時，思想就無法運作。（圖264）

當思想放下後，要用五官意識全神警敏仔細的觀賞眼前現象。觀照的時候，要能放鬆、寧靜，沒有知識與經驗參與，沒有分析、比較或批評，沒有回憶或未來，沒有情緒，並容許心靈在自由中不設限觀察一切細節。

想像自己是一位稱職優雅的宴會主人。在宴會面對賓客時，你將在保持不排斥、不批判的態度下，用誠摯溫馨的心意去款待眼前的每一位客人。在過程中，你不必放棄「思想」，你只暫時讓思想保持靜默。

（圖264）我們的心盤一次只能放一件東西，所以當你在心盤中擺上某個物件時，思想就無法運作。

在宴席中，你不必刻意勉強自己做個好主人，你只需要將自己放在當下，專注無念的觀察眼前每一個客人的一切，它包括賓客的眼神、表情、情緒與服飾等等。

當你走進一個美麗的國家公園，在欣賞美景的過程中，你抱持著無念、無批判、無情緒與無比較的心念，看著公園內的一切美景，傾聽大自然傳來的一切訊息，並張開皮膚去感受風、溫度與陽光，在那的當下，你會自然的放下自我，縱情的享受大自然中的一切景緻。在這種美質的心念下，你會成功的將自己安適在當下。

每個人都有看花的經驗，但不是每個人都在當下看花。當下看花該如何看呢？

- 所謂當下看花，不是單用眼睛去看著花而已，而是投注所有的五官意識，非常專注的去覺知花的一切（圖265）

- 心中沒有思想
- 心中沒有描述花的語言，因為語言是思想下的產物
- 心中沒有描述花的文字，因為文字也是思想下的產物
- 心中沒有指認花的名字，因為名字是思想下的知識
- 心中沒有描述花的特徵，因為花的大小、形狀、顏色是思想下的判斷
- 心中沒有任何評估、比較、判斷，因為這些都是思想下的運作
- 心中沒有由花聯想些什麼，因為回憶的聯想是思想下的運作
- 心中沒有情緒，因為情緒也是思想運作下的產品
- 看花時，連看花者都不存在，因為思想不在

如果你的覺知符合上述內容時，那麼恭禧你，你已經成功的在當下覺知這朵花。

（圖265）所謂當下看花，不是單用眼睛去看著花而已，而是投注所有的五官意識，非常專注的去覺知花的一切。

> 人們如果要真正的享受生命，必須要活在當下。當你能活在當下時，大自然與周邊的情境、人物無一不美。快樂變得如此垂手可得，比比皆是；苦求外境物質的慾望變得清淡如水。

練習留在當下

在城市繁忙生活中，不妨抽空走出城市，把手機關機，放下思想、批評與比較，把自己的心打開，去自由的感受大自然的一切。大自然雖然很美，但我們卻從來都不曾抽點空去觀察它們。

我們可以在清晨時張開眼睛，觀察大自然中的景物；看著初陽跳上山巔，看著陽光照射大地，看著夕陽落下海面，看著飛過天際的鳥、樹叢中的花朵、山石與流水。看的時候請不要思考或聯想，只要全神貫注的看著就好。

我們很少仔細的去傾聽一切周邊的聲音。我們透過自我催眠，讓我們聽不到聲音；冷氣聲聽久了就聽不到了，汽車聲聽久了也聽不到了，甚至於連別人對我們講話的聲音都聽不到了。太多的思想讓我們的聽覺被封閉了，我們放棄了生命中享受聲音的美，也放棄了聲音對我們傳達的訊息。

要練習在大自然去傾聽各種聲音；風吹過松林的自然樂音、雨聲、樹林傳來的蟲鳴鳥叫聲、海邊的海濤聲。在靜謐與細微的聽覺下，聲音的真相會萌現。

- 曾經在當下傾聽雨聲嗎？
- 曾經在當下傾聽風聲嗎？
- 曾經聆聽過風吹過松林的自然樂音嗎？
- 曾經在海邊仔細聆聽過清風拂過響螺所傳遞的神祕訊息嗎？（圖266）

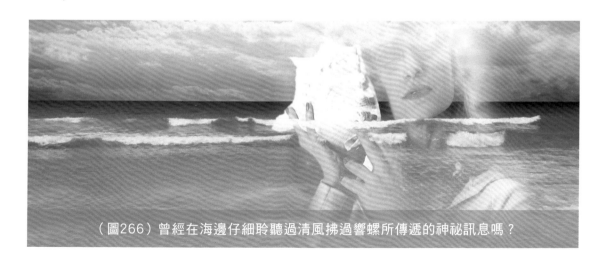

（圖266）曾經在海邊仔細聆聽過清風拂過響螺所傳遞的神祕訊息嗎？

377

在學習當下傾聽時，要保持內在的寧靜與被動的聆聽。聆聽的時候，你將什麼都不想、什麼都不做，你只是在聽。

> 當你靜默時，任何聲音均是一場生命的對話，它會對你傳達生命的訊息。智慧的光明會進入你的內在，幫你驅除內在一切陰暗能量與負面的信念。如此，貧乏無趣的生活、悲慘的人生、死亡的恐懼將會全面自動害羞的遠離，正面的言談、思想與行動將會自動出現。

這一切聽起來似乎不可思議？如此單純被動的傾聽，會創造如此美好的生命變化嗎？你不必說「我相信」或者「我不相信」，你要由經驗中去找答案。

當下傾聽的藝術

生活在這個多樣關係的世界裡，與人相處時的傾聽藝術非常重要。但許多人在傾聽時思想在運作，「我」充斥在內心，談話間已先預下結論。如此，我們再也聽不進別人的話，也喪失了取得真相的機會。最糟的是，它會促成對應關係時的障礙。這種模式是非當下的傾聽。

如何進行當下的傾聽呢？

當面對人傾聽時：

- 保持寧靜
- 專注的傾聽；體內的每一根神經都在試圖理解對方的話語
- 充滿感情地去傾聽
- 放棄你的角色，你將不再是父母、法官或心理醫師，更不是身披盾甲的沙場戰士
- 臉上帶著溫馨的微笑
- 心裡帶著感同身受的同理心
- 內在存有無限的自由
- 只呼應，但不插嘴
- 不妨偶或說些呼應的字眼，像是：「很好」、「我瞭解」、「是呀」等等
- 沒有情緒
- 沒有思想
- 拋開心中的知識、經驗、觀點和結論
- 不去比較、判斷、評估
- 不作選擇，不預設方向
- 將自己變作是個電影院裡的觀眾，只是全神投入的傾聽與覺察
- 不要有「我必須注意聽」的想法存在
- 甚至於傾聽者不在

當你能如此的在當下傾聽，不獨你能領悟言談裡的意涵，覺察深層的真相，形成洞見，你更能夠無礙地交流，促成美好的關係。

當下是生命唯一求取快樂之道的祕密。想進行當下覺知嗎？「潛意識對話 DIY」能夠有效的幫助讀者學習進入當下。

（圖267）

Enjoy every moment...

（圖 267）當下是生命唯一求取快樂之道的祕密。想進行當下覺知嗎？「潛意識對話 DIY」能夠有效的幫助讀者學習進入當下。

｜生命的意義與目的是什麼？｜

面對這個殊勝難得的生命
光是走出痛苦的陰影就滿足了嗎？

生命的意義與目的是什麼？

究竟生命是為了什麼？

多年來，暗與夜圍繞著我，爾後教我的人來了，我於是暗夜中找到了天堂之路。

海倫‧亞當斯‧凱勒
（Helen Adams Keller,
1880年－1968年）（圖268）

在這本書裡，我們談如何脫苦，因為有了苦，怎麼可能奢言歡喜的人生呢？

但我們也知道，單純的脫苦絕對不是人生的目標。面對這個殊勝難得的生命，光是走出痛苦的陰影就滿足了嗎？我們該做什麼才不會辜負來人間一次呢？我想與各位分享一個更大更有趣的議題，這個議題是：如何創造「符合生命最大藍圖」的積極目標？

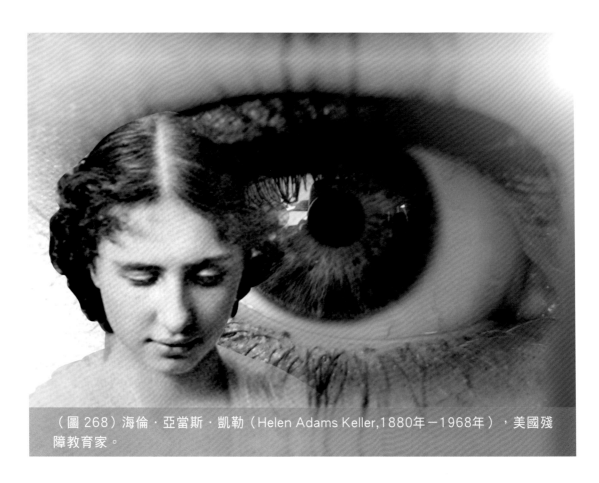

（圖 268）海倫‧亞當斯‧凱勒（Helen Adams Keller,1880年－1968年），美國殘障教育家。

真理

（圖 269）究竟生命是為了什麼？如果不能回答，那我們怎能奢言知道我們此生真正的目標又是什麼？

但是問題來了，究竟生命是為了什麼？如果不能回答，那我們怎能奢言知道我們此生真正的目標又是什麼？（圖269）

下一個問題是：誰來告訴我們正確答案？

是思想下的搜索嗎？是複製當紅的社會價值觀嗎？還是別的？

不同的人不同的人生觀

現代的每一個人從小開始，就被教育、父母、社會與文化教導我們要設定目標，並且要努力達成目標。基於每個人不同的性格、人生經驗、社會背景、家庭教育、學校教育與信仰，不同的人有不同的人生觀。

綜觀現代熱門流行的目標，它們不外乎是：賺取財富、取得成就、尋找快樂、獲取智慧、尋找真理、美滿家庭等等。

試問，人間有一個所謂的「普世目標」嗎？還是並沒有所謂的「普世目標」，每一個人自我設定的目標就是對的目標？

如果以「人本位」的角度環觀生命目標，這個命題沒有標準答案；每個人基於不同的個性、生命背景或環境影響等等，會設定自我認同的人生價值與目標。也因為不同的人擁有不同的人生價值觀與目標，它造就了像是萬花筒般的五彩繽紛社會。在萬花筒內，有形形色色的人做不同的事情，每個人手上各自一把號，各吹各的調。

對於這個命題，我頗能確定，許多人雖然正在做著一些事情，但卻不知道生命真正要什麼？為什麼呢？

且讓我們看看多數人如何找尋生命目標？

- 許多人像賈伯斯一樣，當捲入求財求名的洪流後，就無法探究他們心裡真正想要什麼？

- 有些人在缺乏自信下，不相信自己想要的是對的，他們會做一輩子的鸚鵡，忙著去追求別人想要的，或者社會想要的

- 有些人憑藉直覺追求目標，但最終發現他們要的不是真正想要的

- 有些人在信仰中找尋生命答案，但內在卻在懷疑下不知所措

知道生命中要什麼是對的嗎？

不管目標是什麼，我們很少冷靜的思考：

- 我們所選擇的「人生目標」是對的嗎？
- 我們所選擇的「人生目標」，真正是符合生命最大藍圖的最佳目標嗎？

學校的考卷有標準答案，但這個問題不易有標準答案。就算有，也無法辨個水落石出。我相信多數人願意堅持自己選擇的生命標的是對的，要不然，他們也不會耗費一輩子的生命如此做。但我也相信，許多人內心深處對自己的目標不一定真正感覺滿意。

如果讀者有興趣自我檢視自己要的目標是否是對的，不妨利用下方問卷去探索追求目標的正確性。

讀者不妨自問下列問題：

- 在工作中，我感覺充滿了能量嗎？
- 在工作中，我感覺充滿了快樂與滿足嗎？
- 在工作中，我感覺充滿自由的心念嗎？

- 在工作中，我感覺我歡喜的是過程，而不是結果嗎？

如果你回答上述問題，有任何一題打「Ｘ」，那可能表示你追求的目標可能就不是你心中真正想要的。

這個問卷非常符合邏輯。請想像一下，如果人們追求的目標是心中想要的，那在追求的過程中，必定充滿了能量、快樂與滿足的自由心念。此外，你會歡喜的享受工作的過程，而不是結果。如果您的工作經驗並非如此，那又何必奢言您的目標是好目標呢？

爬在迷宮裡的螞蟻

想像一下，人們基於某個理由，設計了一個觀察螞蟻行為的螞蟻迷宮。當螞蟻爬在人們所安排的迷宮裡，牠會竭盡所能計劃如何在迷宮裡過恰當生活，也會自覺地覺知的世界就是真相。（圖270）

當人們站在更高的生命緯度看著迷宮裡的螞蟻時，他們會看得很清楚，也會覺得好玩與可笑。人們知道螞蟻覺知的真相不是真相。

但同理心，人們站在生命的平台看自己的

（圖 270）當螞蟻爬在人們所安排的迷宮裡，牠會竭盡所能計劃如何在迷宮裡過恰當生活，也會自覺地覺知的世界就是真相。

生命，會自以為看得很清楚，自以為看到真相。但人們看到的真相，有多少機率是真實的真相？（圖271）人如果能以更高的智慧站在更高緯的平台看人生，那看到的真相會是心裡想像的真相嗎？

邏輯上來說，如果宇宙黑幕後並沒有一個普世的真理，人走了就化成黃土一堆，那其實只要是人們自己想做的，就都是對的。但如你相信，宇宙黑幕後有一個普世的真理，人走了不見得只化成黃土一堆，那麼，人們歡喜想做的就不一定都是對的。

如果真相的確存在，但你在不知情下，強迫自己像在拉斯維加斯賭單雙般，去賭日子該怎麼過，那種風險極大。因為今世生命只有一次，容不得你我犯錯。

想像一下，如果你暗夜在山路開車，但車燈壞了，眼前一片漆黑，你會堅持持續前進？還是耐心的暫時熄火停車，等待車燈修好後再上路？

面對目標的建言

針對這個議題，我沒有立場批判別人目標的對錯，但對想找尋生命最大藍圖下目標的人，有幾個想法值得參考。

其一：突破心靈制約，不要做別人想做的，要做自己想做的

很多人一輩子拼命工作到老，來得迷迷糊糊，走得也不清不白。他們變成鸚鵡或者合唱團裡的團員，他們活的世界只是別人

（圖271）人們在生命的平台看自己的生命，會自以為看的很清楚，自以為看到真相。但人們看到的真相，有多少機率是真實的真相？

認定的世界。這種附庸的生命既無趣，又可惜。追隨別人是因為恐懼自己不行。但的確追隨別人很容易，否定別人很難。

你的生命是獨一無二的，你既不像別人，別人也不像你。沒有人有資格告訴你該做什麼是對的，你也不要聽別人教你要做什麼。別人的路是別人的，你不需要複製別人的路，他們的路與你無關。

在覺知目標的過程中，你的心靈要擺脫對別人的依賴、學習、追隨、模仿，不要聽別人的，要放下教條與信仰的拘束，要突破傳統、權威與野心的障礙，（圖 272）你要孤獨問自己要什麼？然後孤單的努力走自己要走的路。

當靜心中突破心靈制約後，你的心變像是寧靜的水潭，既清明、又自由。你會發現自己心靈的全部結構，清楚的認識自己。這個「自己」不是思想下的自己，而是深層的自性。如此，你才能覺知生命的真相，你才能覺知生命真正的目標。從而在沒有恐懼下，去完成創造你生命真正的目標。

其二：如果我們真有想做的，就要勇敢的去做

要放下對自己的擔心，不要介意別人怎麼想，不要介意得到多少，會不會成功，或者多少掌聲，勇敢自由的去做就好了。

（圖 272）在覺知目標的過程中，你的心靈要擺脫對別人的依賴、學習、追隨、模仿，不要聽別人的，要放下教條與信仰的拘束，要突破傳統、權威與野心的障礙。

其三：要用自由心念創新

如果你想創新，想做別人沒做的，那就要記住：

- 不要追隨別人
  追隨別人就是追隨已知的。對別人說的，要勇敢的說「不」，說「Ｙｅｓ」就是要追隨別人。

- 要拒絕傳統
  因為傳統就是老東西。總有人會推翻傳統，那個人為什麼不是你？

- 要拋開知識、經驗
  老知識或者老經驗了無新意。但你仍需尊重老知識或者老經驗，因為它們告訴你那些是不要做的。（圖273）

- 要拋掉思想
  許多人不敢拋開思想，這就像在水中仰賴救生圈的人無法放手救生圈。思想看似無限的，但其實仍被內在既有的資源制約，老思想創造不出新的東西。就像用同一個盒子裡的積木不管怎麼排，都是侷限的。

- 要讓心靈自由
  要佈新，必須先除舊。要把思想中所有已知事物掏空以後，心靈才能自由。自由的心中會自然昇起屬於你的獨一無二的生命目標。自由心才能引導出創造的行為。

- 不要怕孤獨的創新
  創新就是要走推翻主流典範的對立路程。當你對抗主流典範時，你會被排擠，你會孤獨，因為掌聲永遠跟著多數的人群。（圖274）但稀落的掌聲也許就是天使捎送的真相訊息。你要學提倡「地心論」而被軟禁的伽利略呢？還是看著別人的背影做個安適的追隨者？

（圖273）老知識或者老經驗了無新意。但你仍需尊重老知識或者老經驗，因為它們告訴你那些是不要做的。

我說的創造，不是指日常生活方面的技術，像是寫軟體、設計房子或者雕刻東西。這種表現並非創造，它們只是思想下的渴求與行動。我談的是更高靈性覺知下的目標。

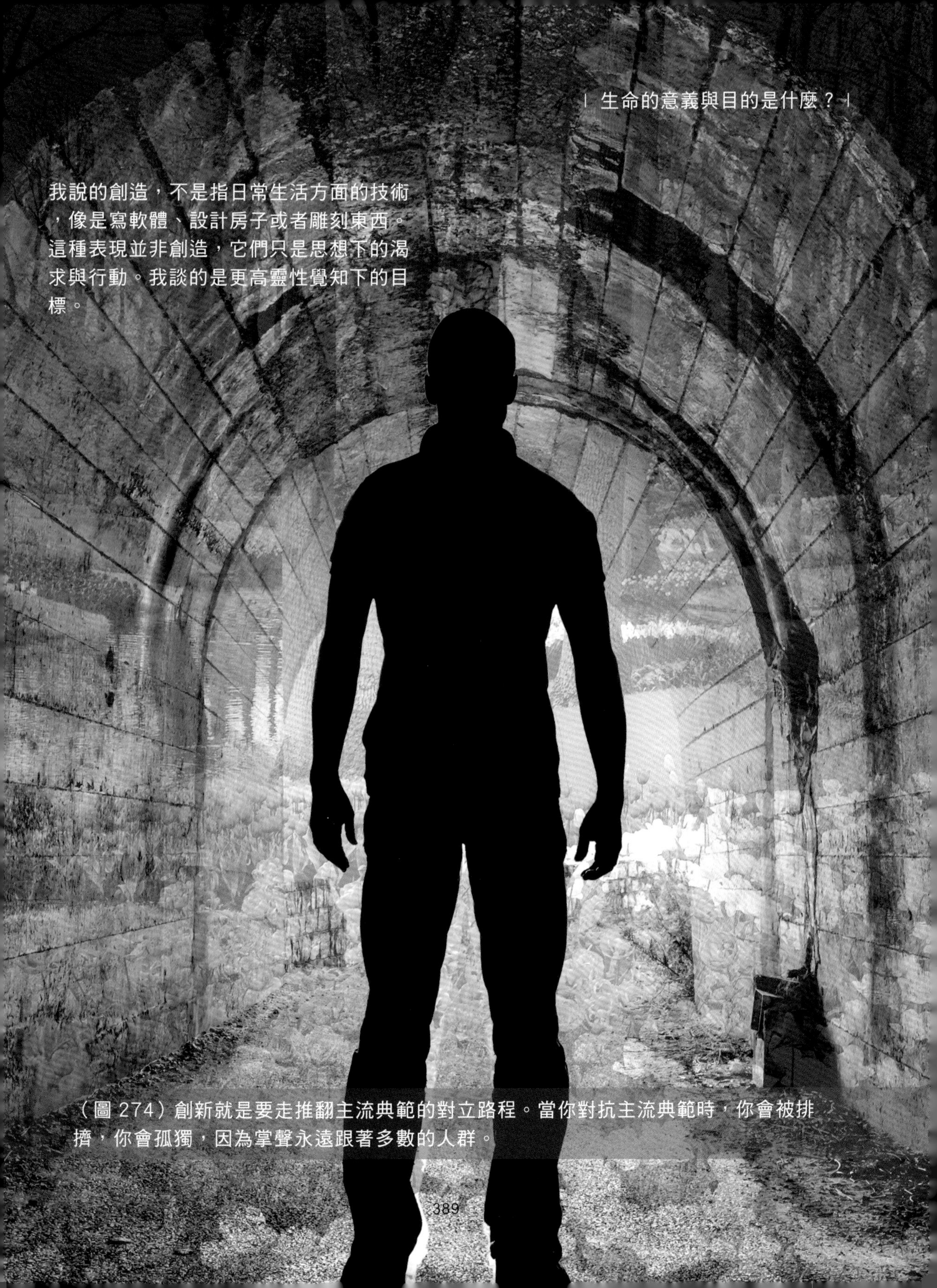

（圖274）創新就是要走推翻主流典範的對立路程。當你對抗主流典範時，你會被排擠，你會孤獨，因為掌聲永遠跟著多數的人群。

真正的生命目標是什麼？

人生應該如蠟燭一樣，從頂燃到底，一直都是光明的。

智者箴言

每個人的生命都是獨一無二的，每個人的目標也必定是獨一無二的。我尊重每個人對自己生命目標的見解。

> 我想分享一下我個人對生命目標的見解。我對生命目標的見解是：我相信生命並沒有什麼目標，或者說，我相信生命本體就是目標。

面對生命，我會活在當下，珍惜享受流過生命的每一分、每一秒、每一個剎那。在每天早上起床的時候，我會開始感受著我美妙的呼吸，美妙的心跳，傾聽窗外傳來的鳥叫聲、風聲。我會寧靜的傾聽我的心傳給我的訊息。然後我會依循心靈深處訊息，去引導我面對生命。因為我清楚的知道，這些內在訊息來自於「真正的我」。

這一切自由的指引，會讓我未來生命的每一分、每一秒、每一個剎那，充滿了寧靜喜悅、自由、愛與仁慈。

人生就應如櫻花般，美麗而自由的來去

我沒有刻意設定任何生命的目標，因為它

們都帶不走。我不知道明天我將做什麼是對的？但我會在當下寧靜的聆聽我的心告訴我的一切。

人生在宇宙史上的存留時間，連兆兆分之一秒都沒有，我們爭什麼、求什麼、搶什麼？死後不管是英雄烈士，大企業家或大智慧者，不管有沒有立德、立功或者立言，不管人們記憶中或者歷史書本裡有沒有你，最終都無法帶走。

百年的人生在宇宙長河裡，不過只是佛家的剎那，比瞬間眨眼都短。生命苦短，我們不必悲觀的沉溺在達爾文物性的演化論裡，不必渴求虛幻的永生或青春，不必頹喪或擔憂離開真相太遠，也不需要忙著去創造自我投射的永生，如何在寧靜中聆聽心靈自性的引導才是生命的正確途徑。

生命不是消極的只是脫苦，或只想過安逸的生活。既然來到人間，就要完成生命中我真正歡喜想要的，就要讓這一世燦爛美麗。這就像是武士電影中，武士渡邊謙一看著滿園櫻花時，對湯姆克魯斯說：「人生就應如櫻花般，美麗而自由的來去」。

> 我不知道歷代名留千史的人臨終前，是否確定他們生命中做的是對的？我猜想，他們但求不辜負此生，如同櫻花般只求瞬間的美麗。

┃ 你相信蝴蝶的蛻變嗎？ ┃

生命不僅是去苦得樂，去惡就善
或者死前擁有進入天堂的門票

你相信蝴蝶的蛻變嗎？

你願意踢出那一腳試試看嗎？

當人生中面臨生命困頓的時候，多數的人會麻木的原地踏步。他感覺上好像是被制約在一個四面都是牆壁的空間中，無法移動。

如果這時候有人告訴你：「你所被制約的生命其實可以被突破，可以被改變。在這堵牆的另一邊，其實有一個殊勝的美妙天堂。你四周的堅硬牆壁看似堅固，但其實不然。如果你願意放下執念，暫時相信我講的話，鼓起強大的心念與勇氣，提起你的腿奮力對牆踢去，你會發現貌似堅硬的牆壁會被踢穿一個孔洞，孔洞的外方有一個殊勝的心靈世界，有一個美妙的天堂。」（圖275）

這時，你願意踢出那一腳試試看嗎？

（圖 275）如果你願意放下執念，暫時相信我講的話，鼓起強大的心念與勇氣，提起你的腿奮力對牆踢去，你會發現貌似堅硬的牆壁會被踢穿一個孔洞，孔洞的外方有一個殊勝的心靈世界，有一個美妙的天堂。

生命像面對選擇的十字路口，每一個你的選擇都會觸動不一樣的人生。（圖276）當路走對了，你會讓你的生命充滿了健康喜悅。別錯過了為自己創造非凡美妙人生的機會。

擁有健康喜悅的身心靈是可行的。我堅信「心想事成」的祕密，只要我們誠心正念的對自己說：「我可以擁有健康喜悅的身心靈」，美妙人生就可開始啟動。（圖277）

（圖276）生命像面對選擇的十字路口，每一個你的選擇都會觸動不一樣的人生。

（圖277）我堅信「心想事成」的祕密，只要我們誠心正念的對自己說：「我可以擁有健康喜悅的身心靈」，美妙人生就可開始啟動。

潛意識對話 DIY

這本有聲書是呼應目前迫切的心靈需求，而製作的心靈轉化工具書。

它的設計原理單純，它跳過複雜的心靈的因果探索與思考，直接轉化潛意識。如果你期待提昇你的身心靈，這本書會幫助你踏出最重要的第一步。請耐心的善加運用這本工具書，為自己在心靈議題上積極智慧的多走一步。

> 我希望讀者能在閱讀本書的過程中，保持開放的觀念。它提供的是實用的方法，而不是咬文嚼字的真相。實驗勝於分析。善用這本書的方法是行動，而不單純是思維上的認同或是瞭解。僅翻閱這本書不能觸動真實的改變。耐心紮實的聆聽語音引導三個月後，才能意識到身心靈的變動。

請按照書內「潛意識對話 DIY」九十天心靈日記內的規劃著手聆聽。手冊內的語音引導建議有順序性，請按照順序練習，前一個語音單元會為後一個語音單元打基礎。要設法使用充分的時間去通透經驗每一個語音單元。

請用輕鬆的態度與開放的心去經驗語音引導。給自己時間與耐心讓這些新的心靈構架與信念在潛意識內在發酵沉澱。不時自我評估身心靈的進展是個好習慣，它會強化你練習的動能與企圖。

請在練習有聲書結束後，開始修習靜心。這個接力訓練會加成你心靈進化的效果。當你能在未來持續的使用有聲書語音引導，並恆常的進入靜心狀態時，你的生命內容將會有美妙的轉變。

在心靈持續的進化下，你內在的能量不獨照亮你自己，帶來療癒與和諧，並自動充滿了大愛與仁慈。你將會自然的伸出手，將這些愛與仁慈擴散給周邊每一個人。

當你有一天如願的達成預期的心靈目標時，你將會對你的潛意識說：「感謝你用你所擁有的豐沛資源，高度智慧與能量，促成我生命的自由、輝煌與歡喜。」

裸奔的我

我一直困擾不知道如何為這本書收尾。當我左思右想當初編寫這本書的動機與心緒時，我的腦海裏呈現了一個有趣的3D彩色圖像。圖像的背景是歐洲地中海邊的某個天體渡假沙灘，在潔淨的沙灘上盡是一個個裸臥的金髮美女。在這個圖像中，一個垂暮而且皮膚滿是皺摺的我，正赤裸的在沙灘上自由天真的裸奔。

沙灘裸體的美女很多，但裸奔的人卻不多。好奇的讀者們或是有興趣創造新生命的伙伴們，不知是否有興趣放棄制約，自在開心的加入裸奔？（圖278）

（圖278）好奇的讀者們或是有興趣創造新生命的伙伴們，不知是否有興趣放棄制約，自在開心的加入裸奔？

哈佛心靈成長協會
官方網站
www.harvardspiritual.com

哈佛心靈成長協會
Facebook
粉絲團

幸福學：潛意識對話

作　　者／劉心陽
美術編輯／簡捷優（集美印前有限公司）
責任編輯／蕭合儀
企畫選書人／賈俊國

總　編　輯／賈俊國
副總編輯／蘇士尹
行銷企畫／張莉滎‧廖可筠

發 行 人／何飛鵬
出　　版／布克文化出版事業部
　　　　　台北市中山區民生東路二段141號8樓
　　　　　電話：(02)2500-7008　傳真：(02)2502-7676
　　　　　Email：sbooker.service@cite.com.tw
發　　行／英屬蓋曼群島商家庭傳媒股份有限公司城邦分公司
　　　　　台北市中山區民生東路二段141號2樓
　　　　　書虫客服服務專線：(02)2500-7718；2500-7719
　　　　　24小時傳真專線：(02)2500-1990；2500-1991
　　　　　劃撥帳號：19863813；戶名：書虫股份有限公司
　　　　　讀者服務信箱：service@readingclub.com.tw
香港發行所／城邦（香港）出版集團有限公司
　　　　　香港灣仔駱克道193號東超商業中心1樓
　　　　　電話：+86-2508-6231　　傳真：+86-2578-9337
　　　　　Email：hkcite@biznetvigator.com
馬新發行所／城邦（馬新）出版集團 Cit　(M) Sdn. Bhd.
　　　　　41, Jalan Radin Anum, Bandar Baru Sri Petaling,
　　　　　57000 Kuala Lumpur, Malaysia
　　　　　電話：+603- 9057-8822　　傳真：+603- 9057-6622
　　　　　Email：cite@cite.com.my
印　　刷／集美印前有限公司
初　　版／2014年（民103）12月
售　　價／660元

城邦讀書花園　布克文化
www.cite.com.tw　WWW.SBOOKER.COM.TW